高等院校贸易经济“十四五”规划教材

U1011446

21世纪
国际商务规则

International Business Rules in
the 21st Century

杨艳红　编著

WUHAN UNIVERSITY PRESS
武汉大学出版社

图书在版编目(CIP)数据

21世纪国际商务规则/杨艳红编著.—武汉:武汉大学出版社,2021.12
高等院校贸易经济“十四五”规划教材
ISBN 978-7-307-22773-6

Ⅰ.2… Ⅱ.杨… Ⅲ.国际商务—规则—高等学校—教材 Ⅳ.F740

中国版本图书馆CIP数据核字(2021)第251541号

责任编辑:范绪泉　　责任校对:汪欣怡　　版式设计:马　佳

出版发行:**武汉大学出版社**　(430072　武昌　珞珈山)
(电子邮箱:cbs22@whu.edu.cn 网址:www.wdp.com.cn)
印刷:武汉科源印刷设计有限公司
开本:787×1092　1/16　印张:12.75　字数:302千字　插页:1
版次:2021年12月第1版　2021年12月第1次印刷
ISBN 978-7-307-22773-6　定价:39.00元

版权所有,不得翻印;凡购买我社的图书,如有质量问题,请与当地图书销售部门联系调换。

前 言

进入21世纪，WTO多哈回合谈判陷入僵局，加之2008年发生的美国金融危机和欧洲国家的债务危机，发达国家的经济发展受到影响，而新兴经济体如中国、俄罗斯、巴西、印度等国迅速崛起，全球贸易投资发展呈现多极化的格局。发达国家为了维护其自身在世界的经济利益和霸主地位，积极参与区域贸易协定的签署，不断推动国际贸易投资新规则的重构，企图继续主导国际贸易投资的发展方向。

目前，区域贸易协定数量成倍增长，涉及的内容更加广泛且颇具争议。虽然，目前人们还不能确定这些协议条款对国内政策制定带来多大影响，但很明显很多协定达到了国际政策制定的新水平，成为影响全球价值链升级与重构的重要力量。

所谓“21世纪国际商务规则”，又称为“21世纪条款”，是指规范或约束与贸易有关的更广泛的领域，它不仅包括除传统货物贸易规则外的服务贸易、投资、知识产权等领域的条款，而且还包括一些非传统自由贸易协定条款，如劳工、环境标准、国有企业等横向条款。区域贸易协定涉及的这些新议题、新规则原本属于各国的内部事务，现在却成为国际协定约束的内容。而且，随着国际商务规则的深入推进，其涵盖的新规则、新议题还会进一步向深度化、多元化的方向发展，这对现有的国际经贸格局必然产生深远的影响。

改革开放以来，中国积极融入世界经济和全球贸易体系中，成为WTO多边贸易体制的最大受益方之一。未来，中国要继续扩大开放，不断向全球价值链高端攀升，更深度嵌入全球价值链中来加速产业结构升级，实现我国经济的高质量发展。党的十九大报告指出，中国应全面提高开放型经济发展水平，推动形成全面开放新格局；要以“一带一路”建设为重点，坚持引进来和走出去并重，遵循共商、共建、共享原则，加强创新能力，开放合作，形成陆海内外联动、东西双向互济的开放格局；赋予自由贸易试验区更大改革自主权，探索建设自由贸易港。创新对外投资方式，促进国际产能合作，形成面向全球的贸易、投融资、生产、服务网络，加快培育国际经济合作和竞争新优势。在未来的一段时间里，“国际规则竞争”将是常态。国际新规则体系不仅仅是约束国际贸易投资行为的规范，同时蕴含了不同地区的文化、传统、伦理道德等内容。为此，有必要介绍21世纪国际商务规则的动向和内容，分析其对发展中国家的影响。作为新兴经济体，中国应及时完善国内经济体制、政策和做法，这将有利于我国积极参与国际商务新规则的制定，代表广大发展中国家的利益，在全球治理中发出中国声音，赢得对外开放和国际竞争的主动权。

本书包括九章，分别是：第一章全球价值链和区域贸易协定；第二章分析21世纪贸易政策的内在要求与发展中国家的贸易发展战略；第三章到第九章分别是原产地新规则、服务贸易新规则、知识产权保护新规则、国际投资新规则、国际竞争新规则、数字贸易国际规则、环境保护与劳工标准。本书侧重于从发展中国家经济发展的角度来介绍和分析

21 世纪贸易投资等新商务规则，强调最新的贸易政策和贸易协定对经济和社会发展的影响，体现了贸易、经济学、法律与政策等学科的交融。

本书减少了复杂的经济学分析，在经济学、法学和国际政治学方面有一点基础的人都较容易阅读。本书适用于经济学系、政治学系、公共政策学院和法学院本科生和研究生的国际贸易、国际政治或国际政策等方面课程的参考用书。

目　录

第一章　全球价值链与区域贸易协定

自20世纪90年代初以来，在国际贸易和贸易政策领域出现两个重要特征：一是全球价值链的兴起。随着全球价值链的兴起，国际生产、贸易与投资活动正在发生深刻的变化。二是区域贸易协定蓬勃发展，其内容日益深化。区域贸易协定在推动成员国达成贸易协议以及降低“边境内壁垒”方面发挥着重要作用，正成为最活跃的国际规则制定平台。

第一节　全球价值链日益重要

全球价值链是21世纪全球经济的一个主要特征。全球价值链的兴起和发展不仅改变了国际贸易、投资和生产，也改变了产业组织形式和国家经济结构，成为重塑世界经济格局的重要因素与趋势之一。

一、何谓全球价值链

（一）全球价值链的内涵

全球价值链的概念经历了一个发展演变的过程，起源于20世纪80年代国际商业研究者提出的价值链理论。1985年哈佛大学商学院教授迈克尔·波特（Michael Porter）在其著作《竞争优势》中提出了“价值链”概念。他认为，每一个企业都是一种集合体，包括设计、生产、销售、配送以及辅助活动等，这些相互关联的生产活动构成了一条能够创造价值的生产链，即企业的价值链。布鲁斯·科格特（Bruce Kogut）教授于1985年提出了“价值增加链”的概念。他指出，在产品的各个生产环节中，由于原料、技术、劳动力等要素的投入，每个环节都发生了一定的价值增值，在产品制造出来后，营销、运输、交易和售后等各个阶段也会发生价值增值。

到了20世纪90年代末，加里·杰里菲（Garry Gereffi）提出了“全球商品链”（global commodity chain）的概念：在经济全球化背景下，围绕某种商品的各个生产阶段分散于世界各国的企业，形成了跨国生产体系，从而形成了全球商品链。到了21世纪初，杰里菲等人（2001）在“全球商品链”的基础上提出了“全球价值链”（global value chain，GVC）的概念，该概念关注一个产业内部从概念到生产再到最终使用的增值过程，包括研发、设计、生产、分销、营销和售后服务等。此外，阿尔恩特和凯尔科斯（Arndt and Kierzkowski，2001）提出全球生产网络的概念，他们认为生产过程在全球的分离是一种全新的现象，这使得同一价值链条的生产过程的各个环节通过跨界生产网络被组织了起来，这一跨界生产网络可以是一个企业内部完成，也可以由许多企业分工合作完成。目前，全球价值链、全球生产网络、全球供应链等这些交叉的术语都被用来形容全球经济的复杂网络关系。

所谓全球价值链，按照联合国工业发展组织（United Nations Industrial Development Organization，简称UNIDO）在2002—2003年度工业发展报告中的定义，是指为实现商品或服务价值而连接生产、销售、回收处理等过程的全球性跨企业网络组织，涉及从原料采购和运输，半成品和成品的生产和分销，直至最终消费和回收处理的整个过程。它包括所有参与者和生产销售等活动的组织及其价值、利润分配，当前散布于全球的、处于全球价值链上的企业进行着从设计、产品开发、生产制造、营销、出售、消费、售后服务、最后循环利用等各种增值活动。

全球价值链具有三个显著特征：一是最终产品经过两个或两个以上连续阶段的生产；二是两个或两个以上的国家参与生产过程并在不同阶段实现价值增值；三是至少有一个国家在生产过程中使用进口投入品，因此产生了大量的中间品贸易和增加值贸易。

不同产业价值链的主要活动环节有差异，但大致包括：研究与设计、投入、生产、分销与营销，有时还包括使用后的循环利用。每个活动环节说明了不同的增值流程如何造就一项产品或服务，以及每个流程背后的行为主体如何从中获取不同的回报。

全球价值链可分为两类：购买者驱动型和生产者驱动型。购买者驱动型全球价值链是指由强大品牌优势和销售渠道的大型采购商所控制，通过全球采购、外包和贴牌加工等途径建立高能力的供应基地来构建全球生产和分销网络，如沃尔玛、家乐福等大型零售商、耐克及锐步等品牌运营商和伊藤忠贸易代理公司等跨国公司控制的全球生产网络。

生产者驱动型全球价值链是指由掌握核心技术的发达国家跨国公司在全球生产网络的建立和调节中起核心作用的垂直分工体系。生产者驱动价值链最常见于资本和技术密集型行业，如汽车、飞机和计算机，在这些行业中，跨国制造商或大型综合性公司发挥着关键的作用，它们不仅获得了更高的利润，而且还控制了上游的原料和零部件供应商，以及下游的分销商和零售商。

全球价值链的参与主体主要分为两类企业：一是“主导企业”，即总部主要设在发达工业化国家的跨国公司，它们在生产商驱动型和采购商驱动型这两类全球价值链中实施控制和制定价格、交付和利润分配等主要行为。另一类是供应商企业，在全球价值链中生产产品和提供服务，基本上位于发展中国家。所以，全球价值链中的“企业部门”把发达国家和发展中国家联系到一个共同的全球价值链中。

【延伸1-1】

水果和蔬菜产业全球价值链

水果和蔬菜产业的全球价值链包括五个环节：投入品、出口型生产、包装和存储、加工、分销和营销。进入加工环节的投入品可能是用于出口但未满足出口国质量标准的水果，或是专供加工用的种植品。参与该产业链的企业类型与特征也很重要，如全球性企业或是本地企业、国有企业或是私营企业、大企业或中小企业等。见图1-1。

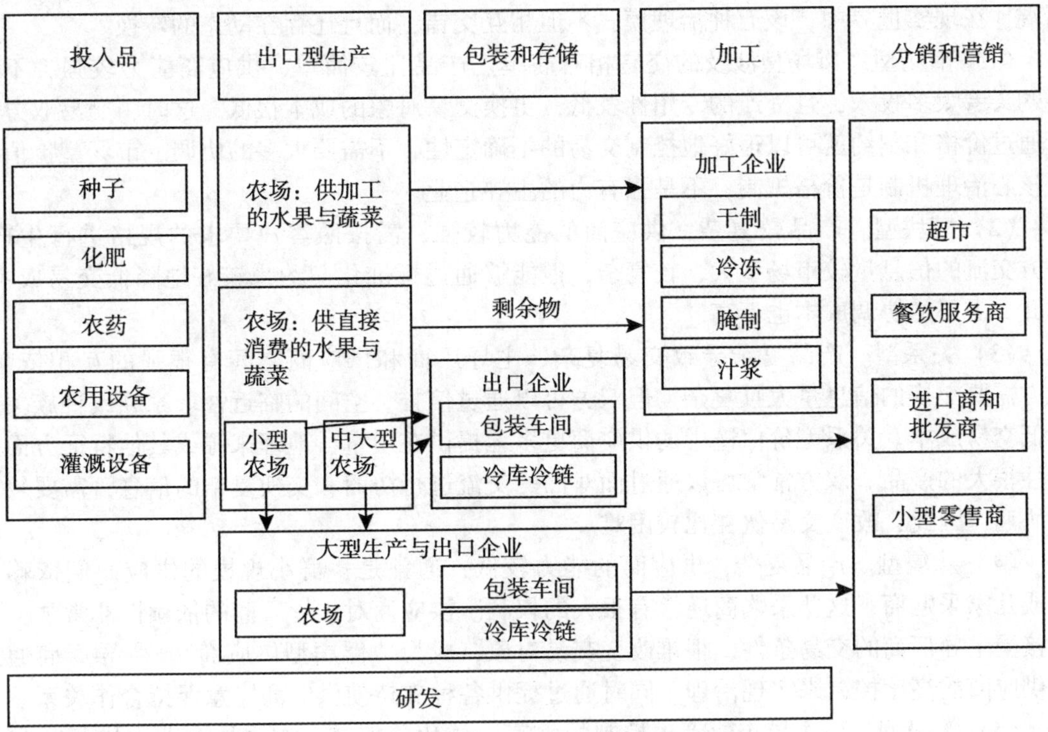

图 1-1　水果和蔬菜产业的全球价值链

资料来源：加里·杰里菲，等．全球价值链和国际发展：理论框架、研究发现和政策分析［M］．曹文，李可，译．上海：上海人民出版社，2017.

（二）全球价值链的治理与升级

全球价值链分析的核心是全球价值链的“治理”和“升级”，即价值链的全球扩张和在此过程中的价值创造和获取。全球价值链的“治理”强调主导企业和国际产业的组织形式；“升级”则侧重于各国、各地区和其他相关利益方为了维持或改善其自身在全球经济中的地位而采用的战略。

1. 全球价值链的治理

全球价值链中不同行为主体的权力大小不同，治理分析有助于我们理解一条价值链是如何被控制和协调的。加里·杰里菲将治理界定为“决定人、财、物等资源如何在价值链内分配和流动的权威与权力关系”①。根据全球价值链中行为主体之间的协调能力和力量不对称程度的高低，全球价值链的治理模式主要分为五种类型：市场型、模块型、关系

① Gereffi G. The organisation of buyer-driven global commodity chains：how U. S. retailers shape overseas production networks ［C］//Gereffi G，Korzeniewicz M （eds）. Commodity chains and global capitalism. Westport：Greenwood Press，1994：95-122.

型、从属型和等级型。其中，市场型和等级型分别处于行为主体之间协调能力的最低和最高端。在现实世界中，该五种治理模式不但相互交错，而且还存在动态的转换。

（1）市场型。市场型涉及的交易相对简单。产品比较简单，供应商能力较强，不需要购买者太多投入，且资产的专用性较低，更换交易对象的成本很低。这时，交易双方只要通过价格和契约就可以很好地控制交易的不确定性，不需要太多的协调。市场型价值链的核心治理机制是价格机制，不是强有力的主导企业。

（2）模块型。产品较复杂，供应商的能力较强，需按照客户要求的规格进行生产。双方交流的信息量较市场型大、较复杂，但能够通过标准化契约来较好地降低交易成本，因此，需要的协调成本也不高。

（3）关系型。产品复杂导致交易复杂，主导厂商和供应商之间有很强的互相依赖，双方需要交换的信息量大且复杂。但双方可以通过信誉、空间的临近性、家族或种族关系降低交易成本。关系型价值链中的供应商更多地提供在质量、地理来源或其他特征方面差异性很大的产品。双方常常可以通过面对面的交流进行协商和交换复杂的信息，需要较多的协调，因此，改变交易伙伴比较困难。

（4）从属型。产品复杂，供应商的能力较低，通常是一群小规模的供应商们依赖一家或几家采购商，这些采购商通常有很大的权利。供应商对主导厂商的依赖性非常强，只能接受主导厂商的交易条件，很难改变交易对象，成为“俘虏型供应商”。主导厂商通过对供应商的高度控制来实现治理，同时通过提供各种支持使供应商愿意保持合作关系。

（5）等级型。由主导企业管理控制的垂直一体化价值链，在主导企业内进行产品研发和生产。当产品很复杂，或难以标准化，或难以找到高水平供应商时，外部交易的成本很高，领导厂商不得不采用纵向一体化的企业内治理方式。此外，当交易涉及主导厂商的核心能力如隐性知识、知识产权等，主导厂商无法通过契约来控制机会主义行为，只能采用企业内生产。

2. 全球价值链下的产业升级

产业升级被定义为企业、国家和区域从价值链中的低增加值环节向高增加值环节移动，从而提高其参与全球生产的收益，收益体现在安全、利润、增加值、能力等方面。产业升级成功与否，受政府政策、制度、企业战略、技术和劳动者技能等因素的影响。在全球价值链框架中，产业升级分为四种类型：工艺升级、产品升级、功能升级和链条升级。

（1）工艺升级：通过提升价值链条中某环节的生产工艺流程的效率，增强自身竞争力。

（2）产品升级：通过引进新产品或改进已有产品，达到超越竞争对手的目的。

（3）功能升级：通过重新组合价值链中的环节，或是从价值链的低增加值环节转向高增加值环节。

（4）链条升级：从所在价值链中获得的能力或资源转换到另一条价值链的升级方式。

在上述四种升级形态中，工艺升级和产品升级相对容易，常常出现于国家与企业发展的初期，而功能升级和链条升级则是高级形态，且功能升级是链条升级的一个前提和基础。

全球服装业是发展中国家实现产业升级的主要领域。发展中国家的企业在服装业全球价值链中的主要发展阶段包括：首先是作为供应商被纳入全球价值链；然后从组装加工出口升级到贴牌生产（original equipment manufacturer，OEM）出口，到自有品牌生产（original brand manufacturer，OBM）出口。从组装加工转向贴牌生产出口是服装企业升级的重要一环，这一升级需要企业具备完成全球采购商订单的能力，包括制作样品，取得或制造服装部件，符合价格、质量和交付等方面的国际标准，并承担包装和运输产品的责任等。自有品牌生产是更高级的阶段，包含产品升级和功能升级，企业需要拥有做好设计和市场营销的能力。

中国台湾省和香港特别行政区、韩国和新加坡等新兴工业化经济体通常被视为产业升级的典范。它们在20世纪70年代从组装生产迅速升级到贴牌生产。在成功掌握贴牌生产的角色后，在20世纪80年代中国台湾省、香港特别行政区及韩国的领军出口企业开始构建自己的国际生产网络，将服装生产的低端环节向亚洲或其他地区更低收入的经济体转移。中国香港的服装公司在从贴牌生产升级到自有品牌生产中最为成功，利丰集团就是一个例子。中国台湾及韩国的领军企业在家用电器和电子产品领域成功实现向自有品牌生产升级。中国台湾的台积电公司，是世界上最大的晶圆代工企业之一。

【案例 1-1】

服装业全球价值链升级的例子：中国红领集团（Red Collar）

红领集团从一家小型乡镇企业开始，通过积累制造专业知识和资本，进而成长为大型生产商和出口商。红领集团于1995年在山东青岛成立。该集团前身是一家乡镇企业，其业务仅限于小规模生产，产品范围很窄，只是一些手工品。红领集团成立后，除了在国内经营自主品牌外，还以贴牌方式为外国品牌生产服装。在初期阶段，红领集团投入巨资引进世界一流的加工设备。为了从众多竞争对手中脱颖而出，红领集团从意大利进口面料和辅料，并邀请意大利时装设计师，来紧跟全球时尚潮流，从而保证高品质。在21世纪初的10年，红领集团与来自美国、意大利、德国和其他欧盟国家的知名合作伙伴合作。贴牌生产的收入远超国内市场的销售额。当时红领集团的重心在于增加产能、提高效率来降低成本。然而，产品同质化、出口量飙升和价格暴跌导致激烈的竞争和对新渠道的需求。

转折点出现在2003年。当时信息技术在中国蓬勃发展，淘宝网于2003年推出，许多服装企业利用“商家对客户”平台作为新的销售渠道。2003年，在互联网技术的影响下，集团创始人决定将经营模式从大规模生产转向大规模定制。最初，小规模的定制服务仅针对纽约市场，贴牌生产仍然是集团的主要业务。红领集团探索了制造过程的“数字化”，新聘用程序员与内部技术人员合作，开发全球定制平台。根据业务转型，红领集团逐渐实现了扁平化的组织结构，将管理费用减少了至少20%，加上生产成本降低30%，服装定制的净利润从2011年的2.8%上升到2015年的25%。

2005年至2015年，集团投入巨资开发了全球服装定制网络平台，完成了从传统制造到定制式生产的转型。2011年，服装定制收入仅占总销售收入的10%，到2015年增至96%（该年总销售收入1.8亿美元，约11亿元人民币），净利润25%。集团的成品，特别是定制西服，可在7个工作日内交付。红领集团的海外销售大部分来自主要零售连锁店或裁缝店，2015年70%的定制订单来自美国、加拿大、意大利和其他欧盟国家。在海外市场成功运营后，红领集团着手开发国内定制服装市场，同时致力于通过自己的品牌推广。

随着积累起来的大量生产数据，企业建立了自己的数据库，并使生产过程模块化。客户在提交测量数据后可自己设计自己的西装，并挑选面料和辅料，系统自动完成制造生产，包括服装制版、向员工传输数据，以及依靠人工完成其他流程等。2015年，集团成立了制造研究中心、数据研究中心、组织创新研究中心和另外8个研究中心，在2015年完全实现了定制生产，当年的销售额和利润均翻了1倍多。

资料来源：对外经济贸易大学，联合国工业发展组织．全球价值链与工业发展：来自中国、东南亚和南亚的经验［M］．赵静，译．北京：社会科学文献出版社，2019：125-126.

全球价值链下产业升级的主要问题在于，在何种条件下发展中国家及其企业能够实现“价值链攀升”，即从基于廉价的非熟练劳动力的基本组装活动升级到从事更高级的“全包”供应和一体化制造。但是，高增加值活动更多集中在生产前和生产后的制造服务上，而这对发展中国家来说是其比较劣势的领域。

【专栏1-1】

全球价值链的微笑曲线

“微笑曲线”（Smiling Curve）最早是由宏碁集团创办人施振荣先生在1992年提出的，他为“再造宏碁”提出了“微笑曲线”理论，来作为宏碁的策略方向。施先生将微笑曲线的概念付诸实践，将宏碁电脑业务集中于设计、品牌推广和营销，而不是以其他品牌的名称组装销售。

用纵轴表示增加值，横轴表示价值链的序贯环节，微笑曲线是一条两端朝上的曲线，表示生产过程两端的增加值高，而中间制造环节的增加值较低。其中，左边是研发与设计等高增加值率的活动；右边是分销与营销等，增加值率也很高。由于制造产生的利润低，而研发与营销的附加值高，因此企业或产业应朝微笑曲线的两端发展。通常，高增加值业务活动在发达国家进行，而较低增加值业务活动集中在发展中国家（见图1-2）。

资料来源：加里·杰里菲，等．全球价值链和国际发展：理论框架、研究发现和政策分析［M］．曹文，李可，译．上海：上海人民出版社，2017：125-127.

二、全球价值链改变了国际贸易的性质

全球价值链分工的深入演进，使国际贸易的本质内涵发生了实质性变化，国际贸易原有的概念、作用与功能等均发生了实质性改变。① 21世纪的全球贸易与生产已经逐步由

① 戴翔，张二震．全球价值链分工演进与中国外贸失速之“谜”［J］．经济学家，2016（1）：75-82.

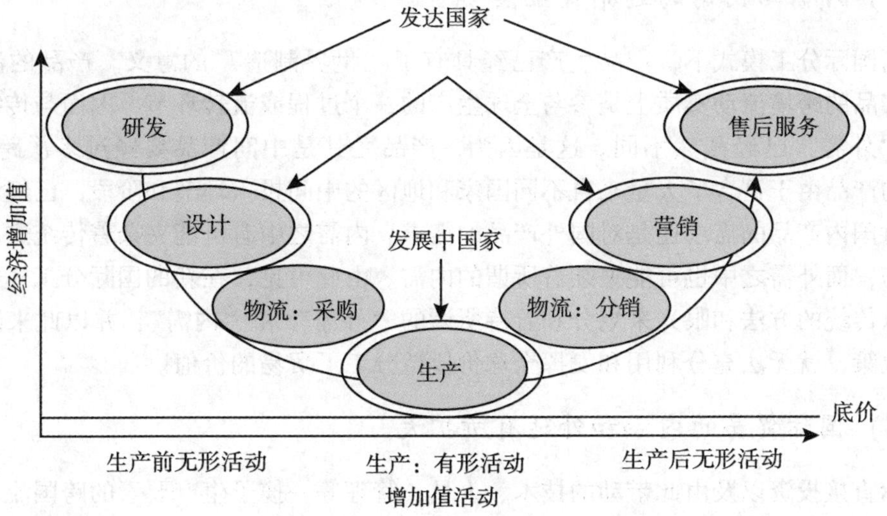

图 1-2　微笑曲线

传统模式向新型模式转变。在生产形式上，传统模式是国内生产、全球销售，而新型模式则是国际生产、全球销售；在专业化分工形式上，传统模式是不同国家的产业分工，而新型模式是不同国家的产品内或价值链内分工（即工序与任务分工）；在贸易形式上，传统模式表现为产业间贸易或产业内贸易，而新型模式则主要表现为产品内贸易；在国家分工关系上，传统模式是使发达国家与发展中国家形成中心—外围关系，而在新型模式中两者则日渐相互依存与融合。

（一）国际贸易的性质发生了本质变化

根据经济学原理可知，贸易是产品交换跨越国界的一种现象，其基础是社会分工由国内向国际的延伸。因此，对贸易性质的理解，离不开对分工形态演变的探究。在传统的以“最终产品”为界限的国际分工模式下，贸易品的生产和进出口是相互独立的生产过程和流通过程，是为了实现产品的价值而进行的商品跨国流动现象，其主要功能是连接生产和消费的纽带。但是，在全球价值链分工模式下，贸易的性质已经发生了根本变化，即贸易变成了为完成全球生产而进行的“产品”跨国流动现象。这是因为，在全球价值链分工模式下，一国只是专业化于产品价值链条上的某个或某些特定环节和阶段，无论是出口还是进口，更多的意义在于完成价值链链条上的下一阶段生产，进出口贸易演变为跨国公司在全球组织生产的一个流转环节，因而其本质上是连接全球生产不同阶段和环节的纽带，是在全球价值链上创造价值的一个增值过程。因此，新的国际分工模式下贸易的根本性质，从为实现产品价值而进行的跨国流动，转变为确保全球生产而进行的跨国流动。

（二）外需与内需的边界日益模糊

在新国际分工模式下，产品生产已经具有了“世界制造”的意义。产品的流动尤其是中间产品的跨境流动实质上是参与全球生产的一个过程或流转环节，因而与传统意义上的所谓“外需”已经截然不同。这是因为，产品尤其是中间产品要经过多次跨国流动，且流转的产品由于富含了大量来自不同国家和地区的中间投入环节和阶段，已经难以区分到底是对国内产品的需求还是对国外产品的需求。内需之中有可能夹杂着传统进出口意义下的外需，而外需之中也可能夹杂着所谓的内需。由此可见，在新的国际分工模式和格局下，再以传统的方法和眼光来划分和看待所谓的“外需”和“内需”，并以此来制定不同的内外政策，就无法充分利用和发挥全球价值链分工下贸易的价值。

（三）国际贸易的内涵和外延有所扩大

国际直接投资以及由此带动的技术、人员、管理等一揽子生产要素的跨国流动性日益增强，已成为当今国际分工的重要特征之一。在当前全球价值链分工形式下，国际贸易与要素流动越来越呈现融合趋势，越来越具有一体化特征。从广义上看，国际贸易和要素跨国流动之间高度融合、相互依赖、共生发展。从狭义上看，在全球价值链分工体系中，跨国公司在全球范围内配置和整合资源，形成国际生产的全球供应链，把节点企业安排在不同国家使生产和贸易呈现“一体化”趋势。这是国际贸易在全球价值链分工形式下的本质内涵，与传统进出口贸易已经出现了质的区别。再从外延上来看，全球价值链分工形态下的对外贸易，其不仅涵盖了传统的最终产品跨境流动，也包括中间品跨境流动，为生产中间贸易品和最终品而进行的一切生产要素的跨境流动，涵盖了集传统贸易、投资、价值增值创造等为一体的“大外贸”概念。

【延伸 1-2】

哪些 GDP 活动属于全球价值链?

随着全球价值链分工的深入，生产工序出现“分散化”和“切片化”特征，“一国制造”演变为“多国制造”。传统货物贸易形态为基础的世界贸易统计已经不能充分反映当今“世界共同制造”特征，增加值贸易核算应运而生。全球价值链贸易可以分解为后向关联（指国内生产者出口中的外国增加值）和前向联系（他国出口中隐含的国内增加值）。这些关联是生产组成部分，而不是贸易概念，以便将全球价值链中的增加值准确地分配到产生增加值的经济体中。根据中间产品的跨境次数又可把一国产生的增加值进一步分解为 4 类：纯国内生产、传统贸易、简单价值链和复杂价值链。其中，前两种都没有用到外国的中间投入品和外国的要素。简单价值链是指中间产品跨境一次，直接被进口国吸收没有再次跨境，比如美国建筑物上的中国生产的粗钢；当存在多次跨境的生产，比如苹果手机的生产，称为复杂的价值链活动。见图 1-3。

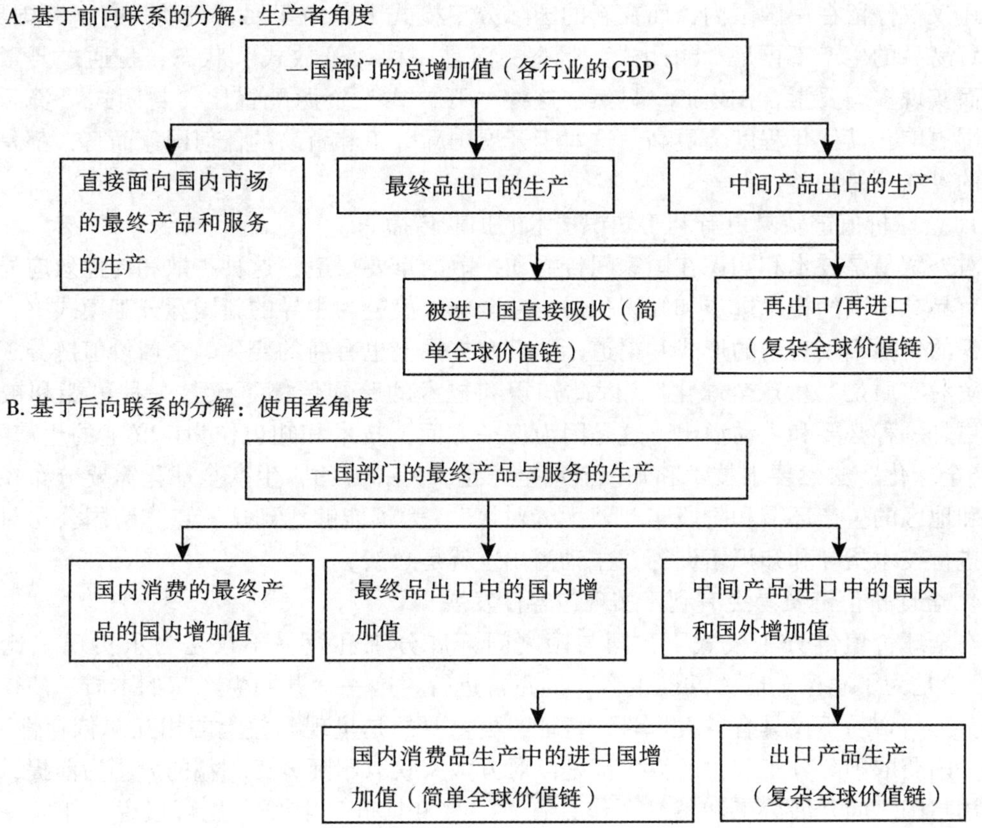

图 1-3

资料来源：对外经济贸易大学，联合国工业发展组织．全球价值链与工业发展：来自中国、东南亚和南亚的经验［M］．赵静，译．北京：社会科学文献出版社，2019：16-17.

（四）全球价值链分工下国际贸易的作用增强

在以生产国际分割和要素跨国流动为主要特征的全球价值链分工模式下，发展对外贸易蕴含了更高的价值内涵，对经济发展的作用更加重要。

1. 全球价值链贸易促进了分工进一步细化

在全球价值链分工模式下，国际分工进一步细化。这种细化不仅表现为最终产品的生产被分解为若干个环节和阶段，并在不同的国家和地区进行专业化生产；而且更为重要的是，在最终产品上不具备比较优势的国家，可能在某一生产环节和阶段上具有了比较优势。基于全球价值链的国际分工，不仅使得原本缺乏比较优势而被排除在国际分工之外的国家获取了参与国际分工的机会，也使参与国际分工的国家在产品层面上的分工得到进一步拓展。

2. 全球价值链贸易推动资源进一步优化配置

在传统以产品为界限的分工模式下，由于生产要素不具备跨国流动性，因而资源优化配置还仅仅停留在一国国内；而在新的国际分工模式下，由于要素流动具有了跨国界性，因此贸易品的生产不再是“封闭式”状态，而是一种“开放式”状态，是通过要素跨境流动而实现多国要素合作生产。显然，这种“开放式”资源配置比“封闭式”资源配置的范围更广，其优化程度会更高，这对于开展国际分工和贸易的任何国家而言，都是一种更大的潜在贸易利益。

3. 全球价值链贸易更有利于知识技术的扩散传播

对外贸易是技术和知识在国家间传播和扩散的重要渠道，这种扩散和传播效应显然有利于贸易参与国的技术进步和知识积累。在全球价值链为主导的新国际分工模式下，技术和知识的传播不仅有新的形式和渠道，而且在方式上也有新的变化。全球价值链分工模式下的贸易实质是“生产全球化”，因此知识和技术的跨国传播不仅是一种可能和被动外溢，更是一种必要和主动溢出。这是因为，一方面，技术和知识作为广义上的生产要素，“生产全球化”必然要求技术和知识流动全球化。另一方面，生产全球化需要分布在不同国家和地区的生产环节和阶段实现“无缝对接”，为了能够达到这一点，跨国公司对节点企业进行技术指导和知识培训等“主动溢出”就是必然。

4. 全球价值链贸易更有利于实现包容性发展

在全球价值链分工模式下，国与国之间开展分工和贸易不仅是为了实现“比较利益”，更是为了确保全球“共同生产”的正常进行。这一“共同生产”的本质，使得国家间的分工与贸易不仅具有“互利性”特征，更重要的是呈现利益上的相互“依存性”，即任何一国获取国际分工利益的大小都是以对方国家获取国际分工利益的大小为前提，从而使得国与国之间开展分工和贸易合作具有了“变和博弈”特征。也可以说，任何一个国家的不可持续进而导致价值链条的“中断”，都会导致全球生产的不可持续或者“中断”。可见，当前全球价值链分工的实质对包容性发展具有了内生性需求，越来越要求各国之间具有更为紧密的协作和包容性发展精神。

【案例 1-2】

参与全球价值链的获益：三星电子越南有限公司

一个国家或地区参与全球价值链，总体来说对其经济有正向作用。全球价值链嵌入为一国创造了就业机会和增长值。三星电子在越南的投资就是一个明显的例子。

三星公司自 1996 年以来一直在越南运营，最早生产彩电。自 2007 年以来，在手机和相关领域投入巨资，最大的投资是在北宁省投资 75 亿美元建造组装厂。自该厂 2009 年运营以来，三星公司和三星手机在越南的出口中发挥了重要作用。2013 年三星在泰原建造了第二大手机工厂，投资额达 20 亿美元。

到 2015 年，越南三星手机产量占所有三星手机产量的 50%。2016 年越南组装的 Galaxy Note 7 智能手机出现电池故障，与此有关的制造缺陷使扩张过程中断，导致数十亿美元的产品召回和高端机型停产。2017 年，有 30% 的三星手机在越南组装。2016 年，三星出口占越南商品出口的 23%，手机及零部件出口占 19%。

三星电子越南有限公司（简称SEV）于2009年开始运营，并享有慷慨的税收优惠。2013年才开始纳税。2016年三星3亿美元的税额约占SEV净收入的15%，低于越南20%的企业所得税率。2016年三星投资3亿美元在河内建立了一个研发中心，雇佣1500名员工，使SEV转向更高增加值活动。2017年年底，三星在越南的SEV和其他子公司雇佣了10.9万名员工。他们绝大多数是半熟练工人，其中89%是高中毕业生，7%拥有大专学历，4%拥有大学学位，3/4是女性。虽然三星的工资账单是保密的，但通信设备及电子行业的工资在2008到2014年翻了一倍，这可能是三星的劳动力需求大幅增加所致的。在此期间，制造业就业人数从320万人增加到580万人，通信和电子行业的就业增长最快。

据三星报告，越南本地商品和服务价值的当地成分占总增加值的40%，与越南官方的说法（30%）比较接近。2014年只有10家越南本地企业是供应商，其中4家一级供应商提供纸质包装产品。在2017年的三星报告中，越南供应商的数量增加到215家，其中25家是一级供应商，其余为二级供应商，它们主要提供服务（如餐饮、休闲旅游、清洁和卫生）和纸质包装产品，没有进入三星最终产品的组装阶段。

自2014年以来，三星与越南政府合作，举办名为“三星采购交易会”的年度研讨会，第一次研讨会有200多家本地供应商参加，响应三星在当地采购91种零件的计划，但没有一个参与者满足要求。自2015年以来，三星提供了为期3个月的技术咨询计划，将韩国的专家派遣到越南公司，以帮助改善制造流程。到2017年年底，三星已招募了26家企业参与该计划，预计参与企业的生产率会大幅提高，生产缺陷会显著减少。

资料来源：对外经济贸易大学，联合国工业发展组织．全球价值链与工业发展：来自中国、东南亚和南亚的经验［M］．赵静，译．北京：社会科学文献出版社，2019：134-136.

三、全球价值链重塑国际竞争

（一）全球价值链下国际分工的特征

自工业革命以来，全球产业分工大体经历了三个阶段，分别是：产业间贸易、产业内贸易、全球价值链。18世纪工业革命发生后，国际贸易的对象是不同类型的产品，如粮食和纺织品。亚当·斯密、大卫·李嘉图、赫克歇尔、俄林等学者都对这个现象进行了分析。按照比较优势理论，一国出口本国充裕要素生产的产品，进口稀缺要素生产的产品，便可获得更多的贸易收益。这一分析针对的是不同产业之间的贸易现象，即产业间贸易。但比较优势理论有三个假设条件：一是市场完全竞争，生产技术的规模报酬不变；二是同一产业里的生产者相同；三是国家之间交易的是最终产品，不是中间产品或生产要素。

产业内贸易最早出现在20世纪60年代，即国际贸易大多发生在发达国家之间，国际贸易的对象主要是同一产业的产品，这种现象与传统贸易理论的结论相悖。保罗·克鲁格曼等等构建了产业内贸易的相关理论模型，假定市场是不完全竞争的，发达国家之间的贸易可以使企业因规模经济而降低单位生产成本，进而获得更大的贸易收益；同时也可以满足消费者的多样化偏好。这些研究为技术和资源禀赋相似的国家之间普遍存在的产业内贸易提供了一个合理的解释。

20 世纪 90 年代学者们对微观数据的实证研究推动了对生产者同质性（第二个经典假设）的重新思考。梅里兹（Melitz，2003）率先对企业异质性证据进行理论解释，推动了“新新贸易理论”的研究。该理论假设参与出口活动需要较高的固定成本，具有不同生产率水平的企业自主选择是否进入国际市场开展国际贸易活动，从而为行业内的异质性企业共存提供了强有力的解释。

随着信息技术的发展带来通信成本和交易成本的持续下降，生产过程可以被“分割”成不同的生产环节，每个环节对应着特定的任务，如设计、装配或分销，这些环节可以被跨境外包到成本最低的地点进行生产。于是，跨国公司为了利用发展中国家的劳动力优势和市场优势，将产业链中制造和组装环节转移到发展中国家，促进国际分工从最早的产业间分工、产业内分工演进到同一产品零部件和不同工序之间的分工和贸易，即产品内分工或全球价值链。不同国家可以充分利用自身的比较优势，从全球价值链的某一环节直接参与国际分工，进而产生了“序贯生产”这一不同于传统国际分工的新形式。全球价值链分工的发展造成中间品贸易在国际贸易中迅速增长，国际贸易的重心从最终品贸易转移到中间品贸易。

全球价值链研究范式的重要特征是其思想起源的多样性。生产过程切片化的初始理论是建立在对中间品贸易的实证研究基础上的，并精确地定义了全球价值链研究的关键概念，如生产活动的“松绑”和“任务贸易”。同时，全球价值链分析的方法论框架在社会学中也得到了发展。根据企业管理到产业组织理论等不同学术领域的交叉，社会学家们在对国家间价值分配结构和机制的综合研究中，提出了“全球价值链”的概念。全球价值链的分析框架把“新贸易理论”（规模递增）和“新新贸易理论”（异质性企业）相结合，通过投入产出方法构建各种全球价值链指标，如“增加值贸易”和“供应链长度”等，形成了新-新新贸易理论。

全球价值链研究的这种跨学科特征开辟了不同学科之间大规模合作研究的前景。全球价值链文献涵盖了多个学科领域，其中许多与政治和政策高度相关，包括：工业化战略、就业、区域发展、创新和技术溢出、经济危机、供应链弹性、环境保护、消费者保护、消除贫困、贸易制度、国民经济核算等。①

（二）全球价值链改变了国际竞争力来源

全球价值链的出现推动国际分工深化和协调产业转移，使企业和一国经济可通过使用中间产品或服务，集中发展价值链上的一个环节并在此环节取得竞争力。

首先，全球价值链改变了国际生产体系与模式，进口成为企业塑造自身出口竞争力的有效途径。在传统生产体系下，一国出口本国具有比较优势的产品，而进口外国具有比较劣势的产品，进口往往被视为是竞争性的。在全球价值链生产体系下，国际生产则非常强

① 杜大伟，若泽·吉勒尔梅·莱斯，王直. 全球价值链发展报告（2017）——全球价值链对经济发展的影响：测度与分析［M］. 北京：社会科学文献出版社，2018：22-23.

调中间品和零部件进口的重要性。通过进口低成本、高质量和多元化的中间品，企业能够显著提升生产率，改善产品质量，促进产品创新，即所谓中间品和零部件进口的价格效应、供给效应以及生产率效应①，从而提升出口竞争力。

其次，全球价值链下的国际竞争方式从过去建立完整的产业链竞争体系转变为当前在全球价值链中寻求对自身最有利的分工位置。传统贸易模式下的竞争是指由于技术与要素禀赋差异所导致的产品价格和生产成本的竞争，主要集中于产业和产品层面。而全球价值链更加突出核心能力的竞争，主要集中于工序和任务层面。

再次，全球价值链下的国际竞争更关注资源禀赋的可流动性。传统贸易竞争力主要来自于资源禀赋和要素存量的竞争，产品生产主要在本国完成。而在全球价值链体系下，垂直专业化分工要求资源与要素在国家间的流动性增强，从而使企业能够不断从国外获取优质资源和高质量中间投入品来维持和提高自身的竞争力，并与上游和下游环节保持更为紧密的关联。在这一过程中，企业往往同时承担资源、要素、资本、中间投入品、知识、技术以及服务的需求者与供给者的双重角色，因此，其竞争力也来自从国际市场获得上述资源要素以及为其他企业提供这些资源要素的效率与质量。传统上认为研发和创新活动是全球价值链中价值最大的核心商业活动，也是最不具备国际化功能的部分。但是，越来越多的跨国公司也将研发和创新活动转移到境外地区。研发及创新活动的国际化或区域化趋势也在加强。几乎所有新兴经济体政府都热衷于吸引高科技、研发和创新活动等方面的国际投资。

最后，全球价值链下的国际竞争更加注重本地供应链的集聚效应和网络外部性。传统生产体系下的区位优势主要来自要素成本、市场规模和激励措施（如税收优惠与减免）。在全球价值链体系下，贸易竞争力与对外国投资的吸引力则主要来自东道国本地供应商的规模、水平与能力，以及与东道国市场与全球供应链的联通性，包括物流网建设、金融服务等，它们构成了促进全球价值链融入的关键因素——网络外部性。通过本地供应链的相关能力建设可以促进供应商企业集聚，加强本地金融服务与基础设施建设将吸引更多跨国公司进入本国市场寻求适合的供应商，促进本地供应链供给能力的提升。②

四、全球价值链的经济影响

（一）全球价值链与经济发展

全球价值链已经成为发达国家和新兴经济体增长的主要推动力。全球价值链贸易比传统出口带来更大的好处，包括技术和知识转让、外国直接投资增加和人力资本积累。这些好处可以带来持久的生产力提高和经济的可持续增长。

---

① 价格效应是指中间品供应商的价格竞争使进口国获得更低价的进口中间品，从而降低出口产品的生产成本；供应效应是指中间品供给的多样化促进出口产品的多样化和创新；生产率效应是指中间品促进技术和产品创新以及生产效率的提升，从而提升出口产品质量和促进产品创新。

② 盛斌，陈帅．全球价值链如何改变了贸易政策：对产业升级的影响和启示［J］．国际经济评论，2015（1）：87-88.

全球价值链通过三个渠道促进生产率增长：（1）高度专业化。全球价值链的扩张使得价值链中的特定活动高度专业化。参与的公司通过专注于自身最有效率的核心任务，把相对效率较低的任务外包出去，从而获得更高的生产率。（2）外国投入。这种高度专业化是通过越来越多的国外中间投入品得以实现，并相互促进。全球价值链的联系使专业化的规模经济更大，更好地利用跨境互补性。全球价值链的参与不仅让企业采购到有竞争力的国外投入品，而且有更多的选择和更高的质量，从而提高企业的生产率。（3）技术溢出和知识转移。在全球价值链中，企业间长期的联系与合作，使国内企业与全球买家和供应商之间可以分享专有技术和知识，特别是与全球价值链主要参与者的先进知识、技术和制定的标准紧密联系，从而带来技术溢出和知识溢出。这个知识与技术溢出主要通过三种机制来实现：第一种机制是扩散效应，即跨国公司的产品规范和技术标准等让当地企业分享了知识和技术。第二种机制是可得性和质量效应。全球价值链的参与使下游行业获得更多更好的投入品，从而提高了出口产品的质量和竞争力。第三种机制是示范效应。企业可以模仿全球价值链的产品、商业模式、营销战略、生产流程和出口过程，或是进行逆向创新。

全球价值链的发展还推动着新兴经济体的出口与产业升级。借助相对便宜的高质量投入品，全球价值链促进了发展中国家生产与出口的多样化。随着产品质量和价格的选择越多，生产和加工升级的途径更多，从而为企业或行业带来更多的升级机会。随着收入水平的提高，一国的生产与出口沿着“质量阶梯”不断攀升，产品的复杂度提升甚至超过收入上升的步伐，带来产业国际竞争力的快速上升。

（二）全球价值链与经济波动

全球价值链的发展放大或加快了经济周期冲击的国际传导，使一国经济受外部冲击的影响增大，加大了经济波动。比如，东亚地区因为更深地融入全球价值链，变得更易于受到美国和欧盟经济周期的冲击。

全球价值链主要通过结构效应和供应链效应影响经济周期的国际传导。全球价值链上的特定国家专注于特定产业部门，这些部门出口依存度较高，从而对外部收入波动更为敏感，此即“结构效应”（composition effect）。国际生产分散化首先发生于耐用品部门，后者对国外收入的弹性往往高于其他产品部门。随着全球价值链的深化，耐用品部门在国际贸易中的比重不断上升，从而推动总出口的收入弹性不断加大。

全球价值链的某些内在特征会加快或放大经济周期的冲击效应，即“供应链效应”（supply chain effect）。同传统贸易相比，全球价值链链条上中间品跨境贸易快速增长，使全球价值链贸易对系统性贸易冲击的敏感程度大大上升，但对汇率波动的敏感程度却呈下降趋势。原因包括：在产业内部，全球价值链产品比传统贸易产品更时尚，因而对需求更敏感；全球价值链更倾向于采用适时生产技术，以更快适应国外经济周期的冲击；供应链上任意节点因为经济周期冲击而进行的存货调整，会沿着供应链快速传导，但传导可能放大周期的冲击，放大程度取决于存货在相应企业生产中的地位。该效应被运营管理领域内的学者称为“牛鞭效应”（bullwhip effect）。①

全球价值链高度复杂，各环节联系紧密，其中部分环节如出现问题，都通过结构效应和供应链效应很快传递到整个链条，进而放大冲击的效应，因此，全球价值链参与度高的国家经济波动也相应增大。

第二节 全球价值链的发展趋势和驱动因素

一、全球价值链的发展趋势与特征

全球价值链是推动全球贸易增长和经济繁荣的关键。全球价值链的兴起推动了20世纪90年代以来国际贸易快速增长，加快了新兴经济体的经济追赶，带来了前所未有的经济差距的缩小。1995—2008年，全球价值链贸易在全球贸易总量中所占份额不断增加，增长最为迅速，到2008年全球价值链贸易已超过全球贸易的一半。然而，2008年全球金融危机以来全球价值链的发展出现了停滞和回缩，这是因为一些国家提高了本土化水平，以及有些发达国家推动“产业回归”或“再工业化”。不过，目前世界贸易总额中仍有一半的贸易与全球价值链（下面简称GVC）有关。

当前全球价值链的发展存在以下几个特征：

1. 国家之间的全球价值链发展很不平衡。几乎所有的国家都参与到全球价值链中，但各国参与全球价值链的类型与程度差异很大。根据出口产品和全球价值链参与程度，世界银行把国家分为四种主要类型：提供原材料或初级产品、参与初级制造业、参与先进制造业与服务业，以及开展创新活动。发达国家和大型新兴国家主要参与复杂的先进制造业与服务业GVC。非洲、中亚和拉丁美洲的许多国家主要从事原材料出口或初级制造业。1990—2015年，一些国家因GVC升级开始转向复杂类型的GVC，特别是东亚和欧洲。例如，南非从出口原材料或初级产品转向参与初级制造业，而中国和波兰则从初级制造业转向参与先进制造业与服务业。不过，大多国家的参与类型没有变，其参与度也变化不大。

2. 全球价值链的扩张是由少数国家与行业推动。在过去30年中，位于亚洲、欧洲和北美的少数国家推动了GVC的发展。在1990—2015年，全球GVC参与度上升了约7个百分点，其中贡献最大的是德国、美国、日本、意大利和法国。这些国家的出口更多地使用进口中间投入品。尽管中国在GVC中举足轻重，但其对GVC的贡献主要是其自身在世界贸易中份额的增加。从行业角度来看，全球GVC的上升主要由高技术制造业推动，包括光电设备、运输设备、机械制造等行业。不仅制造业GVC在扩张，服务业GVC也迅速扩张。1980—2009年，运输、旅游或商业服务等服务业出口总额在全球贸易中所占的比

① 刘仕国，吴海英．全球价值链和增加值贸易：经济影响、政策启示和统计挑战［J］．国际经济评论，2013（4）：87-96，6.

例基本不变，约20%，而服务在增加值贸易中的比例从31%升至43%。①

3. 新技术推动全球价值链升级和拓展。在新一代通讯技术和数字技术加持下，复杂技术产品全球分工、服务业全球分工和创新活动全球分工等新型价值链形态快速推进。首先，近些年新设计或迭代升级的新产品，从一开始就立足多国共同制造。这是因为技术升级速度加快，技术系统复杂性增加，新技术新产品研发费用上升，而产品生命周期却在不断缩短，迭代速度加快。因此，任何企业独自创新和生产难度加大。这种情形下，由复杂技术体系构成的产品，需要全球分工与合作。其次，数字服务全球价值链加速延伸。在网络与数字时代，服务的基本性质发生改变，一是规模经济极为显著；二是范围经济极为显著。一个巨型平台形成后，可以销售多种产品和服务，并以品牌优势不断拓展新的产品和服务。借助数字技术，研发全球化、资产管理全球化、生产者服务平台全球化等新的全球化形态和商业模式快速推进。最后，信息技术特别是数字技术提供了合作创新的新方式。现代信息技术能够将相距遥远的专家联系在一起，并用数字化方式实时共享研发进程。因此，在数字技术和数字产业时代，创新能力可以大规模地跨国界转移。

4. 全球价值链日益集中化和区域化。随着发达国家的经济增长放缓，消费也跟着萎缩，而发展中国家开始寻求新的市场或转向内部市场，新兴经济体的需求上升，成为重要的出口市场。全球价值链终端市场从北方向南方转移，推动发展中国家的主导企业将自身的供应链区域化。这些区域价值链侧重于更短的生产线以及对时尚和需求的迅速回应。这些变化引起全球价值链上的主导企业重新整合供应链，价值链上的各个环节向加速集中化的趋势发展，订单日趋集中在少数大型生产商和供应商手中。

【延伸1-3】

全球价值链的衡量

全球价值链中增加值的衡量最大的挑战是海关数据，这一国际贸易总量数据的标准来源，只提供了交易的货物或服务是在哪里生产的，而不是如何生产的，即哪个国家为其贡献了多大增加值。同样，海关数据只记录了成交货物的流向，而不记录它的使用方式，即它是否会在进口国被完全消费（吸收），或者它在进口国加工后再出口。

宏观视角的衡量：要分析跨越多个国家的增加值贸易流向，需要把海关数据和各国的投入产出表结合起来，构建全球投入产出表。相关的工作由格罗宁根大学研究人员开发的世界投入产出数据库（WIOD）、经济合作与发展组织编制的增值贸易数据库，以及悉尼大学编制的Eora全球供应链数据库共同完成。在全球投入产出表的基础上，就可分析一国或一产业参与全球价值链的程度。

全球价值链参与度分为前向参与度和后向参与度。GVC前向参与度是指一国的

① World Bank. World Development Report 2020：Trading for Development in The Age of Global Value Chain［M］. New York：United Nations Publications，2020.

出口被进口国再出口到第三国，该出口所占的比重。GVC 后向参与度是指一国出口中包含的国外增加值所占的比重。一国全球价值链参与度就是前向参与度和后向参与度之和。

微观视角的衡量：另一种衡量各国生产过程分散程度的方法，是 Yeats（1998）提出的。他根据行业分类方法计算中间投入品占贸易的比重。Yeats 的分类方法被联合国贸发会议进一步开发成 BEC 产品分类统计法。最近，海关的企业数据能更深入地了解 GVC 关联。这些企业层面的数据能观察到企业与外国伙伴国之间的交易，能了解不同企业 GVC 关联的异质性，可加总形成行业层面的数据，还可了解企业如何做投入品采购决策、跨国公司如何组织他们的生产网络等。

资料来源：World Bank. World Development Report 2020：Trading for Development in The Age of Global Value Chain [M]. New York：United Nations Publications，2020.

二、全球价值链参与与升级的驱动因素

GVC 的参与与升级由要素禀赋、地理位置、市场规模、制度质量和政策等因素所决定。

（一）要素禀赋

要素禀赋包括丰富的劳动力、自然资源和外商直接投资等。在一国参与 GVC 的早期阶段，低技能劳动力和外商直接投资是后向参与的关键。低收入国家的低成本劳动力充足，这往往是一国嵌入劳动密集型制造业全球价值链的一个比较优势。当三星决定在越南投资时，它被越南年轻、廉价和丰富的劳动力所吸引。越南工人的雇佣成本平均来说是中国同行的一半，而且比中国年轻 7 岁。这种廉价的劳动力降低了三星工厂的成本，使三星在低价格手机方面比苹果更具优势。

大量低技能劳动力是嵌入制造业 GVC 的起点，而高技能工人则是一国 GVC 升级的关键。要出口更先进的制造业产品和服务，就必须提高劳动力技能。参与不同类型的全球价值链需要不同类型的工人。在 2006—2015 年，从事初级制造业全球价值链的国家（如摩洛哥、南非和斯里兰卡）的平均劳动力成本约为每年 11000 美元；从事先进制造业和服务业全球价值链的国家（如墨西哥、波兰、泰国和土耳其）的平均劳动力成本达到 16500 美元。在德国、日本、英国和美国等专注于创新活动全球价值链的国家，员工成本平均约为每年 55000 美元，这反映出他们更高的技能和更高的生产力。①

丰富的土地或自然资源推动了 GVC 的前向参与。也就是说，一个国家拥有的矿产资源（比如铜、铁矿石等）越多，该国国内增加值占其贸易伙伴国出口价值的比例越高。在专业化从事原材料出口和初级产品的国家，近 1/5 的国内生产总值来自自然资源，而在从事初级制造业全球价值链的国家，这一比例为 3%或更少。

① World Bank. World Development Report 2020：Trading for Development in The Age of Global Value Chain [M]. New York：United Nations Publications，2020.

外国直接投资是全球价值链参与的催化剂。较高的资本禀赋促进了全球价值链的嵌入和升级，资本相对稀缺会阻碍一国参与资本密集型制造业的全球价值链。但对于资本稀缺的国家来说，外国直接投资提供了一个重要途径。全球价值链活动和外国直接投资流入是相辅相成的。外资企业的加入，增加了对东道国国内中间投入品的需求，培养了当地供应商，刺激着一国上游行业的发展。这些本地供应商可能会供应国内下游其他企业，甚至出口。外国直接投资可以通过传播技术诀窍和管理做法等方式，促进国内企业嵌入全球价值链。例如，孟加拉国服装行业的外国直接投资导致新的本地供应商生产拉链、纽扣和面料，这使国内服装企业受益，并确保了该国在全球服装出口中的竞争力。

外商直接投资还有利于一国向复杂的全球价值链转型升级。例如，阿根廷、印度尼西亚等转向初级制造业全球价值链和中国、捷克共和国等国家转向先进制造业和服务业全球价值链，韩国和新加坡转向参与创新活动的全球价值链，都依赖于外国直接投资的持续增长。

（二）市场规模

市场规模对 GVC 参与的影响，很大程度上与国内产业的联系有关。制造业规模较大的市场都具有较大的 GVC 前向参与和较小的 GVC 后向参与，这表明国内供应商对 GVC 参与很重要。大型经济体如中国、日本和美国的制造业 GVC 后向参与度较低。这是因为，大国的工业生产能力很强，它们往往吸引更多的连续生产阶段，出口中更多使用国内投入品，减少对进口投入的使用，从而降低了 GVC 后向参与。而大国更容易生产并提供最终产品，更倾向于专注生产的下游环节，产品中会包含更多的外国增加值。

小国更依赖于进口投入品和外国市场。它们通常通过在国内实行贸易自由化和与贸易伙伴国进行自由化谈判，来克服国内市场规模和当地投入较少的限制。过去 30 多年来，一轮又一轮的贸易谈判和单边贸易自由化一直是 GVC 扩张的推动力量。较低的工业品关税推动着全球 GVC 的后向参与。

（三）地理位置

临近中国、德国、日本和美国等全球贸易中心对 GVC 参与至关重要。许多全球价值链不是全球性的，而是区域性的。比如，汽车行业严重依赖相对短的区域价值链，原因至少有三个：一是汽车部件，如汽车座椅或发动机很重、容易损坏，长距离运输的成本很高。二是及时生产和产品多样性通常要求零部件生产靠近最终装配点。三是跨国公司进入通常需要满足当地含量要求。

低效的基础设施和通关的延误是贸易成本高昂的重要原因。贸易成本会影响一个国家在 GVC 中的定位。地理距离越远，对 GVC 参与的不利影响就越大。对于发展中国家供应商而言，运输成本是 GVC 嵌入或升级的主要障碍。无法满足及时生产和交付的要求会阻碍企业参与 GVC。与最终产品贸易相比，国际生产网络中的零部件贸易对物流效率和国际运输时间的不确定性更为敏感。通过改善连通性来克服距离的遥远，从而促进 GVC 的参与。提高连通性不仅包括运输和通讯基础设施及其管理，还包括互联网的发展。

（四）制度质量

参与全球价值链的企业开展经济活动，受交易成本的影响大。法律制度影响监督和执行合同的成本，是交易成本的重要决定因素。更完善的法律制度能促进企业间的交易，降低不安全感和风险。合同执行不力导致的生产延迟对 GVC 危害极大。

制度是比较优势的决定因素之一，这特别体现在“专用性投资”较高的行业和产品上。当存在“专用性投资”时，“套牢问题”（或叫敲竹杠）就会出现。这是因为，当投入品的生产需要“专用性投资”时，合同一般都具有不完全性，即合同无法签订得非常详细。当投资完毕后，投入品的买方有强烈的动机要求重新签订合同，因为专用性投资生产的投入品卖给其他买家，价格会低很多。通常，复杂产品或高质量产品通常都需要“专用性投资”。同样，如果投入品供应商在全球价值链中的地位很重要，那么也会出现供应商要挟制成品生产商的情况。完善的法律制度有助于缓解“套牢问题”，从而促进 GVC 参与。

制度分为正式制度和非正式制度。产权是衡量正式制度质量的一个重要指标，是全球价值链的重要决定因素，但对区域价值链的影响相对要小些。一些非正式制度可以代替正式制度来促进信任与合作。具体来说，频繁互动、人际网络和声誉等非正式制度，在推动 GVC 参与中发挥着重要作用。

（五）政策因素

在全球价值链背景下，一些积极的政策可以促进全球价值链参与和升级，从而让一国能从价值链参与中获得更大利益，或促进价值链利益的增长。不过，许多传统的产业政策措施，包括税收优惠、补贴和本地含量，在全球价值链的背景下，只会带来市场扭曲而不是促进。一国政府可以协调国内供应商、提供有关供应信息、支持中小企业的培训和能力建设，以及加强国内中小企业与全球价值链主导企业之间的联系；政府还可以通过帮助国内供应商获得资金和技术、加强特定部门的人力资本、促进创新等政策来提高企业生产率。

1. 促进全球价值链参与的政策措施

影响要素禀赋、市场规模、地理位置和制度质量的政策，都会影响全球价值链参与。在要素禀赋方面，包括促进要素充分利用的政策和消除要素市场限制的政策；吸引和留住外商直接投资的政策，如政治稳定、投资保护、良好的营商环境等。在市场规模方面：促进贸易自由化的政策，如降低关税和非关税壁垒、降低服务贸易壁垒、促进电子商务发展等。在地理位置方面，包括调整和改善贸易基础设施、改善港口基础设施和港口治理、提高内陆地区的交通基础设施等。在制度质量方面：加强合同执行、知识产权保护，提高健康、安全、环境、劳动等方面的标准建设等。

2. 促进全球价值链升级的政策措施

一国还可采用积极的产业政策推动全球价值链升级，从全球价值链中获取更高收益。这些产业政策包括：（1）加强国内供应商与全球价值链主导企业之间的联系，如信息沟通项目、改革国内投资环境、增强本地企业和员工的吸收能力、促进金融发展等；（2）

增强特定部门的技能和管理能力，如加强教育、改革就业政策、引进国外技术人员，鼓励外国投资者增加培训和转让隐性知识；（3）促进国家和区域创新体系建设，包括知识产权保护和高效的合同执行能力、促进高质量创新生态系统的政策，以及鼓励合作研发的支持性政策等。

【延伸 1-4】

全球价值链参与的驱动因素的实证比较

全球价值链参与的决定因素因国家而异，这取决于它们参与全球价值链的类型：

（1）大宗商品组的国家具有以下特点：政治稳定性低（-0.6）、外国直接投资（FDI）流入低、制造业进口关税高（6.6%）、海关效率低（进口 35 天）和物流绩效指数低（LPI，2.6）。

（2）与大宗商品组相比，初级制造业组的国家具有的特点是：政治稳定性平均提高了 60%，外国直接投资流入量增加了 60%，平均关税（5.6%）降低了 1 个百分点，海关效率提高了（进口 20 天），物流指数得分也提高了（2.8）。

（3）先进制造业和服务业组的国家平均表现出以下特点：政治稳定性的进一步改善（0.1），外国直接投资流入量大幅增加（150%），平均关税大幅降低 3 个百分点（2.6%），海关效率提高（进口 13 天），以及 LPI 提高（3.3）。

（4）与先进制造业和服务业组相比，创新活动组国家的政治稳定性平均提高了 90%，外国直接投资流入量增加了 90%，关税降低了 0.9 个百分点（1.7%），海关效率提高了（进口时间为 8.9 天），LPI 提高了 3.8 个百分点。

表 1-3　　**GVC 后向参与的影响因素（国家分组分析）**

国家分组	平均 GVC 后向参与度	平均政治稳定指数	平均 FDI 流入（对数值）	平均关税税率	进口平均天数	物流绩效指数（LPI）
大宗商品组	13.9	-0.6	6.7	6.6	35.4	2.6
初级制造业组	24.1	-0.3	7.3	5.6	19.9	2.8
先进制造业和服务业组	39.8	0.1	8.8	2.6	13.0	3.3
创新活动组	37.3	0.8	9.7	1.7	8.9	3.8

Fernandes 等人（2020）利用 EORA 数据库分析了 1990 年至 2015 年间 121 个国家的农业、矿业、制造业和服务业参与度的决定因素，他们把决定因素分为 7 大类：（i）要素禀赋，（ii）地理位置，（iii）国内工业能力，（iv）贸易政策和外国直接投资，（v）制度质量，（vi）连通性，以及（vii）宏观经济因素。结果发现，要素禀赋、地理距离、政治稳定性、贸易政策和外国直接投资以及国内产业能力都是全球价值链参与的重要影响因素。其中一些决定因素，如贸易政策、外国直接投资、地理距

离和要素禀赋对全球价值链贸易的影响要大于对传统贸易的影响。

资料来源：World Bank. World Development Report 2020：Trading for Development in The Age of Global Value Chain［M］. New York：United Nations Publications，2020. 和 Fernandes A M，Kee H L，Winkler D. Determinants of Global Value Chain Participation：Cross-Country Evidence［R］. CESifo Working Paper Series，2020.

第三节　区域贸易协定与全球价值链

一、区域贸易协定

区域贸易协定（regional trade agreement）是指两个或两个以上的国家或关税地区之间，相互降低贸易壁垒，但对非成员国则实施相对较高的贸易壁垒。由于每个国家（地区）的贸易政策都给予成员国优惠待遇，因此区域贸易协定一直是世界贸易组织非歧视原则的例外。两个或更多经济体通过区域贸易协定的形式联合起来，使国际贸易、支付和要素流动领域的限制措施逐渐降低或取消，这个过程通常称为经济一体化。

根据经济一体化的程度划分，区域贸易协定可分为 5 种类型：特惠贸易协定、自由贸易区、关税同盟、共同市场和经济联盟。

1. 特惠贸易协定（Preferential Trade Agreement）是参加协定的成员国之间在进行贸易时相互提供比非成员国更低的贸易壁垒。这是经济一体化程度最低的一个种形式，也是目前国家之间签订最多的一种协定。

2. 自由贸易区（free trade area）是指若干个贸易国之间达成协议，相互之间取消所有的关税和非关税壁垒，但每个成员国对非成员国仍保留自己的壁垒。最典型的例子是 1960 年英国、奥地利、丹麦、挪威、葡萄牙、瑞典、瑞士共同组成的欧洲自由贸易联盟（EFTA）和 1993 年美国、加拿大和墨西哥达成的北美自由贸易协定（NAFTA）。

3. 关税同盟（customs union）是各成员国之间相互取消所有的关税和非关税壁垒，而且对非成员国采取一致的贸易限制措施。比较著名的例子是比利时、荷兰和卢森堡于 1948 年成立的比荷卢联盟（Benelux）。

4. 共同市场（common market）是各成员国之间不仅相互取消所有的贸易壁垒，对非成员国采取共同的贸易限制措施，还允许成员国之间资本和劳动力等生产要素自由流动。欧盟（European Union）于 1992 年建设共同市场。

5. 经济联盟（economic union）是指成员国之间不仅拆除了贸易壁垒，统一了对外贸易政策，允许生产要素自由流动，而且在协调的基础上采取一致的国家、社会、货币和财政政策。

二、区域贸易协定的经济效应

区域贸易协定的经济效应包括静态效应和动态效应。其中，静态效应包括贸易创造效应（trade creation effect）和贸易转移效应（trade diversion effect）；动态效应主要有规模经济效应、竞争效应和技术进步效应。由于动态效应反映的是对一国长期经济增长率的影响，而增长率的微小变化就会对一国产出带来巨大的累积效应，因而动态效应要比静态效应大得多，也更重要。

（一）静态效应

贸易创造效应是指成员之间相互降低关税和非关税壁垒，一成员国的国内生产被另一成员国低成本的进口产品所取代，从而扩大了成员间的贸易，进而增加各国的总福利。贸易转移效应是指成员国之间的贸易壁垒降低引起某一成员国从高效率的非成员国转向低效率的成员国进口，降低了该国福利。

尽管区域贸易协定通过贸易创造增加福利，但贸易转移效应却意味着福利的损失。如果正的贸易创造效应大于负的贸易转移效应，那么区域贸易协定不仅可以提高成员国的福利，还会使世界其他国家获利。区域经济一体化的成功与否取决于影响贸易创造效应和贸易转移效应的各种因素。影响这两个效应相对大小的因素很多，其中一个是签订协定的国家类型。组建同盟前经济具有很强竞争力的国家最可能从贸易创造中获利。同盟中的国家规模越大，国家数目越多，低成本生产国参与同盟的可能性越高，获利的机会也越大。另外，当对非成员国的关税越低，非成员国的廉价进口商品被成本较高的成员国进口商品所取代的可能性降低，贸易转移效应就越小。

（二）动态效应

区域贸易协定对福利的影响还通过影响成员国的长期经济增长率，产生动态效应。

区域贸易协定最显著的一个动态效应就是规模经济。当成员国之间降低贸易壁垒，一国的企业可以自由地进入其他成员国的国内市场，获得了在贸易限制下国内小市场无法实现的规模经济效应。市场的扩大提高了专业化分工的程度，企业可以采用更有效率的设备，更充分地利用其副产品，从而提高了效率。例如，欧盟成立后其成员国在钢铁、汽车、炼铜等产品的生产上实现了显著的规模经济效应。

竞争效应是区域贸易协定的另一个动态效应。随着成员国之间降低关税和非关税壁垒，增强了区域内各国企业的竞争。特别是，贸易限制会助长垄断。当少数几家企业控制国内市场时，它们通常达成默契，不进行价格竞争。但随着成员国内部市场的放开和竞争者数量的增加，这种串谋行为成功的可能性降低了。为了在竞争日趋激烈的大市场中生存，企业必须投资新设备、新技术，来降低成本，提高产量和质量。

此外，区域贸易协定可以促进科技进步和生产率提高。更大的市场增加了创新成功的期望回报率，也可合理分散研发成本，从而推动企业大力发展最新科技。国际贸易的扩大，促进了人力资本和物质资本的流动，这将更长久地促进收入增长。

【专栏 1-2】

关税同盟的静态效应

为了说明贸易集团成员国之间降低关税壁垒所带来的静态福利效应，假设世界上只有中国、德国和美国三个国家。美国和德国成立关税同盟，中国为非成员国。因此，美国和德国之间没有关税，同时对中国采用统一的关税政策。

如图 1-2 所示，S 和 D 分别表示德国对钢铁的供给曲线和需求曲线。假设德国的市场规模远小于中国和美国，这意味着它不能影响国外价格，钢铁的国外供给曲线是完全弹性的。另外，中国的钢铁价格是 3.5 万美元，美国相应的价格是 3.6 万美元。德国对钢铁征收 10%的关税。

在组建关税同盟之前，德国从中国进口所需的钢铁，进口 10 万吨，市场价格 3.85 万美元。现在，关税同盟成立后，德国从美国进口，进口 20 万吨，国内市场价格是 3.6 万美元。进口从 10 万吨增加到 20 万吨，这个贸易增加带来的福利增长为 a+b，即贸易创造效应，为 1/2×（3.85−3.6）×［（7−4）+（24−17）］=1.25 亿美元。原来进口中国的 10 万吨钢铁都被美国钢铁所替代，减少的税收收入是 C，即为贸易转移效应，面积为（3.6−3.5）×（17−7）= 1 亿美元。这里贸易创造效应大于贸易转移效应，总效应为正。

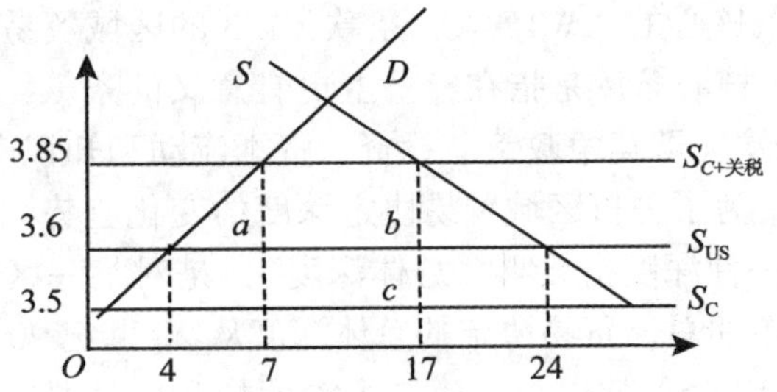

图 1-4 关税同盟的贸易创造和贸易转移效应

三、21 世纪区域贸易协定的发展

在过去的 30 多年里，区域贸易协定的数量急剧增加。向世界贸易组织（World Trade Organization，WTO）报告并生效的贸易协定数量从 1990 年的 50 个上升至 2021 年的 7 月 31 日的 350 个。区域贸易协定的内容也大幅扩展。20 世纪 90 年代以前，贸易协定主要涉及关税减让，而近期的贸易协定不仅涉及非关税壁垒，而且还包括诸如服务、投资、竞争政策、知识产权保护及其他规制领域的措施。

深度一体化已成为现代区域贸易协定的普遍特征。“深度一体化”最早于 1996 年由罗伯特·Z. 劳伦斯提出，它是指不同国家之间在经济政策与法律制度等方面的差异不断降低直至相融的经济一体化过程，从而便利了国家之间的商务活动。深度一体化又叫“积极一体化”，与 WTO 时期的自由化模式一致，即各国积极地制定或修改国内法律规则，使其贸易制度与 WTO 的“一揽子义务”相一致。与“积极一体化”相对的是“消极一体化”，又称为“浅度一体化”，是 GATT 时期的自由化模式，即成员国可以按菜单点菜的方式选择优先偏好的议题，而且一国的承诺只限于不提高边境壁垒，如关税及数量限制。

区域贸易协定的深度差异很大，如参与的国家和国家数量不同、涉及的议题范围不同，以及议题深度也不一样，很难用数量指标进行衡量。2010 年 Horn、Mavroidis 和 Sapir（简称 HMS）把区域贸易协定分为两大类：WTO+和 WTO-X。其中，WTO+指区域贸易协定的议题属于 WTO 的管辖范围且有法律执行力的规则，但其承诺高于现有的 WTO 协议水平，包括工业品关税、农产品关税、海关规定、出口税、反倾销、反补贴措施、技术性贸易壁垒、卫生和植物检疫标准、与贸易有关的投资措施、与贸易有关的知识产权措施、服务贸易等；而 WTO-X 指区域贸易协定涉及的议题超出了 WTO 的管辖范围，如竞争政策、环境法、投资、知识产权保护、资金流动、消费者保护与数据保护、文化合作、教育、能源、健康、人权、非法移民、研发、中小企业、社会问题等。

在 HMS 方法的基础上，Hofmann 等（2017）对截至 2015 年底向 WTO 报告并生效的 189 个经济体之间签订的 279 个贸易协定进行了水平深度的分析，发现这些协定涉及 52 个政策领域及其法律执行力的信息，且越来越多的贸易协定涵盖超过 20 个政策领域。大部分新签署的贸易协定涵盖了 10 ~ 20 个政策领域，只有少部分贸易协定关注的政策领域少于 10 个。

Hofmann 等（2017）进一步把贸易协定条款分为核心和非核心条款，研究发现，近 90%的协定至少涵盖一条核心的“WTO-X”条款，1/3 的区域贸易协定涵盖了全部核心的“WTO-X”条款。其中，核心条款是指在经济上更有意义的条款，包含所有“WTO+”条款和 4 种“WTO-X”条款（即竞争政策、投资、资本流动和知识产权保护），它们经常被包括在区域贸易协定中。为了分析区域贸易协定深度的变化趋势，Hofmann 等（2017）构建了水平深度指数。第一种深度指数叫“总体深度”，是对某一区域贸易协定中具有法律执行力的条款数量的简单加总。贸易协定的总体深度从 20 世纪 90 年代的 8 个条款左右上升到 2010 — 2015 年的 17 个条款以上。第二个深度指数叫“核心深度”，是计算某一区域贸易协定中涵盖的有法律执行力的核心条款数量。核心深度从 20 世纪 90 年代的 7 个条款左右上升到 2010 —2015 年近 14 个条款。

四、区域贸易协定与全球价值链的关系

全球价值链和区域贸易协定是双向互动的关系。过去 30 年是一个贸易协定不断深化、全球价值链不断强化的时期。

（一）全球价值链推动了深度一体化贸易协定的发展

推动深度一体化区域贸易协定发展的最重要原因是全球价值链及中间产品贸易的发展。这是因为，要使全球价值链有效运行，一些边境后政策与措施需要在贸易协定中加以规范：第一，生产阶段的跨境分离导致了在传统的贸易条件外部性之外还有新的国内政策跨境外部性。第二，在全球价值链背景下，政府可能面临边境后措施的公信力问题。第三，在存在跨境生产的背景下，协调外部性（如规制异质性）的成本可能更加高昂。这些外溢效应和公信力问题产生了对深度一体化的需要。①

---

① 杜大伟、若泽·吉勒尔梅·莱斯、王直. 全球价值链发展报告（2017）——全球价值链对经济发展的影响：测度与分析［M］. 北京：社会科学文献出版社，2018：262.

对于发达国家和发展中国家来说，签订深度贸易协定的动因不同。由于发达国家间的贸易早已高度自由化且其国内制度完善，因而，北北深度协定的主要目标是内部化政策的跨境外溢效应。对于发展中国家而言，深度协定还起到更多的作用，因为这些国家的贸易面临更高的壁垒，且其国内制度相对不完善。南北深度贸易协定是提供一个关于边境措施和边境后措施的承诺机制，为发展中国家参与全球价值链提供一个稳定器。发展中国家之间的关税依然居高不下，南南贸易协定依然主要通过传统贸易自由化的方式来影响全球价值链的参与。

全球价值链的发展将贸易投资自由化向广度和深度推进。原来贸易投资自由化仅限于关税与非关税等边境上的措施，而全球价值链使生产、加工与消费等边境上、跨边境以及边境后的链条形成一个整体，涵盖制造业、服务业、政府管理体制等更广泛的领域。因此，全球价值链推动着深度一体化的贸易协定蓬勃发展。深度一体化贸易协定重点包括6个方面议题：消除关税与非关税壁垒、服务贸易开放、投资及与贸易有关的投资措施、标准、竞争政策和知识产权保护。

1. 关税与非关税壁垒

在全球价值链下，零部件和中间产品需要多次跨境交易。因此，即使关税和非关税壁垒很低，保护程度也因多次累积而放大，进而严重影响到跨国公司的采购成本和生产成本。因此，一国需要大幅度降低或消除关税与非关税措施，以加快货物流动并降低贸易成本，才可能提高其在全球价值链中的国际竞争力。

而且，全球价值链也改变了传统贸易政策的作用。在以中间产品贸易为主的全球价值链贸易下，进口是为了生产再出口的产品，是为了出口而进口，因而关税是损害了企业的竞争力，从而不利于一国生产者。因此，全球价值链下传统贸易政策反而不利于一国比较优势的发挥。一国要想提高其在全球价值链中的地位与作用，就必须采取与传统贸易政策不一样的政策。虽然深一体化贸易协定也关注关税与非关税壁垒的减让，但更关注敏感领域的关税减让，如削减关税高峰和最高关税、推进农业与渔业的贸易自由化、修改原产地规则等，这些都是在WTO体制下无法达成共识的地方。

2. 服务贸易开放

服务在全球价值链中起着十分重要的作用，包括总部功能、协调生产和联系纽带等作用，成为价值创造和价值增值的主要内容。这主要体现在以下三个方面：首先，全球60%以上的国际直接投资投向服务业；其次，中间投入服务占服务进口的70%以上；最后，服务创造的价值占最终产品出口价值的40%~45%，如研发、设计、运输与后勤服务、金融服务。① 服务贸易自由化是深度一体化关注的焦点问题。由于WTO在服务自由化方面进展缓慢，由“服务业真正之友”集团共同发起了服务贸易的多边谈判，旨在制定关于服务贸易自由化的规则与纪律，如透明度、最惠国待遇和国民待遇、负面清单、限制垄断性服务提供者等。

3. 投资及与贸易有关的投资措施

---

① Bruhn D. Global Value Chains and Deep Preferential Trade Agreements：Promoting Trade at the Cost of Domestic Policy Autonomy? [OL]. http：//ssrn. com/abstract=2464136，2015-11-2.

跨国公司通过对外直接投资形成自己的生产网络和全球价值链，要求各国降低投资限制，消除对外来投资的歧视，为投资者提供保护。在全球价值链下，贸易与投资紧密联系，贸易政策与投资政策也需协调一致。目前，关于国际投资方面的规则，除了 WTO 的《与贸易有关的投资措施协定》外，各国之间还签订了 3000 多个双边投资协定。此外，在深度一体化贸易协定中，除了包括 WTO《与贸易有关的投资措施协定》中的禁止本地含量和出口的数量限制外，还扩展到禁止使用出口税及相关的法律执行条款等。特别是美国与欧美主导的贸易协定中，投资措施方面包含了更多更严的要求，如市场准入与企业建立、非歧视、投资保护，以及投资者—政府争端解决机制等，大大超出了 WTO 纪律与义务。

4. 标准

全球价值链还要求各国加强标准、规则的协调，以协调分散在各国的生产环节，来降低或消除那些制约商品跨境交易及投资和服务流动的标准差异，促进各国市场的对接与融合。在国际贸易中，标准分为产品标准和工艺标准，涉及产品质量、环境标准及社会领域。在 WTO 体制中，标准的规则包含在《实施卫生与植物卫生措施协定》和《技术性贸易壁垒协定》中，但 WTO 没有强制成员国采用标准，只是对标准的使用进行了约束。许多深度一体化贸易协定对标准做出了承诺，制定了许多更严格的要求，甚至包括争端解决机制。关于标准的条款大多强调各国标准的协调、互认及标准等价。

5. 竞争政策

竞争政策是针对企业的限制竞争的行为。在全球价值链中，跨国公司在多个市场中运营，涉及的司法和执行机制就非常复杂，迫切需要国际间竞争政策的协调与统一。深度一体化贸易协定中很多都包含了竞争政策和反垄断条款，甚至有些贸易协定还包含竞争政策的法律执行规则。

6. 知识产权保护

知识产权保护旨在促进创新。在全球价值链中，很多产品的研发含量很高，知识产权保护水平直接影响外商直接投资的意愿。尽管 WTO《与贸易有关的知识产权协定》对知识产权的国际保护作出了强制性规定，但美国和欧盟与其他国家签订的贸易协定中包含了许多超出 TRIP 协定义务的条款。

值得注意的是，深度一体化必须在伙伴国之间实现了浅度一体化之后才可实施。也就是说，当关税与数量限制等边境壁垒降到很低甚至没有时，国家间的政策与制度差异才显得非常突出，才有缩小政策与制度差异的必要。

（二）深度一体化促进了全球价值链贸易与国际直接投资

1. 对全球价值链贸易的影响

深度一体化的贸易影响很难用传统分析方法来分析。贸易创造与贸易转移只适用于分析浅度一体化，而不适用分析深度一体化的效应。深度一体化最主要的功能是解决市场失灵和提供公共产品，而不仅仅是降低贸易壁垒，因此传统的福利分析只能解释小部分的局部效应。

尽管人们目前无法全面有效地分析深度一体化的效应，但学者们从多方面进行了实证研究。最近的实证研究发现，深度贸易协定能促进全球价值链整合，而缺乏这种深度则可能对全球价值链不利。其中，“WTO-X”条款对南北贸易协定来说是全球价值链的关键推动力，而“WTO+”条款则对南南全球价值链整合至关重要。Orefice和Rocha（2014）发现深度区域贸易协定促进了生产网络贸易，使其平均增加了12个百分点，而且与纺织产品相比，深度一体化对汽车零部件和信息技术产品的生产网络贸易的影响最大。Kim（2015）研究了东亚深度一体化对生产网络贸易的影响，发现有显著的促进作用。Laget等（2020）发现贸易协定的深度显著地促进了中间品的国内增加值和国外增加值含量，特别是，南南贸易协定中每增加一条“WTO+”条款使南南全球价值链整合度上升0.3%；南北贸易协定中每增加一条“WTO-X”条款使南北全球价值链整合度上升4.3%。马淑琴等（2020）发现双边自由贸易协定总深度对区内成员间的全球价值链关联产生正向影响，且对象国差异性会影响区内全球价值链效应的发挥。高疆、盛斌（2018）研究了以“深度一体化”指标衡量的贸易协定质量对中间品贸易、最终品贸易和不同制造业全球价值链贸易的影响，发现影响为正。

2. 对国际直接投资的影响

深度贸易协定对外商直接投资（下简称FDI）的影响也受到学者的关注。Buge（2014）分析了区域贸易协定促进FDI的三种机制：（1）贸易渠道。区域贸易协定推动了贸易的发展，进而促进垂直型FDI的流入。FDI流入不仅受双边贸易协定的影响，还受一方与第三国签订的贸易协定的影响。（2）深度一体化条款。区域贸易协定中的投资、服务、知识产权保护、竞争及争端解决机制等条款，都对FDI流入有促进作用。（3）投资环境及政治经济环境的改善。区域贸易协定作为一种信号机制和承诺机制，增强了对政策一致性的预期，大大改善了成员国的投资环境和政治经济环境。

从实证研究来看，大多数研究认为区域贸易协定促进了FDI的流入。许培源和刘雅芳（2019）认为国际贸易投资新规则通过提高成员国间贸易自由度和投资保护水平促进FDI流入，大国的作用更明显，但对非成员国产生了投资转移效应。Oyamada（2019）指出自由贸易协定或经济伙伴关系协定将增加发展中国家的FDI流入。林梦瑶、张中元（2019）认为区域贸易协定中竞争政策水平深度的提升对OECD国家FDI流入有明显的提高作用。不过，Osnago等（2019）认为，总体上深度贸易协定增加了垂直型FDI的流入，但并不是所有的协定都存在这种正向关系。具体来说，当深度贸易协定提高了中间投入品的契约实施性，则对FDI有促进作用；如果深度贸易协定是提高了总部服务的契约实施性，则不利于FDI。

◎ 小结

1. 全球价值链是21世纪全球经济的一个显著特征。全球价值链的兴起和发展已经改变了国际贸易、投资和生产，也改变了产业组织形式和国家经济结构，成为重塑世界经济格局的重要因素与趋势之一。

2. 全球价值链分析的核心是全球价值链的“治理”和“升级”。全球价值链的“治理”强调主导企业和国际产业的组织形式，有5种类型的治理结构，分别是市场型、模块型、关系型、从属型和等级型；“升级”则侧重于各国、各地区和其他相关利益方为了维持或改善其自身在全球经济中的地位而采用的战略，产业升级有4种途径，分别是工艺升级、产品升级、功能升级和链条升级。

3. 全球价值链分工使国际贸易的本质内涵发生了实质性变化，国际贸易的作用与功能等均发生了实质性改变。21世纪的全球贸易与生产已经逐步由传统模式向新型模式转变。在生产形式上，传统模式是国内生产、全球销售，而新型模式则是国际生产、全球销售；在专业化分工形式上，传统模式是不同国家的产业分工，而新型模式是不同国家的产品内或价值链内分工（即工序与任务分工）；在贸易形式上，传统模式表现为产业间贸易或产业内贸易，而新型模式则主要表现为产品内贸易。

4. 全球价值链下的国际竞争方式从过去建立完整的产业链竞争体系转变为当前在全球价值链中寻求对自身最有利的分工位置。全球价值链更加突出核心能力的竞争，主要集中于工序和任务层面。

5. 全球价值链的兴起对传统贸易政策的理念与内容提出了新的挑战。那种基于传统生产与贸易模式的贸易政策已不再适用，需要重新定义基于全球价值链的国际贸易新规则，即所谓的第二代（或21世纪）贸易政策。21世纪贸易政策涵盖了非常广泛的“与贸易有关”的议题与措施，其中相当多的内容已超越了WTO规则。它以寻求国内规制政策与国际协定之间的协调和融合为主，目的在于通过结构改革促进“边界内措施”的市场化、法治化与国际化。

6. 全球价值链已经成为发达国家和新兴经济体增长的主要推动力。全球价值链贸易比传统出口带来更大的好处：包括技术和知识产权转让、外国直接投资增加和人力资本积累。这些好处可以带来持久的生产力提高和经济的持续增长。同时，全球价值链也加大了经济波动。

7. 全球价值链的发展很不平衡，且在不断发展变化中。新技术推动全球价值链升级和拓展，且全球价值链日益集中化和区域化。

8. 区域贸易协定是指两个或两个以上的国家或关税地区之间，相互降低贸易壁垒，但对非成员国则实施相对较高的贸易壁垒，又被称为经济一体化。区域贸易协定可分为5种类型：特惠贸易协定、自由贸易区、关税同盟、共同市场和经济联盟。

9. 区域贸易协定的经济效应包括静态效应和动态效应。其中，静态效应包括贸易创造效应和贸易转移效应；动态效应主要有规模经济效应、竞争效应和技术进步效应。动态效应要比静态效应大得多，也更重要。

10. 在过去的30多年里，区域贸易协定的数量急剧增加，其内容不断深化。深度一体化已成为现代区域贸易协定的普遍特征。

11. 全球价值链和区域贸易协定是双向互动的关系。全球价值链推动了深度一体化贸易协定的发展。这是因为，要使全球价值链有效运行，一些边境后政策与措施需要在贸易协定中加以规范：第一，在全球价值链下国内政策的跨境外部性。第二，在全球价值链下政府面临边境后措施的公信力问题。第三，在跨境生产的背景下协调外部性（如规制异质性）的成本可能更加高昂。同时，深度贸易协定能促进全球价值链整合，而缺乏这种深度则可能对全球价值链不利。其中，“WTO-X”条款对南北贸易协定来说是全球价值链的关键推动力，而“WTO+”条款则对南南全球价值链整合至关重要。

◎ 关键词

全球价值链（global value chain） 区域贸易协定（regional trade agreement） 贸易创造效应（trade creation effect） 贸易转移效应（trade diversion effect） 深度一体化（deep integration）

◎ 重要概念

全球生产网络 全球价值链治理 工艺升级 产品升级 功能升级 链条升级 产业间贸易 产业内贸易 产品内贸易 中间产品贸易 产业内分工 结构效应 供应链效应 特惠贸易协定 自由贸易区 关税同盟 共同市场 经济联盟 静态效应 动态效应 浅度一体化 深度指数 “WTO+”条款 “WTO-X”条款 生产者驱动型全球价值链 购买者驱动型全球价值链

◎ 思考题

1. 全球价值链下发展中国家如何实现产业升级？
2. 在全球价值链下签订区域贸易协定的动因与以往的有何不同？
3. 发展中国家与发达国家参与区域贸易协定的动因有何差异？

◎ 练习题

1. 全球价值链的特征是什么？
2. 全球价值链背景下国际贸易的本质内涵发生了哪些变化？
3. 全球价值链下国际贸易有哪些作用？
4. 全球价值链如何影响生产率？
5. 全球价值链的发展有哪些特点？
6. 驱动全球价值链参与与升级的因素有哪些？
7. 全球价值链与区域贸易协定是什么样的关系？
8. 全球价值链如何改变国际竞争？
9. 当前全球价值链的发展有什么特征？
10. 全球价值链参与的驱动因素有哪些？

第二章　21世纪贸易政策与发展中国家的贸易发展战略

第一节　21世纪贸易政策的兴起

全球价值链的兴起使贸易、生产制造、服务、投资及知识产权日益融合为“一体化综合体”，这对传统贸易政策的理念与内容提出了新的挑战。由于贸易与生产越来越难以分清国界，以市场准入为核心的“边界保护”贸易政策可能会对自身经济造成严重伤害。在全球价值链背景下，贸易不平衡的大小与程度被改写。因此，那种基于传统生产与贸易模式的贸易政策已不再适用，需要重新定义基于全球价值链的国际贸易新规则，即所谓的21世纪（或全球价值链导向型）贸易政策。与包括关税、非关税壁垒等措施在内的传统贸易政策不同，21世纪贸易政策是指涵盖了非常广泛的“与贸易有关”的议题与措施，其中相当多的内容已超越了WTO规则。① 它以寻求国内规制政策与国际协定之间的协调与融合为主，目的在于通过结构改革促进“边界内措施”的市场化、法治化与国际化。

一、全球价值链与传统贸易政策的正当性

全球价值链理论极大地动摇了传统的贸易保护主义政策工具的内在正当性。过去，人们总是习惯于从民族国家立场出发，讨论单一的“国家利益”问题。例如，20世纪70年代，日本大量向美国出口汽车，导致了美国的贸易逆差，于是美国就向日本施压，要求日本减少出口或增加来自美国的进口，从而催生了自愿出口限制等措施。这是典型的传统贸易思维，特点是将国家利益看成单一抽象之物，将国际贸易视为单一去向的最终产品贸易，而忽略了现实中大量的中间产品贸易。全球价值链格局下，一国出口中包含了进口成分，进口中包含了出口成分；服务贸易与货物贸易不再是泾渭分明，而是水乳交融。产品内分工格局下出口与进口相互包含、货物与服务相互融合的状态，决定了各国经贸利益的空前相容性、经济周期更强的全球传导性和同步性。国家之间的经贸关系不再是单一的竞争关系，而是合作与竞争关系并存，各国成为全球价值链条上的利益相关者。

全球价值链也改变了传统贸易政策的作用。当贸易品是最终产品时，进口是为了消费，关税的提高限制了竞争，从而有利于生产者；而在以中间产品贸易为主的全球价值链

---

① 盛斌，陈帅．全球价值链如何改变了贸易政策：对产业升级的影响和启示［J］．国际经济评论，2015（1）：86.

下，进口是为了生产再出口的产品，是为了出口而进口，于是关税反而损害了企业的竞争力，从而不利于一国生产者。因此，在全球价值链贸易下，传统贸易政策不利于一国比较优势的发挥，关税不再是“以邻为壑”的政策，而是“自损”政策。在全球价值链贸易格局下，保护主义就意味着破坏主义，一国对另一国在产品和服务贸易上的限制与阻碍，会干扰甚至切断价值链的正常运转，进而损害自身利益。一国要想提高其在全球价值链中的地位与作用，就必须采取与传统贸易政策不一样的政策。

【专栏 2-1】

全球化的“两次松绑”与21世纪贸易

在帆船和马车是最先进的交通工具的时代，只有那些高价值的货物，进行长途运输交易时才有利可图。于是，每个地区或国家自己生产绝大部分自己所需求的东西：生产和消费都受到了地域上的束缚。蒸汽机车（铁路）和汽船的发明大大削减了运输成本，从而使得生产和消费在地域范畴上得到松绑，即生产与消费的分离。这便是全球化的“第一次松绑”，便捷的交通运输促进了规模经济的壮大，也孕育了生产的本地化聚集。让我们看一下具有多个生产区间的生产过程。协同化生产意味着不同生产区间内货物、人员、想法以及在设备、培训、技术方面的投资会有着不间断的双向流动。生产在局部地区聚集，就是因为就近生产降低了上面所描述的双向流动的成本。因此，与生产距离有关的成本变得愈加重要，我们可以将之称为“协同黏合”。

从20世纪80年代中期开始，远程通信变得越来越廉价而且越来越稳定，协同粘合的影响力也随之变得越来越弱。电话费用骤降，手机使用呈爆炸式增长，通讯网络愈加密集、稳定、价廉。随着通讯成本的降低，运算能力的价格大幅度降低（摩尔定律），光纤传输的速率大幅提高（吉尔德定律）。信息和通讯革命触发了一系列信息管理的创新，使得远距离复杂活动的协同变得更加简单、价廉、迅速和安全。以前生产的各个阶段在距离上要非常接近，从而能更好地面对面解决很多生产中的小故障，而如今，生产的各个阶段可以在不严重影响生产效率和及时性的前提下在全球广泛分布。这便是全球化中的“第二次松绑”，其结果是把之前聚集在工厂和办公室中的生产环节，在空间上实现大大的松绑。于是，国际贸易特性大大改变，催生了可以被称作“贸易-投资-服务纽带”的新贸易模式。这便是所谓的21世纪贸易。其核心是由以下几项相互交织而成的：（1）货物贸易；（2）生产设备、培训、技术以及长期商务合作关系方面的投资；（3）包括以电信、网络、快递、空运、贸易融资以及清关服务等基础设施服务来协同分散在世界各地的生产。这便是前面所说的“贸易-投资-服务纽带”。

21世纪贸易与20世纪贸易有很大的区别。20世纪的贸易是这样进行的：一国工厂生产的货物出售给另一国的消费者。在贸易的进行中伴随着服务、人员以及想法的复杂的双向流动，但是这种流动主要局限于工厂之间。而21世纪贸易则是：工厂和办公地点的全球化分布诞生了“贸易-投资-服务纽带”，从而使得复杂的双向流动现在可以在不同的国家之间进行。可以用两组特有的需求来更好地理解“贸易-投资-服务纽带”：一是连接各个生产工厂；二是实现业务的国际化。21世纪贸易可以用零部件及中间产品贸易、基础设施服务的跨国交易以及外国直接投资三个指标来进行多层面和多方向的描述。

资料来源：Richard Baldwin. 21世纪的区域主义——弥合21世纪的贸易与20世纪贸易规则之间的差别［J］. 经济资料译丛，范连颖，摘译，2012（1）：56-58.

二、全球价值链下贸易保护的成本

（一）全球价值链放大了贸易保护的成本

贸易保护增加了贸易成本，会降低贸易量，而全球价值链下贸易保护的影响更大。因为任务和零部件的高度专业化意味着贸易壁垒会多次计入成本，所以保护主义对增长和福利的影响更高。贸易保护不仅影响一国能否参与全球价值链和参与的程度，还会影响它们参与的方式。在序贯生产的全球价值链中，贸易成本沿价值链叠加，并对价值链的下游环节的影响大于对上游环节的影响。这种不对称影响导致偏远国家只能专业化上游环节，这意味着贸易成本对全球价值链后向参与的影响大于前向参与，从而对经济增长的负面影响更大。

（二）全球价值链推动贸易保护的影响在国家间的传递

在全球价值链下，贸易壁垒会外溢到不直接针对的产品和国家。也就是说，对任一国家的保护措施都会影响到价值链上的贸易伙伴。例如，中国对美国的出口包含了来自日本、韩国、欧盟等发达国家的进口增加值，以及来自印度尼西亚、马来西亚等发展中国家的进口零部件。美国对中国产品征收关税，就会影响到这些国家的中间产品进口。同样，中国对美国商品征收关税会影响到加拿大和墨西哥的生产者。供应链成为一个冲击扩散通道，任何一个局部冲击会向同一供应链中的上游和下游贸易伙伴扩散。

（三）贸易保护可能导致价值链永久中断

贸易保护措施会引起全球生产网络的重组，暂时的贸易保护会带来持久的影响。特别是在关系型全球价值链中，贸易保护使价值链条上的某些企业无法按预先约定的条件及时提供零部件或服务，造成供应链中断。供应链中断的代价尤其高昂，因为企业很难及时寻找到替代供应商。成本高昂的搜寻成本和资产专用型投资带来锁定效应，并通过规模经济发挥作用。而贸易保护破坏了企业间长期合作关系，给双方都造成很高的沉淀成本。例如，美国对汽车业征收关税，将对依赖中国零部件的美国企业造成惩罚，而中国汽车零部件生产企业通常很难在国内销售。

（四）全球价值链下政策不确定的成本更高

全球价值链还放大了贸易政策不确定性的成本，因为政策不确定会引起跨国公司推迟对国外供应商的投资。如果与某一国家之间存在较长期的政策不确定性，那么跨国公司可能会转向成本更高的非目标市场采购，增加了其供应商管理的难度。因此，长期的贸易政策不确定性对全球价值链贸易和投资产生更大的负面影响。

三、21世纪贸易政策的客观要求

21世纪贸易不同于20世纪贸易，体现了商品、技术、思想、资本、人员在全球的双向流动，是贸易-投资-服务-知识产权组成的复杂综合体的双向流动。因此，21世纪贸易政策需要构筑贸易-投资-服务-知识产权一体化的贸易规则，旨在规范和保护全球价值链。

（一）中间品进口贸易自由化

在全球价值链下，中间产品进口的贸易壁垒会产生累积和放大效应，显著提高贸易保护的成本。中间产品需要进行多次跨境交易，即使这些关税和非关税措施水平很低，保护程度也会被多次累积，进而严重影响最终产品的成本与价格。大幅度削减中间品关税和降低非关税壁垒，能够有效降低下游加工制造行业的生产成本，提升最终产品的出口竞争力。这对发展中国家融入全球价值链尤为重要，因为发展中国家的出口主要得益于外商投资和进口中间投入，其出口产品中含有较高的国外附加值。因此，进一步降低平均关税水平、削减关税高峰、抑制关税升级、取消进出口中的配额和其他数量限制、修改原产地规则中的累计原则等，有利于鼓励全球价值链贸易的发展。

（二）高效的贸易便利化

贸易便利化措施在全球价值链中扮演着重要的角色，它对世界贸易的促进作用要远大于在传统贸易中的作用。贸易便利化措施对全球价值链的重要作用主要体现在：降低通关与物流费用、节省贸易的时间成本、增加透明度与可预测性。快速和高效的通关环境能使供应链运转得更平稳、减少企业对存货的依赖，以及对世界需求的变化作出快速回应。简化边境措施能够帮助一国在全球价值链中降低贸易和经营成本。因此，需要规范海关法规、条例和流程；实现海关改革与现代化管理，如使用海关数据自动化系统、电子支付系统；协调相关程序和跨境协作，如统一边境手续；简化海关手续以符合相关协议或最佳国际实践，如推广“单一窗口”、简化运输手续、加快放货时间、提供预先审核等。

（三）促进服务贸易自由化

服务贸易在全球价值链中起到总部功能、协调生产和联系纽带的作用。首先，领导企业控制着价值链中通常具有总部功能的高增加值的服务环节，如战略、财务、人力、研发、产品设计、品牌、营销等。其次，制造业“服务化”使服务作为中间投入进入产品的生产环节，通常发挥着协调生产的功能，有效提升了货物贸易竞争力，如通信、专业服务等。最后，服务贸易具有重要的联系纽带作用，促进了供应链内资本、人员与信息流动，有效协调价值链的不同环节的联结，例如，采购和物流促进了供应链的联系，金融和商业服务提升了价值链的运行效率。因此，全球价值链依赖于服务市场的绩效，促进服务贸易的自由化能够显著增强制造业价值链的竞争力，使其更好地融入全球生产网络中。

（四）实现投资自由化与便利化

在全球价值链体系下，贸易与投资具有很强的互补性，外商直接投资能够显著促进一国参与全球价值链，更有利于促进技术和知识的转移和外溢。因此，促进投资自由化和便利化，完善营商环境，对提升全球价值链出口能力具有非常重要的作用。在具体措施上，首先应降低投资壁垒和简化投资准入程序，给予外国投资者准入前国民待遇，减少本国对外国投资的股权和所有权限制及业绩要求，促进商业人员流动，放宽部分自然人流动限制，放宽外汇兑换和利润汇回的相关法律法规；其次，应加强对外国投资的保护，调整国内关于征用、国有化的法律法规；最后，应为外国投资者提供有保障的争端解决机制等。

（五）促进标准与规制融合

质量和安全标准体系的异质性是企业进入全球价值链面临的最主要壁垒之一。越来越多的产品标准和认证体系的建立，给全球价值链中的上游企业带来了额外的生产和协调成本。为促进企业融入价值链，可确立统一的标准和认证要求，与其他国家签订相互认可的协议，改革本国的规范和标准以符合最佳国际惯例，通过改进自愿标准或者相关培训提升标准，支持私人部门遵守相关社会责任标准。

规制差异会导致不公平竞争和经济扭曲。规制融合改革要充分考量本国在全球价值链中的分工地位与收益分配状况，其难点是寻求放松管制和公共政策目标监管（如公平竞争、标准、安全、健康、环境、劳工权利等）之间的平衡。为促进全球价值链的发展，规制融合应在以下4个重点领域展开：首先是应进一步完善各类知识产权规则和管理体制，完善与强化执行机制与实践，增强知识产权相关培训或技术支持。其次是促进货物、服务、生产要素的双向自由流动，促进硬设施（如机场、港口、铁路、高速公路、通讯等）和软设施（如司法体系、合同执行能力、行政监管能力等）建设。再次是建立透明、公正与竞争性的商业环境，如完善竞争政策或反垄断法规、改革行政审批制度、增加透明性与可预见性。最后是健全本国法律法规制度，如调整公共采购的法律法规和修订劳动、环境与消费者保护法规等。

【拓展2-1】

全球价值链与中美贸易不平衡统计：以Iphone 4为例

中国出口总价值并非由中国创造并获取。实际上，随着越来越多的中间品在全球供应链内进行贸易，最终产品的生产和出口的国别与价值创造和获取的国别越来越不匹配。如苹果手机的组装完全是由中国台湾地区的合同制造商（富士康）在中国大陆进行，并从中国大陆出口到美国。当使用传统统计方法时，也就是计算出口目的地的出口品总值时，每部从中国出口的苹果手机价值194.04美元，其中来自美国的进口成分价值24.63美元，说明美国每进口一部手机会形成169.41美元的经常账户赤字（表2-1）。但是，这并不意味着中国从每部手机中可以获得169.41美元的贸易盈余，因为属于中国的增值部分只有6.54美元。中国生产苹果手机的成本来自韩国

(80.05美元)、德国(16.08美元)、法国(3.25美元)、日本(0.7美元)和很多其他国家(62.79美元)。

表2-1 每部 Iphone 4 美国与中国的双边贸易平衡情况

美国与他国的贸易平衡	中国	韩国	德国	法国	日本	世界其他地区	世界
总额	-169.41	0	0	0	0	0	-169.41
增值部分	-6.54	-80.05	-16.08	-3.25	-0.7	-62.79	-169.41

因此，以贸易增加值衡量，美国对中国的双边贸易逆差远小于以贸易总额衡量的中美贸易逆差。这是因为，中国从其他国家购买许多用于出口的投入品。也就是说，在全球价值链下，出口总额和进口总额并不能很好地衡量出口的国内增加值和消费的国外增加值。于是，全球价值链使贸易逆差在贸易伙伴之间的分配产生偏差，这可能会误导贸易政策。

苹果手机的案例研究显示，现有的贸易统计已经无法跟上全球生产与贸易的新模式。全球价值链分析需要与供应链管理研究相结合，按照业务功能分解出更加精细的价值链数据，并与现有国家层面的贸易统计和产业层面的投入产出数据相互补充，才能更清晰地反映出全球价值链中的受益者和受损者及受益受损大小。

资料来源：加里．杰里菲，等．全球价值链和国际发展：理论框架、研究发现和政策分析[M]．曹文，李可，译，上海：上海人民出版社，2017：269-270.

三、全球价值链下贸易政策与其他规则相互融合

在全球价值链分工格局下，经贸领域的各种规则相融趋势大大加速。过去贸易、投资及服务等方面的规则都是在各自领域中孤立发展，现在立法者需要推进制度协同，否则就将削弱全球价值链的效果。不过，这对于世贸组织等多边组织而言，可能意味着经贸规则制定将变得极为复杂。多边主义途径可能对传统贸易形态（最终产品贸易）的规则制定仍然有效，但在价值链下的中间品贸易领域，大国所主导的区域合作途径可能将处于越来越突出的位置。这也客观上要求各国在缔结自贸协定时，不能孤立设计自贸协定文本中各个章节，而应将各个章节视为有机整体，重视彼此间的规则挂钩，防范各章节之间“系统性裂隙”的出现。

（一）货物与服务的规则相融

服务作为生产要素投入对全球价值链中的产品和服务生产至关重要。这是因为：一是全球价值链的产生依赖服务。由于运输、信息与通讯技术等服务的改进，通讯物流信息费用的降低，国际分段式生产的分工和协调才有可能，全球价值链上的各个独立环节是通过

服务进行协调与整合。二是参与全球价值链的金融、通讯、运输、专业人员及其他商务服务活动越有效率，企业的整体竞争力就越强。企业的国际竞争力越来越依赖于服务业和服务环节的竞争力。三是服务活动在全球价值链中日益重要。以品牌、设计和专利等为主的服务或无形资产在全球价值链中越来越重要，创造的增加值越来越多。此外，在全球价值链、服务外包和电子传输服务的背景下，ICT 产品（information communications technology，简称 ICT）与 ICT 驱动服务①（ICT- enabled services）之间的捆绑日益紧密，两者构成的整体交易成为全球价值链下的交易常态。随着云计算和人工智能、物联网的兴起，服务与商品的界限会越来越模糊。

（二）服务与投资的规则相融

服务与投资在法律上的联系并不新鲜，因为“商业存在”模式下的服务提供就是一种国际直接投资。② 特别是在服务外包情形下，服务接包企业有可能需要在外包企业所在国家设立分支机构、办事处，与外包企业进行直接面对面的沟通。服务活动与投资行为空前相融，这种相融性可能带来法律规则的冲突。值得一提的是，欧盟已经注意到服务、投资和跨境电子传输之间的密切关系，在若干自贸协定中将服务、投资和电子商务合为一章，并在该章中设置若干统一适用的条款。这是相当有前瞻性的做法，但也会造成文本内容庞杂而加大协定谈判的难度。

（三）投资与知识产权的规则相融

尽管跨国公司通常把生产环节分散到不同国家，但这必然会影响跨国公司的研发和其他创新环节的活动。而且，苹果、脸书等越来越多的跨国公司把研发和创新活动转移到境外地区。此外，数字技术发展推动全球创新价值链的形成与发展。据世界知识产权组织的研究，21 世纪之前仅 3 个国家（美国、日本和德国）就贡献了全球所有专利活动的 2/3。将其余西欧经济体包括在内，这一比例达到了 90%左右。然而，在 21 世纪第二个 10 年，借助全球研发网络，世界其他地方贡献了所有专利活动的 1/3，以及科学出版物的一半。③ 这表明，创新网络的全球分工更加多元化和多样化，容纳更多经济体。跨国企业通过直接投资来实现生产环节和研发环节的全球配置，必然也关心他国对其知识产权的保护。这也使得发达经济体强烈主张将知识产权视为私人投资权益的一部分。在美国实践的影响下，当今各国的双边投资协定以及自贸协定投资章多将知识产权纳入投资定义。因此，投资与知识产权的相融性将促使各国谈判者重视两类规则的相容性。

---

① 根据 UNCTAD（United Nations Conference on Trade and Development 的简称）的标准，ICT 驱动服务定义为依托信息通讯技术网络进行远距离交付的服务贸易。

② 按照 WTO 的划分，服务贸易包括 4 种提供方式，即跨境交付、境外消费、商业存在和自然人流动。

③ 世界知识产权组织 . 2019 世界知识产权报告：创新版图、地区热点和全球网络［OL］. 2019-11-18.

第二节　全球价值链背景下发展中国家的贸易发展战略

尽管贸易开放是成功的贸易发展战略的重要组成部分，但人们也普遍认为，政府在贸易增长和产业升级中发挥着重要的作用。在全球价值链中，政府通过特定的制度安排，减少或增加国家在经济中的行动范围，并影响企业在全球价值链中的地位和优势。

一、政府干预的理论根据

一国如何从低附加值的初级产品生产向高附加值的制成品生产转移？如何提高一国产业的国际竞争力？政府在产业发展和出口增长中扮演什么样的角色？这一直是产业政策争论的核心问题。不同的学派对政府的角色定位有不同的理论逻辑。

（一）新古典经济学的理论逻辑

以亚当·斯密、大卫·李嘉图为代表的新古典经济学者认为，只要市场运行良好，自由市场能促进资源最优配置，不需要政府干预。不过，后来的新古典经济学者也承认，国家在提供公共物品、法律和秩序以及健全的制度体系方面发挥着重要作用；同时，国家在功能性政策如卫生、教育和基础设施等方面也发挥着作用。如果经济中存在市场失灵，政府干预就有必要了。第一类市场失灵是所谓“传统意义上的市场失灵”，包括公共物品、外部性、自然垄断等。第二类市场失灵是信息外部性和协调外部性。正如斯蒂格利茨指出：（1）创新活动具有很强的正外部性，以致在某些情况下成为全行业的公共物品，导致对企业的激励受限；（2）信息搜寻和扩散也具有公共物品的性质，因此单纯依靠市场机制的运作难以使其充分提供；（3）新兴产业在初期发展阶段存在市场不足甚至市场缺失的情形，这不仅涉及其自身产品的市场，也涉及相关投入品的市场。因此，为了推动新兴产业的发展，需要非市场力量在鼓励创新、信息提供和市场发育方面发挥一定的积极作用，而政府干预就是最为重要而又显著的非市场力量。①

（二）新结构主义的理论逻辑

新结构主义是以新古典经济学为理论基础。新古典经济学以一般均衡的理想状态作为标准，对现实市场的运行绩效进行评价，从理论上得出垄断、外部性、公共物品、信息不对称以及协调失灵等导致市场失灵的结论，从而得出政府干预以纠正市场失灵的政策含义。不过，新结构经济学的探索重点放在如何依据比较优势理论来甄别具有增长潜力的产业。②按国际上通行的说法，是“挑选赢家”演变为“挑选冠军”。

---

① 约瑟夫·E. 斯蒂格利茨．发展与发展政策［M］．纪沫，仝冰，海荣，译．北京：中国金融出版社，2009：396-409.

② 林毅夫．新结构经济学：反思经济发展与政策的理论框架［M］．北京：北京大学出版社，2012：153-156.

在干预政策方面，新结构主义区分了许可政策（permissive policies）和积极政策（positive policies）。许可政策旨在“消除”影响出口的各种扭曲，从而实现更好的资源配置。这些政策通常没有任何争议，主要通过综合运用价格、财政、汇率和货币政策工具来实现，包括：取消较高的国内保护、降低高通胀、降低高利率、取消价格管制或税收、简化繁琐的出入境手续、消除政策的波动性和不确定性、完善宏观政策管理、降低高估的汇率、消除或减少对出口的歧视等。

积极政策旨在降低出口领域的成本和增强对出口的激励方面的措施。这些措施包括为提高出口绩效的一系列政策工具，如：提高现有或新活动的质量或增强其竞争力、支持小企业进入出口市场、降低信息成本或降低在国外市场建立分销系统的成本、提高国内价值成分等。积极政策又可细分为功能性产业政策和选择性产业政策。

功能性产业政策（functional industrial policies）是“市场友好型”政策，是以“完善市场制度、补充市场不足”为特征，政府的作用是增进市场机能、扩展市场作用范围，并补充市场的不足。功能型产业政策的重点放在提供完善的制度基础来使市场机制充分发挥作用，强化保持市场良好运转的各项制度，建立开放、公平竞争的市场体系，培养人力资本以适应产业结构演进与经济发展对于高技能劳动力的需求，支持科学研究与技术创新等方面。

选择性产业政策（selective industrial policies）具有强烈地干预市场、替代市场的特征，旨在影响资源配置，对特定的产业、企业或活动给予政策优惠，来提高其盈利，加速资源向其转移。选择性产业政策包括：市场准入限制、信贷配给、政府采购、税收优惠、财政补贴、关税保护、土地价格优惠等。

总之，新结构主义主张综合使用功能性和歧视性产业政策，以充分发挥基于要素禀赋的比较优势，从而在国际贸易中获取最大化的收益和最大程度的资本积累，进而不断改进要素禀赋和比较优势，实现持续的技术进步和产业升级。

（三）演化经济学的理论逻辑

演化经济学反对新结构主义的理论逻辑，但在政策取向上却与新结构主义十分相似，是产业政策的支持者。不同的是，演化经济学主张的产业政策无论在广度上还是强度上都远比新结构主义强烈。例如，对于技术进步，新结构主义认为应当遵循基于要素禀赋的比较优势来制定产业政策，以进行循序渐进的技术进步和产业升级；而演化经济学派则主张实施违背比较优势的技术赶超政策。

随着演化经济学的发展，产业政策的概念和范围有了新的突破，最重要的突破包括三个方面：（1）创新政策逐渐成为新兴产业政策的核心。（2）产业政策逐渐倾向于将促进学习、知识供应、技术升级作为政策的主要内容，主张走创新驱动型经济发展道路。（3）产业政策重点从静态的资源配置转向动态的资源创造。按照演化经济学的最新研究，现代产业政策的定义可以拓展为：政府以技术溢出、选择性学习、知识创造为核心，通过将生产要素引向高质量经济活动部门，以创新驱动型经济发展模式带动整体经济水平提高的各项政策措施。① 为此，根据演化经济学的分析，政府在现代经济活动中发挥着更为关键的作用。政府所制定的产业政策不是仅仅弥补市场失灵或者校正协调失灵，应该是通过塑造和创造新技术、新部门和新市场来推动经济结构的转型。

二、发展中国家成功的贸易促进措施

20 世纪五六十年代以来，一些国家和地区采用了一系列政策来促进制成品出口，成功实现了出口高速增长和产业转型升级，并成长为新兴工业化经济体和新兴经济体。

（一）许可政策措施

由于关税和非关税壁垒严重扭曲了价格，阻碍了进出口和工业生产，因此，出口企业能按国际价格获得进口投入品是许可政策的核心内容。许可政策主要是通过特别进口体制来实现的，让出口企业能够免税地获得进口投入品；同时还辅以其他鼓励措施，如简化进口流程和通关流程、改善运输设施、提供长短期信贷融资等。

1. 特别进口体制

特别进口体制可以使出口企业在不缴纳关税或税款的情况下进口其投入品。特别进口体制包括：出口退税、保税加工与保税仓库、关税或税费减免、出口加工区、暂时进口等。

出口退税：在高保护的经济体中，退税增加了出口商的盈利能力，同时仍保持对国内工业的保护。在实际操作中，关税先是在货物进口时支付，然后在含有纳税投入品的制成品出口装运后，再进行退税。出口后，出口商提交退税申请，填写退税的具体金额，注明进口的商品和出口的商品，海关经核实后退还关税。如果退税程序设计和执行不当，会给出口商带来较大的负担，并给经济带来较大损失，包括政府税收损失、作弊和骗税机会增加、行政执行成本高。

保税加工与保税仓库：保税加工是指拟用于制造、加工的货物在海关监管下暂缓缴纳进口税，而作为原料、半成品临时进口，经加工后再出口的一种保税形式。保税加工在不同的国家有不同的叫法：在印度叫仅出口部件（export only units）；在孟加拉国叫特殊保税仓库（special bonded warehouses）；在马来西亚叫保税加工仓库（bonded manufacturing warehouses）。其操作流程在不同的国家也有差异。假定一企业的产品全部出口，在保税加工情况下，该企业将进口货物运进仓库，不支付进口税，在加工中使用进口货物，然后加工后的产品全部出口。企业在海关监管下运营，或海关随时抽查保税库存。这些库存检查可通过预先列出的投入-产出系数来辅助。由于需要对集装箱从港口或机场运至仓库以及从仓库到生产车间的移动都要海关监管，这可能需要派专职的海关人员到仓库，还需定期轮换来限制海关人员与企业的勾结。因此，设计不好、管理不善的保税仓库，有可能成为走私货物的重要通道。

出口加工区：出口加工区很普遍，出口加工区最早于 1959 年出现在爱尔兰，20 世纪

① 江飞涛，沈梓鑫．全球产业政策实践与研究的新进展——一个基于演化经济学视角的评述［J］．财经问题研究，2019（10）：3-10.

六七十年代随着亚洲“四小龙”的经济腾飞而呈雨后春笋般出现，到2006年全球已达3500个，遍布五大洲，创造6600万个就业岗位。2000—2008年，出口加工区贡献了发展中经济体商品总出口的20%，中国该比例达47%。① 出口加工区成为发展中国家实现多种政策目标的工具，包括：（1）促进制成品出口增加外汇收入；（2）创造就业和创收；（3）提高出口企业的竞争力；（4）吸引外商直接投资，并增强跨国公司的技术转移、知识溢出、示范效应和前后向联系。如今，出口加工区已经演变为“一个工业区，包括一个国家或整个城市的整个区域、一个机场的全部或部分、一个工业园区的全部或部分，通常在占地10~300公顷的范围内专门从事制造业出口活动。”出口加工区可以是政府管理，也可私人经营并管理，但在过去10多年里，私人拥有或管理的园区数量持续增长。出口加工区的优惠措施包括：（1）免税进口用于出口生产的原材料、中间投入品和资本货物；（2）简化行政程序，实行“一站式”办理许可证、投资申请等；（3）实行更灵活的劳动法；（4）长期的税收优惠；（5）比国内其他地区相比，拥有更先进的通信服务和基础设施；（6）公用事业及租金补贴。此外，各国还放宽了对出口加工区内的产品在国内销售的限制。

关税或税费减免：减免税制度是对生产出口制成品的特定原材料进口实行全部或部分免征税费。这类豁免通常适用于以出口为主的企业，这些企业的产品出口比例相当高。虽然税费减免的管理相对容易，但如果没有有效的海关审计制度，很难确保减免税的进口投入品不会转移到当地市场，从而造成税收损失。虽然进口投入品的税收减免对出口商有利，但对当地投入品生产商可能产生负面影响，因此，这一政策的净效应不确定。

暂时进口：暂时进口是某些货物（包括运输工具），为特定目的暂时运入，在特定的期限内除因使用而产生正常的损耗外按原状复运出，可以免交进口关税及税费。暂时进口的货物包括：临时来一国工作的专家车辆、临时用于施工的设备，以及在展览会、交易会、会议或类似活动中展出的货物。

2. 物流及贸易便利化措施

在边境或港口建立完善的运输设施，简化或减少繁琐的通关环节，可以促进贸易发展。较差的物流环境和较高的通关成本，特别是内陆国家高昂的运输成本和过境成本、非海关贸易单证要求等，都严重阻碍了发展中国家成功融入全球市场。许多发展中国家采取了改善物流基础设施、简化进出口流程和加强海关管理等措施。

3. 汇率政策

汇率可以使一国国内商品变得更便宜或更贵。管理不善的汇率，特别是持续的货币高估，会严重损害一国的国际竞争力。尽管把汇率作为提高出口竞争力的政策工具有很大争议，但汇率贬值是帮助出口企业的一项激励措施。对大多数成功实现出口持续增长的国家来说，高增长与货币低估有关，中国、印度、韩国和中国台湾省的经验证明了这一点。

① WTO and IDE-JETRO . Trade Patterns and Global Value Chains in East Asia：From Trade in Goods toTrade in Tasks［M］. Geneva：WTO，2011.

【延伸 2-1】

中国与印度经济特区经验的比较

经济特区，又可称为自由区、自由经济区、出口加工区、工业区、经济技术开发区、高新区、科技创新园、自由港等，是指采取特殊政策和灵活措施吸引外部资金特别是外商投资进行建设的特殊经济区域。经济特区之所以“特殊”，是因为它是在一个特殊的监管制度下运作的，通常包括海关（如免税进出口）、财政（如税收）以及一系列潜在的特殊监管制度（如公司注册和劳工）。

中国：中国的经济特区（SEZ）是全球最成功的案例。它约占中国国内生产总值的22%，外国直接投资（FDI）的46%，出口的60%，创造了3000多万个就业机会，约占全球经济特区就业人数的60%。一项对中国270个城市23年来的面板数据的分析表明，在改革后的几年里，一个城市增加一个经济特区平均导致GDP增长12%。经济特区的长期（累积）效应约使GDP增长20%。对1978年至2008年间中国321个地级市的另一项分析发现，经济特区平均使人均外国直接投资增长21.7%，外国直接投资增长率提高6.9个百分点。不过，中国经济特区的表现并不都是那么出色。随着经济特区的激增，特别是在省一级层面，它们的边际影响越来越低了。此外，一些地区还遭受环境恶化以及社会服务方面的滞后，包括卫生、教育和运输服务的不足。进入21世纪，中国政府关闭了一些管理不善的工业区，改善工业区与城市和区域规划之间的协调，并寻求增加市场力量的作用。

印度：在印度，政策的改变导致经济特区的“特殊性”被削弱。例如，对国内关税区（简称DTA）企业提供的总体激励和支持措施要比经济特区的激励措施更有利，也更易于使用。此外，DTA企业可以不受限制地进入国内市场。随着与日本、韩国和东盟签订自由贸易协定，DTA企业从这些国家进口商品可以享受关税减免，因而更多企业不再从经济特区进口高关税的货物。相比之下，印度的经济特区政策限制了DTA企业的市场准入，从而限制了价值链的发展。比如，在经济特区内的供应商和分支机构不能申请所得税豁免。这种政策的冲突限制了经济特区与DTA之间联系，侵蚀了印度经济特区的“特殊”环境。印度的经验表明，经济特区的表现取决于多种因素的协同作用，而不只是单一主导因素的结果。在印度，几乎所有出口量较高的地区都有特殊监管制度的支持，临近海港，且靠近城市中心，从而较容易获得熟练劳动力。一些公私合作建立的新区，因有优越的基础设施和快速批准流程，吸引了更多投资者。但一些由缺乏经验的私人投资建设的经济特区，因基础设施投资不足，尽管有国家的支持，仍无法维持运营。

资料来源：World Bank. World Deveolopment Report 2020：Trading for Development in the Age of Global Value Chains［M］. New York：United Nations Publications, 2020.

（二）积极政策

1. 功能性产业政策

功能性政策不改变资源分配，是适用所有企业或行业的通用资源，但市场无法充分提供这类资源。主要的功能性政策有：改善运输、通信和信息传输；支持研发；对教育/劳动力技能进行投资。

基础设施：许多成功的出口国在公共基础设施方面投入了大量资金来支持其出口活动。最早将有限的资源集中在出口加工区建立可靠的基础设施和运输条件，这也是出口加工区在许多发展中国家受欢迎的原因。

投资技能：发展中国家教育水平普遍较低，这不利于工业化。技能是先进制造业和服务业竞争力的关键所在。先进制造业全球价值链通常需要受过更高教育的劳动力。因此，许多发展中国家通过增加教育投资来提高教育和职工培训水平。

2. 选择性产业政策

成功的出口促进政策不仅包括直接影响特定出口企业的贸易政策，而且还强调旨在影响产业结构和出口能力。

促进工业化：尽管参与全球价值链可以通过技术溢出或技术转让提高工业竞争力，但也存在反向因果关系，即发展具有竞争力的产业也是成功参与全球价值链的先决条件。现在人们普遍认为，成功的出口国在工业化初期就实行广泛的选择性政策干预。它们对具有出口潜力大、国内联系紧密和能力提升强的企业和行业进行政策支持。目前许多选择性政策干预措施被取消，如保护幼稚产业、关税和非关税措施、出口补贴。在有些情况下，政府采用选择性政策来支持企业重组、提高技术水平和技能、提高质量和创新等。当然，政策优惠需与严格的绩效指标挂钩。当政府给予保护、补贴或信贷等激励时，受益企业必须达到特定的出口目标、产出水平、投资率或管理实践，因而保护的负效应通常被出口导向型激励作用所抵消。

推动产业结构调整：有选择地推动产业结构调整是成功的出口发展战略的重要组成部分。在许多情况下，政策目标是从中小企业转向高科技企业和重工业，特别是在韩国。韩国认为，规模大至关重要，投入品和机械设备的本地生产至关重要，因此韩国将发展重点放在建立自己的专业化能力和技术领先地位上。新加坡重点吸引外国投资者/跨国公司。中国台湾省和韩国则通过限制跨国公司进入的区域来保持对其较严格的控制，并鼓励成立合资企业向本地公司转让核心技术和管理技能。

人力资本发展：为了培养专业化技能，许多国家出台政策支持科学和工程、职业培训，并实行技能认证制度，鼓励工人提高专业技能。许多国家通过增加教育投资、扩大技能教育、设立高水平的技术机构等，来提升一国的人力资本水平。

技术升级与创新：技术水平是一国竞争力的核心要素。许多国家出台干预政策来鼓励和促进技术的引进、采用、适应和吸收。规范技术引进和提高吸收能力的政策对提高国内能力、吸收和调整现有技术至关重要。这主要是通过政府资助教育来实现的。鉴于技术的频繁变化和引进技术的先进性不断提高，吸收新技术需要加大研发力度，特别是提高产品的质量、设计和企业生产率。因此，政府也出台政策激励企业加大研发和技术改造的投资。

贸易融资、信贷配给和补贴：融资机会有限、融资成本高以及缺乏保险或担保等，与贸易壁垒一样，对出口活动构成严重挑战。企业的出口机会在很大程度上取决于在国内或国外获得适当金融工具的机会。贸易融资为国际交易提供所需的流动性，可通过多种方式提供，包括：商业银行、官方出口信贷机构、多边开发银行、保险公司、供应商，甚至购买者。贸易融资的过程越快越容易，贸易就越便利。因此，在金融市场不健全、市场失灵和信息不对称的国家，政府在贸易融资方面发挥着直接的作用，包括扩大出口融资和发展有效的金融市场。融资工具很多，如贸易融资工具、出口信贷保险和信贷担保等。在某些情况下，政府可以通过中央银行出台对商业银行再融资和出口贷款的优惠条件。专门的融资机构，如进出口银行、保理行、出口信用保险机构也可发挥重要作用。政府还可以通过以下方式解决资金需求：(1) 政府直接或间接支持的补助金；(2) 风险投资与私营部门的发展。尽管对出口融资是否提供公共补贴是一个有争议的话题，但根据经验，在政府有能力和银行运行良好且能克服道德风险问题时，出口补贴可以发挥作用。此外，出口信贷担保也很重要。许多经济合作与发展组织（OECD）成员国有效地促进了出口信贷机构的发展。

贸易促进机构和出口营销：贸易促进机构或出口促进机构是推动出口发展最重要的制度之一。贸易促进机构在降低信息不对称及其他市场失灵问题方面发挥着重要作用。尽管贸易促进机构不是克服信息不对称的最佳干预形式，但政府支持和独立管理的贸易服务机构，可以长期提供信息服务，还可与投资促进或出口融资等活动一起，共同促进出口。到目前为止，一些贸易促进机构还提供其他服务，如：国家形象建设、后勤与管理方面的培训及能力建设、市场调研与推广等。

尽管一些国家成功地运用了选择性产业政策，但政府干预极易受到腐败行为、效率低下以及游说团体的滥用。因此，政府失灵的风险非常高，主要原因有：政府目标不明确或相互冲突、缺乏足够的信息、技术和管理技能低、代理问题、资源限制、与私营部门协调不力、部门利益，以及行政人员的腐败问题等。

【案例 2-1】

韩国的选择性产业政策

韩国是推动工业发展方面做得最成功的国家，快速实现了“农业国—轻工业主导—重化工业主导—第三产业主导—知识经济主导”的产业结构高级化过程，被其他发展中国家视为楷模。1963 年以前，韩国奉行的是进口替代战略，政府扶持一些重工业和劳动密集型轻工业的发展。从 1963 年起，韩国转向出口导向战略，为出口提供强有力的激励和支持，同时对一些新兴行业实行选择性产业政策。韩国的产业政策主要体现在 6 个五年计划和若干个长期计划、工业振兴法律、工业促进政策上。1973 年，朴正熙发表《重化学工业化宣言》，成立了以总理为首的重化工业化促进委员会，将钢铁、有色金属、机械（含汽车）、造船、电子、化工 6 大产业作为“战略产业”，被称为“大推进”（Big Push）。全斗焕、卢泰愚时期又转向全力推动电子、半导体、电信等产业发展，金大中、卢武铉、李明博时期则全力推动知识经济的发展。这些新兴产业的发展是以私营企业为主导，但受到政府的大力引导。政府的政策措施包括有效保护的高利率和可变利率、信贷的中央分配、创建大型企业集团的审慎政策、对外国直接投资的最小依赖以及政府对工业发展速度和方向的密切协调等。人们普遍认为，政府的干预在引导、塑造和促进韩国工业发展方面发挥了核心作用。

各类技能的快速积累和科学技术基础设施的广泛发展对韩国的工业发展也起重要作用。公司被要求在工人培训上大量投资，被鼓励开展研发。企业可以自由地获得外国技术，但要以新设备和许可证的形式，而不是建立外国控制的企业。技术市场的干预措施旨在加强当地的吸收能力和随后的创新能力。韩国的干预政策与传统的进口替代战略不同，政府有选择地实施保护，鼓励国内竞争，并强迫企业尽快地进入出口市场。在韩国产业政策中，特别注意发挥政府在新兴产业开发中的主导作用，同时十分重视市场的作用和企业家精神的培育，合理利用公共部门和私人部门的分工协作，并不失时机地推动了主导产业的培育和转换，在钢铁有色、船舶制造、建筑施工、石油石化、电子及半导体、机械及汽车、能源及核电等领域涌现了一批具有国际竞争力的世界一流企业，在诸多领域实现了对日本、美国的赶超。

资料来源：冯立果．韩国的产业政策：形成、转型及启示［J］．经济研究参考，2019（5）：27-47，57.

三、全球价值链背景下发展中国家的贸易发展战略

（一）贸易发展战略的构成要素

总的来说，对发展中国家政府来说，要想促进贸易增长和经济结构优化升级，需要较全面的一揽子政策措施，包括边境上、边境后（供应方）和边境外（市场准入问题）等方面的政策。借鉴成功的出口国经验，良好的宏观经济政策，包括有限的政府赤字、较低的通货膨胀率和支持出口的适当汇率，都是贸易长期增长不可缺少的条件。边境上的措施主要有降低关税壁垒和非关税壁垒、运行良好的贸易便利化措施，以及消除反出口扭曲、完善市场机制等。边境后的措施包括消除基础设施、体制和供给等方面的障碍。边界外的政策是降低出口增长的市场准入障碍。在这方面，一国通过双边、区域和多边谈判来实现。

总之，一个成功的贸易发展战略，通常包括以下几方面的内容①：

1. 除了让“基本面运行很好”外，一国还需采取一系列选择性政策措施，如发展金融市场、直接信贷激励或选择性补贴，这些措施可以通过解决协调失灵和提供具有公共服务性质的服务，提高企业出口竞争力。

2. 改善基础设施、营造有利于创业和创新的制度环境。仅靠贸易改革本身不足以扩大国内生产，来支持贸易增长和吸引外商直接投资。国内制造业的竞争力及其成长是促进贸易增长和吸引外商直接投资的先决条件。

3. 降低交易成本和改善营商环境，促进企业更快成长，从而使其有能力应对政策改

① Lukauskas A, Stern R M, Zanini G. Handbook of Trade Policy for Development［M］. Oxford：Oxford University Press，2013：463-464.

革带来的机遇和挑战。

4. 政府干预与市场力量、贸易开放与选择性保护、微观与宏观政策相结合。公私伙伴关系对提高发展中国家出口竞争力以及将中小企业纳入区域和全球价值链链方面发挥关键作用。

5. 双边、区域和多边的贸易谈判有助于降低市场准入限制，为开拓区域和全球市场提供机会。

在今后很长时间里，提高出口竞争力仍是发展中国家贸易发展最主要的挑战。尽管竞争力是在企业层面产生，但它有赖于政府、私营部门和其他机构之间的互动。出口竞争力的提高需要这些主体共同努力。政府的行动包括：国家层面对提高出口竞争力的政策体系、吸引外国直接投资的政策体系、适当的宏观经济框架、适当的税收、贸易自由化和有利的营商环境、支持中小企业出口、改善出口中小企业融资环境，以及加强前后向联系的政策措施等。私营部门的行动包括：促进与知名贸易公司的联系和与跨国公司的联系、建立集群以保障原材料来源、发展定制业务服务、培养熟练劳动力、通过集群吸引大量的客户、开展金融和非金融服务等。

（二）全球价值链导向型产业政策

在全球价值链主导的国际经济环境下，发展中国家产业政策关注的焦点不再是需不需要产业政策的问题，而是如何设计出有效可行的产业政策。

1. 全球价值链下发展中国家的政策干预目标

在全球价值链深入发展的背景下，各国经济发展的首要步骤是参与全球价值链和全球生产网络。参与全球市场，充分应用全球资本、人力、知识与技术，融入全球价值链，为全球价值链创造价值并获得更多的份额。为此，发展中国家政府的政策目标包括如下内容：

第一，积极参与全球价值链。一个国家的发展很大程度上取决于其自身对全球经济的参与，尤其是在全球价值链中的作用。参与全球价值链，可以融入更大的市场，获取更好的信息，创造更多的机会，更快地学习技术并获得技能，从而进入发展的快车道。获得跨国公司的离岸外包业务，可以为发展中经济体开辟新的投资领域、增加就业、推动出口高速增长，从而促进经济增长。全球价值链为能力有限的小型发展中经济体和广大的中小企业提供了出口商机；同时，全球价值链还是发展中国家构建长期生产能力和实现产业升级的重要途径。

第二，推动产业升级。一国参与全球价值链只是经济发展的第一步，在经济体进入中等收入行列后，需要不断升级自身的活动，向价值链高端挺进，才能实现质的飞跃，有机会进入高收入行列。通常，单靠全球价值链参与不能保证收入的持续增长。在全球价值链中，跨国主导企业占据了技术的制高点，而发展中国家企业在嵌入全球价值链之初，只能从事加工组装等低增加值活动，这种不对称性使得主导企业能够获取全球价值链中较大份额的租金，容易导致发展中国家企业被主导企业“俘获”，被锁定在低增加值、微利的加工制造环节，形成对价值链的过度依赖而陷入低端锁定的困局。此外，跨国公司的对外直接投资是高度流动的，会根据需求、成本与区位优势的变化重新在全球布局生产。因此，发展中国家要想保持现有地位并提高其在全球价值链中的收益，必须促进产业升级。

2. 全球价值链导向型产业政策的特征

一国想通过嵌入全球价值链获取组织和网络优势，构建产业的国际竞争力，需要制定基于全球价值链导向的产业政策，方可实现本土制造业在全球价值链中的升级。通常，全球价值链导向型产业政策有以下三个方面的特征。

（1）强调多部门多机构的通力合作来推动产业升级和增强出口竞争力。在全球价值链背景下，产业升级更加复杂与多样。产业升级不再像传统模式那样主要表现为不同产业与部门之间的更替，而是主要表现为在产业和部门内部的工艺、产品、功能或价值链等不同技术复杂度或增加值程度的升级和扩展。产业政策针对的对象也不再是某个产业或部门，而是某些价值链环节。发展中国家的工业化过程不再是建立起完整的价值链和产业链，而只需在全球价值链的某一环节取得竞争优势，并培育和积累不断攀升价值链高端环节的能力。由于全球价值链把不同国家与地区、不同行业与部门以及不同组织都串在了一起，因而产业政策要强调多部门的沟通与合作、多领域的联动与配合，以及政府部门与私营经济部门的共同参与。要成功地实现价值链升级，就意味着本国的创新要超出竞争对手，这需要在企业、供应商、消费者、政府、研究机构和技术组织之间建立起有效的网络，形成一个有利于创新创业活动和制度化学习的环境来激励企业投资于有效的技术学习，并提供公共服务来支持企业技术能力建设。

（2）加强与全球价值链的联系。在全球价值链背景下的产业政策，不再像传统产业政策那样保护国内市场或只关注出口市场，而是要推进国内供给链与国际供给链的紧密联系，加强进口与出口的关联与互动关系，支持国内企业与世界市场更好地联系，鼓励企业积极融入全球价值链分工合作，更好地利用全球资源与全球市场。发展中国家特别要注重吸引全球供应商的外商直接投资。大多数跨国公司在生产流程、原料和服务等方面均依托于全球供应商与中间商，并要求主要供应商在全球范围内有分支机构。通常，全球供应商服务于多个跨国公司，能创造大量的出口，更有利于发展中国家的企业嵌入全球生产网络。

（3）专攻价值链上的细分环节。传统的产业政策强调在本土建立完整的垂直一体化产业链，但是全球价值链导向型产业政策则不同。全球价值链导向型产业政策以全球价值链中的具体定位为目标，集中资源于全球产业链中的某些环节和领域，培养优势产业来提升本国经济的国际竞争力。这些环节和领域的选取可以是外国投资者所青睐的，以便该国引进国外技术和销售渠道并迅速建立起价值链专业化优势，也可以是与本国禀赋能力相匹配的具有高增加值的活动，以便该地区能通过集聚经济和规模效应获取产业链的竞争力。这两种定位都可同时服务于国内市场和出口市场，并通过进口原材料和服务，来确保持续参与国际前沿的技术、标准和最佳行业实践。专注于全球产业链的细分环节，是适应全球产业区域间分工合作趋势的要求，也是让本地企业快速融入全球产业链，促进国内产业与全球产业链衔接的需要。①

---

① Gereffi G, Sturgeon T. Global Value Chain-Oriented Industrial Policy: The Role of Emerging Economies [C] // Deborah Elms and Patrick Low (eds.), Global Value Chains in a Changing World. Geneva: WTO, 2013: 329-360.

3. 全球价值链导向型产业政策的实施

引起政府失灵的因素很多。如何成功地实施产业政策？许多学者和国际机构进行了研究。罗德里克提出，看待产业政策的正确方法是把它视为一个发现的过程，即一个企业与政府共同发现潜在的成本和机会，并参与战略合作的过程。在他看来，任何一个经济体要搞好产业政策，关键在于以下三点：(1) 政府与企业界建立制度化的合作伙伴关系，政府既不是高高在上的政策制定者，也不是被特定利益集团捕获的租金设置者，而是能在这两者之间行事；(2) 政府必须对目标产业同时给予胡萝卜和大棒，一方面要提供支持，另一方面要将政府支持与某些可度量的绩效指标挂钩，明确失败标准和终止条款；(3) 政府的问责机制必须健全，产业政策的公开透明是重中之重。① OECD 在 2013 年的全球发展报告中指出，成功的产业政策必须做到：(1) 强化信息搜集、过滤和整合的能力；(2) 明确产业发展的绩效指标，并且在政策实施过程中加以利用；(3) 在政府与产业界之间建立合作伙伴关系，从而使投资产生协同作用；(4) 在技能提升、基础设施建设和长期融资等方面提高协调能力。②

由此可见，有效的产业政策运行要有三个机制：一是制度化的公私协商合作机制；二是监督与评估机制；三是问责机制。

（1）制度化的公私协商合作机制

政府只有在很好地了解私营经济部门的需要与机会才能制定出合适的政策部署。为此，政府与私营部门应建立制度化的沟通与合作渠道，来制定出一定时期内合适的政策目标与政策手段。制度化的公私协商合作机制不仅通过定期会议来讨论具体政策问题，而且通过不断的联系来建立互信。因为政府与私营部门合作的时间越长，利益达成一致的可能性越大，产业政策成功的概率就越高。公私协商合作机制的正式组织形式有审议委员会、供应商发展论坛、投资顾问委员会、部门圆桌会议、公私合作基金等。

（2）监督与评估机制

监督与评估机制是指定期评估一组政策项目与计划，发现错误并及时纠正。它的主要工作职能包括两方面：一是激励在非传统领域的投资，并提供定制化的公共投入品；二是淘汰无效或失败的项目与投资。因此，这一机制需发挥两个功能：一是试错式的学习功能；二是防范政治俘获的保障功能。由于政府做出的支持某一领域或行业的决策难免会出错，因而产业政策的重心由一次性的“挑选赢家”变成一个不断发现错误和纠正错误的选择过程，这个过程是一个不断学习、能力不断提高的过程。这一机制的设计应以一套规则为基础，包括实施条件、日落条款、内置的项目审查、监测、定期评估、严格的终止条款等。总之，一个透明的、可预见性的、以规则为基础的政策制定与执行机制是避免政府机构、官员及行业受益人滥用这一激励制度的最好保障。

---

① Rodrick D. Industrial Policy: Don't Ask Why, Ask How [J]. Middle East Development Journal, 2009, 1 (1): 1-29.

② OECD. Perspectives on Global Development 2013: Industrial Policies in a Changing World [M]. Paris: OECD Development Centre, 2013.

（3）问责机制

政府应对其干预行为负责，应明确规定相关政府部门与机构的权限与职责。通过明确的任务，报告并解释任何与目标偏离的行为，这样可以不断提高政府的管理能力与水平。政府管理能力有四个维度：（1）战略决策能力，即能制定出促进一国生产率持续增长的战略决策部署；（2）制定一套透明、公平、可预期的规则的能力；（3）有效提供公共服务的能力；（4）及时提供保护并适时退出的能力①。问责机制的另一实施途径就是增加透明度，比如及时公布审议委员会的活动、定期审查产业政策的开支，以及政府援助的任何条件全部公开、政府与企业界的对话对新进入者开放等。

◎ 小结

1. 全球价值链理论动摇了传统的贸易保护主义政策工具的内在正当性，改变了传统贸易政策的作用。

2. 全球价值链背景下贸易保护的成本很高，不仅影响双边贸易，还影响到全球价值链上的所有国家。

3. 全球价值链导向型贸易政策不仅要求商品、服务、投资自由化便利化，还需要标准和规制的融合。

4. 在全球价值链分工格局下，经贸领域的各种规则相融趋势大大加速。

5. 政府在贸易增长和产业升级中发挥重要的作用，对企业的国际竞争力有很大的影响。

6. 在全球价值链背景下政府产业政策的目标是积极参与全球价值链和促进产业升级。

7. 发展中国家的贸易发展战略是由边境上、边境后和边境外等方面的一揽子政策措施的协调配合。

8. 全球价值链导向型产业政策具有三个主要特征：强调多部门多机构的通力合作、加强与全球价值链的联系，和专攻全球价值链上的细分环节。

◎ 关键词

21 世纪贸易政策或全球价值链导向型贸易政策（21st century trade policy or GVC-oriented trade policy）　贸易发展战略（trade development strategy）　全球价值链导向型产业政策（GVC-oriented industrial policy）

◎ 重要概念

21 世纪贸易（21st century trade）　特别进口体制　保税加工与保税仓库　出口加工区　许可政策（permissive policies）　积极政策（positive policies）　功能性产业政策（functional industrial policies）　选择性产业政策（selective industrial policies）

---

① Altenbury T. Industrial Policy in Developing Countries [R]. Deutsches Institue Fur Entwicklungspolitik Discussion Paper4/2011, 2011.

◎ 思考题

1. 21 世纪贸易政策与 20 世纪贸易政策有何异同？
2. 发展中国家如何促进产业升级？
3. 全球价值链下如何提高一国产业的国际竞争力？
4. 政府与市场是什么样的关系？

◎ 练习题

1. 全球价值链如何改变了贸易政策的性质？
2. 21 世纪贸易政策有哪些要求？
3. 政府干预的理论根据有哪些？
4. 政府干预措施分为哪几类？
5. 成功的贸易发展措施有哪些？
6. 全球价值链导向型产业政策有哪些特征？
7. 如何提高产业政策的效果？

第三章　原产地新规则

原产地规则（rules of origin）是指一国或地区根据国家法令或国际协定确定的原则制定并实施的，以确定货物的国家或地区的行政措施。货物的原产地被形象地称为商品的“经济国籍”。原产地规则最初是一种中性的海关统计工具，现已经演变为各国实行歧视性贸易保护政策的手段，其对国际贸易的影响日益显著。原产地规则分为非优惠（non-preferential rules of origin）与优惠性（preferential rules of origin）两类。非优惠性原产地规则是指在海关统计、实施反倾销和反补贴税、来源标签要求、歧视性数量限制、关税配额或政府采购的情况下，为区分产品是否为本国或地区生产所使用的规则，它不涉及关税优惠安排。优惠性原产地规则是指进口国对来自与本国签订优惠性贸易安排的国家或地区产品所使用的原产地规则。原产地规则的主要内容包括原产地标准、直接运输原则和证明文件等。其中，最重要的是原产地标准，但原产地标准多由各国或国际协定自行规定，很不统一。当前多数自由贸易协定都有自己的原产地规则，最具代表性的原产地新规则包含泛欧原产地规则、北美原产地标准以及东亚原产地规则。原产地规则已发展成为影响全球价值链发展的一项重要的政策工具。

第一节　原产地界定

根据货物的组成成分，原产地界定标准可以分为完全获得标准和实质性改变标准。当一个产品只有一个生产阶段或是完全在一个国家获得时，不包含任何进口零件或材料，就可适用完全获得标准，如一国收获的农产品、活动物等。对于两个或两个以上国家参与货物生产的情况，就需要确定产品在哪个国家充分加工或进行实质性改变，即用实质性改变标准来判断不完全使用本区域原材料的货物的原产地身份。然而，没有一个简单且标准的原产地规则来识别产品的“国籍”。《简化和统一海关程序国际公约》（《京都公约》）规定了确定原产地的三种主要方法：税号改变标准、增加值标准以及加工工序标准。

一、税号改变标准

税号改变（change of tariff classification）是指进口投入品经原产国加工后再出口，且出口产品与进口投入品在海关商品目录中属于不同的税目。目前大多数国家海关关税采用的目录标准为《商品名称及编码协调制度》（Harmonized Commodity Description and Coding System，简称 HS），世界上 190 多个国家采用了这一协调制度。

以税号改变标准确定货物原产地在实践中有很多优点：一是比较简单、方便，具有很好的可预见性和较高的透明度。货物税目归类是贸易商和海关在货物报关时必须进行的活动。贸易商能很容易地提供相关文件资料，来证明货物的原产地。其次，该标准比较客观和一致，在很大程度上限制了操作中的主观随意性。

不过，该标准也存在一定的缺点。HS 并不是专门设计用来授予原产地的工具，其目的是为确定关税税目和收集统计数据而提供的统一的商品分类。因此，单纯地依靠 HS 目录无法准确判断所有产品的“实质性改变”。在某些情况下，关税税目的变化并不是实质性改变，而在另一些情况下，实质性改变却并没有改变关税税目。因此，税号改变标准的方案通常要一些辅助标准的配合，才能确定原产地。通常，税号改变规则可与“肯定清单”或“否定清单”相配合来认定原产地。“肯定清单”是指列出可以授予原产地的进口投入品的税号编码；“否定清单”是指列出不能授予原产地的进口投入品的税号编码。WTO 的《原产地规则协议》要求以肯定清单为主，否定清单主要起到补充说明的作用。

二、增加值标准

增加值标准（value added）是指当某一国家的增加值占产品出厂价的比重超过规定的百分比时，货物可被认定为原产于该国。这一标准的认定方法是：一是规定在原产国增加的产品价值的最低百分比，即最低国内价值成分要求；或是规定进口投入在总投入或产品价值中的最高百分比，即最大进口价值成分要求。大多数区域贸易协定规定最低的国内价值成分要求，又称为区域价值成分标准（domestic content）。

与税号改变标准一样，增加值标准的优点是定义明确、简单、具体。然而，在实际应用中，增加值规则会变得复杂和不确定。首先，是材料的价格计算问题，有工厂交货价、离岸价、到岸价或进厂价。在实践中，各国采用不同的计算标准，计算结果往往是不同的，造成同一产品在一国授予原产地身份，而在另一国却无法获得。其次，这种方法在应用中成本高昂。为了证明产品达到了国内价值成分要求，进口商必须提供大量的证明文件；为了保证国内成分的计算真实可信，必须由会计师事务所出具有关审计报告。这些费用都无疑加大了进口商的负担，导致产品成本抬高。对于管理机构来说，要查证进出口商提供的相关信息资料的真伪也是非常困难的，从而导致管理成本的增加。最后，在增加值法下，原产地对生产成本的变化很敏感。例如，如果汇率发生变化，今天可以授予原产地的产品明天可能就不能了。

三、加工工序标准

加工工序标准（manufacturing process）是指根据制造加工工序清单，对产品进行了符合要求的加工工序的生产地定为原产地，即按某一加工操作过程确定原产地。根据加工工序标准的规定方式，可以分为肯定性标准和否定性标准，前者规定了能够认定为原产地的加工工序，后者规定了不能认定为原产地的加工工序。

加工工序标准因规定明确具体，具有透明、可预见、操作性强等优点。一旦确定，它们就明确无误，生产者从一开始就清楚地知道其产品是否为原产产品。然而，这一制度也有一些缺点，一是容易过时的问题。技术与工艺变化很快，而制定生产过程的最新清单难以及时更新。其次是易受游说团体的影响。产品的加工工序是技术性事项，行政机构很难界定哪些工序构成产品的实质性改变，需要国内生产者提供，这给保护主义提供了操作空间。

由上面的分析可知，三种标准都有优缺点，没有一个最优的原产地标准。目前各国大多是三种方法配合使用，以实现可预见性、灵活性与成本最小化之间的平衡。原产地规则的设计应具备以下几个特点：

1. 原产地规则应简单、准确、易于理解、透明、可预测及稳定。原产地规则应避免或尽量缩小行政自由裁量权的范围。

2. 使扭曲贸易的影响最小，不应成为变相的非关税壁垒。保护主义游说团体不应损害原产地规则的具体规定。

3. 规则应尽可能在产品和协议之间保持一致。差异越大，则企业和管理机构运用起来就越复杂。

【延伸 3-1】

部分区域贸易协定的优惠原产地规则

自由贸易区优惠原产地规则的内容很多，这里对实质改变标准、累计规则和容忍规则进行比较。

序号	自贸区	税号改变	区域价值成分	加工工序	累积规则	容忍规则
1	东盟	4 位税号	40%	纺织品	部分产品完全累积	10%
2	中国-东盟	4 位及 6 位税号	40%	纺织品	对角累积	无
3	日本-新加坡	2、4、6 位税号	60%~40%	第 18~21 章为 FOB 的 7%	双边累积	8%~10%
4	东盟-印度	4 位税号	35%		双边累积	无
5	韩国-欧盟		25%、30%、40%、50%、60%（针对不同的产品）		双边累积	
6	中国-新西兰	2、4 位税号	40%~50%	有	双边累积	
7	韩国-美国		35%~55%		双边累积	
8	中国-智利	2、4 位税号	40%		双边累积	8%
9	欧盟-墨西哥	2、4 位税号	30%~50%	有	双边累积	10%
10	NAFTA	2、4、6 位税号	50%~60%	有	双边累积	7%
11	Mercosur	4 位税号	60%		双边累积	无

资料来源：成新轩．论东亚地区自由贸易区优惠原产地规则的经济效应［J］．当代亚太，2012（6）：112-128，157-158.

第二节　WTO 原产地规则及其发展

最初，关税与贸易总协定未对原产地规则做任何规定，而是把它留给“各进口成员方依它本国法律规定，为适用最惠国（以及总协定其他条款的）的目的，来确定货物是否原产于某国”。因此，长期以来，各国根据本国的需要制定各自的原产地规则。

随着欧盟和美国把许多政策（如反倾销、地区经济一体化、数量限制）与原产地规则相结合，许多国家意识到，为避免原产地规则成为各国实施贸易保护的非关税措施，必须提高各国原产地规则的透明度。WTO《原产地规则协定》的制定和实施为世界范围内统一原产地规则起到了很大的推动作用，也为各国在制定原产地规则时提供了很好的指导规范。该协定仅适用于非优惠性原产地规则，而针对优惠性原产地规则，仅在该协定的附件 2 中提出了一个共同宣言。

一、WTO 原产地规则的主要内容

（一）非优惠原产地规则

WTO 没有为各成员方提供具体的原产地规则，其主旨是协调各国现行的非优惠原产地规则，实现原产地认定标准的公平、统一、透明，具有可预见性，避免原产地规则成为阻碍国际贸易的一种壁垒。

1. WTO 原产地规则的适用范围

WTO 原产地规则的适用范围是以概括和列举相结合的方式规定的，主要包括以下几个方面：

（1）在最惠国待遇中的适用

WTO 协定中的最惠国待遇原则要求缔约方之间，某一缔约方给予原产于其他任何缔约方的相同产品以相同的待遇。缔约方要实施该优惠待遇的前提是能够区分产品是原产于缔约方还是非缔约方。WTO 各缔约方依据原产地规则对产品的原产地进行界定。

（2）在反倾销中的适用

倾销指的是一个国家或地区的出口方以低于其正常价值将商品出口到另一国家或地区市场。各国需要对进口产品的原产地进行判断，确定是否能够实施反倾销措施。

如果产品按原产地规则能够确定其生产地属于某一国，那么该产品就能取得该国的原产地资格，该产品的生产商属于国内产业范围。原产地规则越宽松，产品越容易获得该国的原产地证书，则国内生产的相同产品的范围越大，国内产业的范畴随之扩大，被发起反倾销调查的进口产品对进口国的影响降低，不容易得出存在倾销损害的结论。反之，则容易得出存在倾销损害的结论。目前，发展中国家的原产地规则大都比较宽松，而发达国家的原产地规则普遍较为严格。

（3）在政府采购中的适用

政府采购（government procurement）是指政府作为消费者为政府部门而不是为了商业

活动所进行的采购行为。国民待遇原则不能适用于政府采购行为，各国可以通过政府采购政策来保护本国产业的发展。在政府采购过程中，有些国家通过立法、行政决定等多种手段对本国供应商实施特殊的优惠政策，如：购买优先权、优惠的价格或其他优惠的采购条件。原产地规则作为判定货物原产地的依据，只有那些符合国内原产地规则要求并且获得该国原产地资格的产品，才能享受优惠政策，成为该国政府采购的对象。

（4）在贸易统计中的适用

原产地规则作为一种重要技术手段被广泛用于国别贸易的统计。通过原产地规则可以确定产品的生产地，并统计到相应国家或地区的贸易量中。但是，现如今产品生产的国际分工日趋细化，在全球产业链中，中间产品的贸易变得十分活跃和频繁。国际贸易统计运用原产地规则作为确认工具来统计中间产品时，就会出现重复计算的问题，这会对各国（地区）的贸易统计造成偏差，不能正确反映国际贸易的真实情况。

2. WTO 原产地规则的基本原则

根据 WTO《原产地规则协定》的规定，在协调原产地规则时应遵循下述原则：（1）对第三国平等适用原产地规则。（2）应出口商和任何有正当理由关系人的要求，应尽快在 150 天内确定或确认货物的原产地。（3）原产地规则具有客观性、可理解性和可预测性。成员方对原产地的确认所采取的任何行政行为，可以迅速地通过司法、仲裁或行政管理及程序进行审议，并独立于决策当局。（4）原产地规则不能直接或间接地作为寻求贸易目标的工具，不能对国际贸易产生限制性、歪曲性或破坏性影响。（5）原产地规则应以一致、统一、公正和合理的方式进行管理。（6）原产地规则应具有前后一致性。（7）原产地规则以肯定标准为主，否定标准主要发挥澄清的作用。

（二）优惠原产地规则的要求

根据附件 2《关于优惠原产地规则的共同宣言》规定，各成员方承诺保证各自的优惠原产地规则应当做到：（1）明确规定各原产地标准的适用方法；（2）以肯定标准为主要的规则模式；（3）公布相关法律、法规；（4）赋予相关人员请求评定的行政救济程序；（5）修改后的优惠原产地规则不具有追溯力；（6）对依据规则进行的行政行为各机关可以独立审查；（7）建立信息保密制度。

二、非优惠原产地规则的国际协调

国际协调是在 HS 协调编码制度的框架结构下，对乌拉圭回合贸易谈判形成的《原产地规则协议》进行细化，逐个讨论商品在 HS 某一数级（如：6 位、8 位数等）归类的改变是否构成实质性改变，以及必要时应参考辅助标准。为保证原产地规则以公正、透明、可预测、一致和中性的方式制定和实施，使与原产地规则相关的法律和法规更加透明，WTO 成员在签订《原产地规则协定》时，决定在 WTO 框架下制定一套协调的原产地规则（也即协调非优惠原产地规则）。根据协定，WTO 原产地规则委员会于 1995 年 7 月启动了非优惠原产地规则的协调工作（harmonization work program，HWP）。该项工作计划于 1998 年 7 月结束。然而，鉴于该项工作的复杂性和所牵涉的各方利益问题，协调工作一再延期，到 2002 年 9 月，大部分问题均已解决，但尚有 94 个问题有待协商。其中，93 个是涉及具体产品问题。需要指出的是，与特定产品规则有关的尚待解决的核心问题大多涉及与发展中国家出口有关的产品。在93个特定产品问题中，有69个（或75%）涉及农产品（45个）、纺织品和服装（24个）。这些产品在发达国家受到最高程度的保护；只有10%的未决问题涉及机械产品，它们在发达国家出口中占主导地位。

初步形成的WTO《协调非优惠原产地规则》草案包括定义、一般规则和两个附录。定义和一般规则是管理整个非优惠原产地规则的一般规定。附录1列出了对完全获得货物的两个规则和定义。附录2包括特定产品原产地规则，包括7项规则，这些规则在使用时应遵循程序顺序进行。

协调原产地规则对世界经济的好处是很明显的。首先，一套统一的原产地规则将为世界各地的贸易商和海关官员节省时间和成本。其次，它将使各国及不同时期的原产地确定具有一致性，增加了贸易的确定性和可预测性。第三，它有助于减少潜在的贸易争端。因为在反倾销税和反补贴税、保障措施、原产地标识要求、数量限制或关税配额以及政府采购等情况下确定原产地时，协调原产地规则降低了其不确定性，减少了贸易争端。

然而，经过10多年的谈判，协调原产地规则未达成一致意见。从技术角度看，各成员国不能追求特定产品原产地规则之间的绝对一致性。原产地规则的透明度和一致性没有一个明确的标准，通常一个“不完美”的标准总比没有标准好。

第三节　区域贸易协定中的原产地新规则

原产地规则是自由贸易协定的核心内容之一，缔约方之间互相给予的关税优惠，正是通过原产地规则牢牢将范围锁定，不让原产于自由贸易区之外的其他国家或地区产品搭便车。因此，在很大程度上，区域贸易协定下的自由化程度取决于它的原产地规则。原产地规则起到两个重要作用：一是配合降税承诺，将关税减让的利益锁定在区域内，重构区域供应链；二是保护部分敏感产品免受冲击。

一、区域贸易协定中原产地规则的发展趋势

（一）由单一标准向多标准转变，标准判定更加灵活和严谨

目前《全面与进步跨太平洋伙伴关系协定》（Comprehensive and Progressive Agreement for Trans-Pacific Partnership，简称CPTPP）、美韩自由贸易协定（简称美韩FTA）等区域贸易协定主要以税号改变标准为主，以增加值标准、加工工序标准为辅，呈现出多种标准综合适用的趋势。区域贸易协定更加重视加工工序标准的严谨性，如欧韩、美韩FTA均对化学工业品的加工工序进行详细说明。一些区域贸易协定尝试制定统一的原产地标准，并对个别特殊和例外产品，通过单独列明产品特定原产地标准清单的方式加以解决。

（二）区域价值成分的计算更加科学和细化

早期在北美自由贸易协定中，区域价值成分计算只是基于非原产材料价格的扣减法和

汽车产品专门适用的净成本法，美韩 FTA 中增加了基于原产材料的增值法，CPTPP 中更是细分了增值法、扣减法、价格法以及净成本法，判定某项产品的原产地时可选择适用。由于增加值标准中的不同方法会出现将同一产品判定为不同原产国，因此许多国家通过将产品价值中的保险费、运费等因素排除或纳入计算范畴，达到严格或放宽原产地标准的目的。

（三）增加辅助规则

大多数区域贸易协定的原产地规则中引入了“微小含量”“吸收原则”等附加条款。微小含量条款在一定程度上放宽了实质性改变的标准，使更多产品符合原产地规则，目前大多数区域贸易协定中对微小含量条款均要求非原产材料占货物价值的最高比例为10%，已形成国际通用的惯例。吸收规则指对已经取得原产地资格的产品作为中间投入品，再用于生产另一个产品时不再单独统计，而是将该中间投入品整体视为原产材料进行统计。例如，在生产某一特定零件时，由于进口材料占该零件最终价格的20%，低于最高30%的原产地规则要求，因此授予原产地资格。该部分在并入最终产品时将被视为100%原产。在分析最终产品的进口含量时，不用考虑20%的进口含量。反之，如果该零件不符合相关原产地规则，则该零件被视为100%非原产。吸收规则可以有效减轻判断产品原产地的繁琐程度。

（四）对敏感产品制定严格复杂的原产地规则

原产地规则越来越成为一种非关税的贸易保护工具。比如，纺织品服装是美欧等国家和地区非常敏感的产品，美墨加协定（简称 USMCA）和 CPTPP 对纺织服装原产地标准是“从纱开始”，受惠产品从纺纱开始至产品完成的各道工序必须全部在自贸区内完成；欧加《综合经济与贸易协定》（简称 CETA）大部分纺织服装产品详细列出各品目的工艺流程，要求同时满足特定工序和特定材料不超过47.5%两项标准，才可获得原产地资格。

（五）完全累积规则有望成为主要趋势

累积规则是指一个成员国在生产加工中使用来自另一个成员国的中间品，仍可以累积到前者的原产地价值成分中，作为自己的原产地成分，而非进口成分，从而不影响前者的优惠待遇的享用。一般来说，累积规则分为单边累积、双边累积、对角累积和完全累积。其中，完全累积水平最高。USMCA、东盟自贸区（ASEAN）、CPTPP 都采用了区域内完全累积规则。区域全面经济伙伴关系协定（简称 RCEP）也采用了完全累积规则。区域内的完全累积规则有望成为原产地规则的主要趋势之一。①

二、世界主要的原产地新规则

目前最具代表性的优惠原产地规则有泛欧原产地规则、北美原产地规则（如

① 关兵．区域贸易协定框架下原产地规则最新发展趋势及对中国产业的影响［J］．对外经贸实务，2018（3）：8-9.

USMCA）和东亚原产地规则（如 RCEP）。从实质性改变方面看，泛欧体系主要使用税号改变标准，更多地兼用其他标准。USMCA 原产地规则主要用税号改变标准，辅之以增加值标准和加工工序标准；同时，还针对特定产品制定了严格的原产地规则要求，提高了原产地标准的门槛。总体来看，泛欧体系更加统一，更易操作；而 USMCA 模式在某些具体产品上较为复杂，且很难操作；而东亚原产地规则相对简单些。

（一）泛欧原产地规则

所谓泛欧原产地规则（pan-European），是指把欧盟原产地规则作为框架和重要组成部分，通过统筹欧洲自由贸易联盟、巴尔干半岛西部各国、地中海以及与欧盟签署自由贸易协定的其他国家的原产地规则所形成的一种优惠原产地规则体系。

目前，泛欧原产地规则不仅普遍运用于欧盟，而且延伸到欧盟的贸易伙伴。欧盟还计划把泛欧模式扩展到南地中海国家和以色列，其对发展中国家使用的普惠制也要过渡到泛欧模式。

1. 泛欧原产地的判定规则

根据泛欧原产地规则，判定原产地标准的一般规则如下：

（1）“完全获得产品”。完全获得产品主要集中在为数不多的行业，这类产品的原产地身份也是得到各国公认的，一般通过列举的方式作出规定。

完全获得产品包括以下 10 种商品：在该国开采的矿产品；在该国收获的植物产品；在该国出生并饲养的活动物；由上述第 3 项的活动物获得的产品；在该国狩猎或捕捞所得的产品；由该国船只捕捞获得的鱼类和其他海产品；从在该国船只上加工上述第 6 项产品而获得的产品；在该国领海以外的海床底上获得的产品，但该国须拥有对该海床或海床底土的专属开发权利；在该国加工制造过程中产生的废碎料或在该国收集的仅适用于原材料回收的废旧物品；全部用上述 1~9 项所列产品及其衍生产品在该国加工制造的产品。

（2）“经过充分制造或加工的产品”，主要根据实质性改变标准来确定。实质性改变标准包括税号改变标准、增加值标准和加工工序标准，其中税号改变标准为主。税号改变标准占欧盟实质性改变标准的比重高达 37. 6%。税号改变分为前四位税号的改变、第六位税号改变和第八位税号改变三种类型。欧盟制定了一系列的“肯定清单”，规定哪些产品可以分别通过以上三种税号改变获得原产地资格，同时也规定了“否定清单”。在条款中详细列出不赋予原产地资格的加工作业是泛欧模式的特征之一。这些规定与加工工序肯定清单相呼应和补充，构成严密的认定原产地资格的排他条款。

在增加值标准方面，欧盟规定当进口成分不超过产品出厂价的 40%时，该产品可能被赋予原产地身份。欧盟进口成分的价值是以其进口时的海关价值为准，如果遇到海关价值不明或无法计算，则使用在加工制造国为该材料支付的价格。对于组装的产品，欧盟以装配活动产生的增加值来计算百分比。装配价值包括装配过程本身（含其他最终处理和检验）产生的增值、原产自装配国的中间材料价值以及在装配中发生的一般管理费和成品的利润。

对于加工工序标准，欧盟以实质加工标准确定原产地，尤其对高科技产业。对于作为特殊产品的纺织品原产地规则，欧盟以税号改变标准为主，对个别产品以加工工序标准为辅。如对布料的原产地，除了要发生从原材料到布料的税目改变，欧盟还规定布料需经纺纱和织布两道工序方可获得原产地资格。除纺织品这类特殊产品外，欧盟对收音机、电视机以及磁带录音机等特殊商品也用加工工序标准和增加值标准两种标准来认定。

2. 泛欧原产地规则的主要特点

泛欧模式的主要特点在于累积标准（cumulation）。通过原产地规则的累积条款，原本各自分离的区域贸易协定连成为一个泛欧网络。累积规则是优惠性原产地规则的独特之处，它将在优惠区多个成员内发生的加工或制造累积计算，根据累积结果来判断是否达到规定的原产地标准。累积规则可分为完全累积和部分累积两大类型。完全累积是指在确定成品的原产地时，在优惠区内实施的每一个生产工序都可以被累积在一起。来自优惠区外的材料在区内一个成员方得到加工，即使该加工本身并不能使材料获得此进口国的原产地资格，这一工序仍可以累积到最后成品的原产地认定中。例如，欧盟对《洛美协议》中非洲、加勒比和太平洋国家实行完全累积。非加太国家被欧盟原产地规则视为一个统一的海关领土，成员方甲可以使用区外进口的“纱”进行加工，并将加工后所得的中间产品“布”出口到区内另一成员方乙，并与乙国的最终产品“成衣”中所含的原产材料进行原产地的累积计算，从而取得服装在欧盟原产地资格。

在部分累积制度下，只有当区外进口材料已获得区内第一进口国的原产地资格时，方能被列为最终产品原产地的累积中。欧盟成员方甲可以使用来自本区内乙国的中间产品加工成品。但只有乙国的中间产品已经拥有欧盟原产地资格后，乙国产品的价值才可以累积进入甲国的最终产品。否则即使乙国的中间产品中含有部分原产成分，也不能累积到最终产品中。例如，甲国在制造汽车发动机时需要从乙国进口合成钢材。当该钢材是在乙国生产时，钢材可以取得欧盟原产资格累积到甲国生产的发动机中。即使乙国生产的钢材中含有部分非欧盟成员方的材料也不妨碍累积。但当乙国使用非成员方的材料在本国进行微小加工时，该钢材的价值则不能累积到最终产品中，即使钢材中含有欧盟原产产品的成分，因此部分累积要比完全累积的要求更加苛刻。

部分累积又可细分为单边累积、双边累积、对角累积。单边累积只存在于普惠制中，指受惠国从欧盟进口原材料，加工后再将成品出口到欧盟时，从欧盟进口的材料可以与来自受惠国的材料累积计算。双边累积发生在由两方组成的特惠制度下，如在欧盟与捷克的双边累积下，在捷克进行组装、加工、使用的中间产品和原材料，其价值增值的60%必须来自欧盟或捷克才有资格进行最终产品的双边累积。如果有超过40%的中间产品的价值来自非欧盟或捷克，则这些中间产品不能进入双边累积。对角累积涉及两个或两个以上优惠区之间的累积。在对角累积的情况下，原产于其他伙伴国家的材料可以累积到出口国所增加的价值中。例如，欧盟、A 国、B 国分别两两签署了自由贸易协定，同时设定了相同的原产地规则。如果电视机产品在 A 国组装并出口到欧盟，其成分组成为：日本的零部件占 39%、欧盟的零部件占 20%、在 A 国增加的价值占 20%、B 国的零部件占 21%，则在计算电视机的原产成分时可以这样累积：A 国成分+欧盟成分+B 国成分（基于对角累积）= 61%，因此达到了电视机所要求的 60%区域增加值的要求。

3. 泛欧原产地的基本规则

第一，在任何其他成员国内经过深加工或者组装的半成品和原材料都可认定为原产产品；

第二，原产产品可以在泛欧模式体制内的所有成员国家间进行买卖；

第三，容忍规则。容忍规则又称为微小含量规则或微量条款，是指在适用税号改变标准时，某项进口原料在区域内的加工未满足特定的税号改变标准，但该进口原料的价值占最终产品价值的比例低于某一特定百分比，仍可被视为区内的原产产品，即如果商品的原材料中来自泛欧区域以外部分的比重小于一定比例（通常为2%~10%内），那么仍然可以将该产品的原产地视为欧洲；

第四，直运规则。要求产品必须在签订协议的两国之间直接运输或在适用累积时，途经该参与国进行运输；在转运过程中，除为保持货物处于良好状态必需的卸载、重载等操作外，不得再进行任何其他操作，并且上述操作须在转运国海关当局监督下进行，这些操作进入进口国时必须提交相关证明。

4. 泛欧原产地规则的优点与弊端

（1）优点

泛欧原产地规则的主要优点是，它采取了统一的标准化判定规则，这不仅能够简化关税程序，而且能吸引投资者到泛欧地区进行投资。在泛欧内的某一贸易协定下被认定为“原产”的产品即被视为是在该泛欧模式内所有的贸易协定下的原产产品。例如，欧盟与土耳其和拉脱维亚分别签订了双边协议，另外土耳其与拉脱维亚之间也签订了协议，那么在欧盟-土耳其协议下已经被认定为原产的商品，如果被出口到拉脱维亚同样会被视为原产商品，可以享有原产产品的优惠待遇。

（2）弊端

一是产生贸易转移，使非成员国的福利受到损失。区内成员国从本区外非成员国进口成本较低的产品，转为从区内其他成员国进口成本较高的产品。

二是对泛欧体系之外的国家造成了歧视。

【案例 3-1】

严格的原产地规则例子：欧盟的鱼原产地规则

表面上看来，确定鲜鱼或冷藏鱼的原产地似乎很简单，因为原产地授予给捕捞该鱼的国家，毕竟鱼没有明显的进口成分。然而，在实践中，确定在一国领水以外但在专属经济区内捕获的鱼的来源可能非常复杂。要在普惠制（GSP）下优先进入欧盟，必须满足以下所有条件：

船只必须在受惠国或在欧盟注册。

船只必须悬挂受惠国或欧盟成员国的旗帜。

船只必须由受惠国或欧盟的公民拥有至少60%的所有权，或公司总部位于受惠国或欧盟国家，且公司的董事会主席和大多数成员都是这些国家的公民。

船长和高级船员必须是受惠国或欧盟成员国的公民，或至少75%的船员必须是受惠国或欧盟的公民 。

根据欧盟的《科托努协定》（Cotonou agreement），给予非洲、加勒比和太平洋地区（ACP）国家进入欧盟市场的优惠待遇，鱼类的原产地规则与普惠制国家略有不同，更为自由。

船只必须在欧盟或任何 ACP 国家注册。

船只必须悬挂非加太国家和欧盟的旗帜。

船只必须至少由非加太国家或欧盟国家的公民拥有50%的所有权，并且公司董事会主席和大多数成员是这些国家的公民。

在某些情况下，欧盟根据《科托努协定》允许非加太国家租用船只捕鱼，但50%的船员、船长必须是非加太国家或欧盟的公民。

因此，确定鱼的国籍是很复杂的任务！

资料来源：Lukauskas A, Stern R M, Zanini G. Handbook of Trade Policy for Development [M]. Oxford: Oxford University Press, 2013: 581.

（二）北美原产地规则（以 USMCA 为例）

北美原产地规则主要体现在北美自由贸易协定（North American Free Trade Agreement, NAFTA）和最新的美墨加协定（The United States-Mexico-Canada Agreement, USMCA）中。1992 年 8 月 12 日美、加、墨达成了《北美自由贸易协定》（NAFTA），该协定于 1994 年 1 月 1 日正式生效。2018 年 11 月 30 日，美国、墨西哥和加拿大达成了新的贸易协定：美国－墨西哥－加拿大协定（The United States-Mexico-Canada Agreement, USMCA），并于 2020 年 7 月 1 日生效。至此，北美自由贸易协定（North American Free Trade Agreement, NAFTA）正式成为历史。

与欧盟内部商品自由流通不同，北美成员国之间进行商品贸易时，进出口商和生产商需出示原产地证书才可享受进口成员方提供的免税待遇。因此，原产地规则在北美自贸区中意义重大。为此，原产地规则在北美自贸区协定中作为主要内容列出，并在协定附件（附录 401）中用了近 200 页的篇幅详细列出了所有产品的原产地标准，同时还对汽车和纺织服装产品作出特殊规定。美墨加协定的原产地规则整体构架沿用了《北美自贸协定》，很多规则未发生本质变化，但规则更加详细、明确，特别是对汽车行业和纺织品两个行业进行了大幅修订，反映了美国的贸易保护主义倾向。概括起来，北美原产地规则包括一般原产地标准、特殊原产地标准和累计标准、微小含量、丧失条款等附加标准。

1. 北美原产地认定标准

原产产品的四种类型：

（1）完全在北美自贸区内获得或生产，不包含任何非北美自由贸易区的材料。这类属于完全获得原产品，包括在成员国领土上开采的矿产、种植的蔬菜、饲养的动物、捕捞的水产品、狩猎产品。完全获得原产品还通过“肯定清单”进行限定，允许在多个成员方内实现“完全获得”；以及由缔约各方及其法人和自然人从外层空间获得且未经非缔约方加工的产品。

（2）完全使用自贸区内原产材料且在区内生产。生产过程中所使用的材料可含有非北美自由贸易区的材料，但这些材料已经符合北美原产地规则。

(3) 使用非区内原产材料，但符合附录401规定。如产品原料来自区外，但经区内加工后发生很大变化（即符合税号改变标准），且满足一定比例的区内价值成分（50%~60%），亦可被视为原产产品。

(4) 特殊情况。某些情况下，未组装件及其零部件归入《协调制度》同一类别的产品，即不符合税号改变标准，但区内价值成分达到规定比例（如65%~75%）的产品可视为原产产品。

区内价值成分计算方法有两种：成交价格法（transaction value method）和净成本法net-cost method）。以成交价格法计算的区域价值成分为成交价格减去非原产材料价值再除以成交价格所得到的百分比。商品成交价格以FOB（free on board）价格为准。以净成本法计算的区域价值成分为净成本减去非原产材料价值再除以净成本所得到的百分比。净成本为产品的总成本减去营销费、包装费、运输费和利润之后的成本。

2. 累积规则（cumulation）

北美原产地对大多数产品实行完全累积规则，即所有在成员国境内发生的增值可以共同进行加总计算。区内多家企业在缔约一方或多方境内进行的产品加工制造均可视为一家生产商在区内的加工制造。这种累积规则大大促进了区内企业间的合作和分工。不过，该条款的使用有一定条件限制，即非原产材料必须符合税号改变标准，且制成品满足相应区域增加值标准或该章规定的其他要求。

3. 容忍规则（tolerance）

微量条款的容忍幅度也体现了原产地规则的严格程度。USMCA规定，来自非成员国的原料或零件含量不超过产品总成本或交易价格的10%时，无需税号改变也可视为原产产品。但容忍规则的运用存在复杂的适用规则与例外规定。如部分税目号下的乳制品、婴幼儿食品、动物饲料、柑橘、蔬果汁、罐头、脂肪、油类、糖蜜、烈酒等产品除外。

4. 资格丧失条款

资格丧失条款（non-qualifying operations）是指因货物的加工制造不符合原产地规则的要求而丧失享受优惠关税待遇的资格。北美原产地规则列举了两种情况：一是微小加工或处理；二是有充分证据表明该货物的生产或定价是为了规避原产地规则。

微小加工或处理，是指不影响货物基本特征的非充分加工，有些自贸区的原产地规则会制定详细的清单列举所有属于微小加工的情形。北美自贸区采用简明方式进行规定，如单纯用水或其他物质稀释的产品不能取得原产资格。

第二项为反规避条款，原产地规避是指一国商品在被另一国实施贸易管制措施的情况下，出口商为了减少或者避免贸易管制而采取的各种方法。如出口商通过第三国境内组装的方式使其产品获得第三国原产身份，然后再出口到进口国。通过设置反规避条款，避免了北美原产地规则因人为规避原产地而得不到有效实施。然而，该条款仅是抽象的原则表述，无形中扩大了进口方在核定货物原产地上的裁量权。

5. 特定行业的原产地规则

汽车产品和纺织品是USMCA协定下受到特殊保护的两类产品，为了保护区内相关产业免受区外企业的竞争，协定针对汽车产品和纺织品制订了比其他产品更加严格的原产地规则。

(1) 汽车行业

汽车行业的原产地规则涵盖乘用车、卡车及汽车零部件等领域，具有较高的区域价值成分要求。USMCA 规定，成品整车区内价值成分被上调至 75%，即只有不低于 75%价值的汽车零部件在北美生产才能够满足零关税待遇的要求，与 NAFTA 的 62.5%相比有了显著提升。同时，USMCA 还对汽车零部件的区域价值成分进行了细化，针对不同部分提出了不同标准，比如“核心零部件”区域价值成分需达到 75%，“主要零部件”的需达到 70%，“附加零部件”的需达到 65%。而且，USMCA 还规定乘用车、卡车所用的钢材、铝材必须有 70%来自于区域内。这种严格的原材料原产地标准，目的就是要将北美地区打造成为一个独立的汽车产销区，由此来配置汽车生产的成本、能力以及相应的劳工政策和贸易政策。

此外，USMCA 还把劳工标准与优惠待遇挂钩，规定在原产地规则中享受零关税的汽车，其零部件的 40%~45%必须由时薪不低于 16 美元的工人生产。如此具体的劳动价值含量标准会影响汽车厂商的投资选择，汽车生产商会衡量零关税待遇与时薪要求之间带来的生产成本差异。当前，美、加两国的汽车工人时薪均在 20 美元以上，而墨西哥的工人时薪平均只有 7 美元左右。这可能导致生产商为了获得零关税待遇，会将墨西哥的工厂迁回加、美两国，导致墨西哥的外资撤离及工人工资岗位丢失。①

（2）纺织品和服装行业

早在 NAFTA 中纺织品原产地规则就有较严格的规定，采用的是加工工序标准，即从纱线、纤维开始到布料的编制、成衣的制成，全过程都在美、墨、加三国内完成，且后期的缝制也在三国区域内完成，这样的纺织品及服装才能够被认定为原产地商品，享受关税优惠待遇。与之相比，USMCA 对纺织品原产地规则的规定更为细致，对原产地认证的要求更高。具体包括以下四个方面：

第一，在原材料方面，除了纱线、纤维、布料等之外，缝纫线、口袋布料、配件材料、涂层物质等也必须要在北美三国生产。这样非成员方的原材料很难进入到区内纺织品生产和贸易当中。

第二，在特定纺织品免关税清单中，增加了本土手工艺品这一类别。

第三，在区域内成形和裁剪的织物与服装，必须经过漂白、水洗、酸洗之后，才能享受免征关税待遇。

第四，对于成套纺织品和服装，只有其中每一件货物都是原产货物或该套商品中非原产货物的总价值不超过商品总价值的 10%，成套的纺织品和服装商品才能被认定为原产货物。

此外，USMCA 还增加了贸易合作、核查以及建立纺织及服装贸易事务委员会等内容，列出了具体的海关合作条款，规定各缔约方应指定联络点，以便进行与纺织品和服装贸易有关的信息交流和其他合作活动。

由此可见，USMCA 对纺织品原产地规则做了更为严格的限制，大大提升了纺织品、服装的贸易壁垒，限制了区域外相关产品及原料的进口，保证了北美三国相关产业的发展。不过，更严的原产地规则使自贸区内企业避免了与区外生产商的竞争，可能导致北美消费者面临的价格更高。

---

① 林黎 . USMCA 原产地规则变化对中国的影响及其启示［J］. 对外经贸实务，2020（7）：41-43.

【拓展 3-1】

NAFTA 与 USMCA 协定的汽车行业原产地规则的比较

NAFTA 协定

		1998 年 1 月 1 日	2002 年 1 月 1 日
区域价值成分	生效时间	1998 年 1 月 1 日	2002 年 1 月 1 日
	乘用车和轻型卡车整车及核心零部件	净成本法下 56%	净成本法下 62.5%
	其他汽车及其他零部件	净成本法下 55%	净成本法下 60%

USMCA 协定

区域价值成分	生效时间		2020 年 1 月 1 日	2021 年 1 月 1 日	2022 年 1 月 1 日	2023 年 1 月 1 日
	乘用车及轻型卡车整车		净成本法 66%	净成本法 69%	净成本法 72%	净成本法 75%
	零部件	核心	净成本法 66% 或交易价值法 76%	净成本法 69% 或交易价值法 79%	净成本法 72% 或交易价值法 82%	净成本法 75% 或交易价值法 85%
		主要	净成本法 62.5% 或交易价值法 72.5%	净成本法 65% 或交易价值法 75%	净成本法 67.5% 或交易价值法 77.5%	净成本法 70% 或交易价值法 80%
		辅助	净成本法 62% 或交易价值法 72%	净成本法 63% 或交易价值法 73%	净成本法 64% 或交易价值法 74%	净成本法 65% 或交易价值法 75%
	生效时间		2020 年 1 月 1 日	2024 年 1 月 1 日	2027 年 1 月 1 日	
	重型卡车整车		净成本法 60%	净成本法 64%	净成本法 70%	
	零部件	主要	净成本法 60% 或交易价值法 70%	净成本法 64% 或交易价值法 74%	净成本法 70% 或交易价值法 80%	
		辅助	净成本法 50% 或交易价值法 60%	净成本法 54% 或交易价值法 64%	净成本法 60% 或交易价值法 70%	
钢铝	乘用车、轻型卡车和重型卡车的生产使用的钢和铝至少 70%来自美墨加三国					
配额	美国每年从加拿大和墨西哥进口的乘用车不能超过 260 辆，超出的部分将加征的 25%的关税					
劳动价值含量	生效时间		2020 年 1 月 1 日	2021 年 1 月 1 日	2022 年 1 月 1 日	2023 年 1 月 1 日
	乘用车		不低于 30%	不低于 33%	不低于 36%	不低于 40%
	轻型及重型卡车		劳动价值含量要求不低于 45%，其中原材料和制造支出不低于 30%，技术支出不超过 10%，装配支出不超过 5%			

资料来源：何蓉，连增，郭正琪．美墨加协定（USMCA）对原产地规则的修订及其影响分析［J］．区域与全球发展，2019，3（6）：48-64，155-156.

（三）东亚原产地规则

2020 年 11 月 15 日，东盟 10 国和中国、日本、韩国、澳大利亚、新西兰 5 国经过 8 年谈判，终于签署了区域全面经济伙伴关系协定（Regional Comprehensive Economic Partnership，RCEP）。RCEP 是区域内经贸规则的“整合器”。RCEP 整合了东盟与中国、日本、韩国、澳大利亚、新西兰多个“10+1”自贸协定以及中、日、韩、澳、新西兰 5 国之间的多对自贸伙伴关系。

RCEP 协定的原产地规则是在东盟各国与其他成员国之间的贸易和协商中逐渐产生的，是对已有的自由贸易协定的继承和发展。

1. 原产地认定标准

原产地标准有两种：完全取得标准和实质改变标准。完全取得标准主要适用于矿产品和农林畜牧渔产品；实质改变标准主要适用于制成品。实质改变标准主要包括税号改变标准（change in tariff classification）和区域价值成分标准（regional value content）规则，而且是采用“二选一”的方式，即根据税号改变标准或区域价值成分标准认定原产地。RCEP 的附件一（产品特定原产地规则）将全税则产品都进行了标注，涵盖了约 5205 条 6 位税目产品，以方便查找引用。区域价值成分标准设置为 40%，即货物的区域价值成分不少于 40%，即可被视为该国原产。

对于区域价值成分的计算，有两种方法：间接/扣减法和直接/累加法。间接法计算的区域价值成分是产品的 FOB 价值减去非原产材料价值再除以 FOB 价值所得的比值。直接法计算的区域价值成分是由原产材料价值与直接人工成本、直接经营费用成本及其他成本和利润之和除以产品的 FOB 价值所得的比值。

2. 区域累积原则

RCEP 规定，符合原产地要求且在另一缔约方用作生产另一货物或材料的材料，应当视为原产于对制成品或材料进行加工或处理的缔约方，即累积的材料首先需要获得原产资格（货物累积/不完全累积）。RCEP 还规定，将在 5 年内审议，考虑将货物累积的适用范围扩大到各缔约方内的所有生产和货物增值，即非原产材料在其他缔约方经过加工虽然仍未获得原产资格，但在该缔约方实现的加工和增值部分也可以进行累积（生产累积/完全累积）。因此，RCEP 生效后将先适用货物累积，同时将朝着完全累积的目标进行。根据 RCEP 的规定可知，累积规则的实质是产业链下游的产品可以“同化”来自上游的原材料，并将其转化为自身成品的成分，从而使成品属于本国原产。

3. 补充规则

RCEP 规定了微小含量规则，即当用于货物生产且未发生税号改变的非原产材料的价值不超过该货物 FOB 价值的 10%，或非原产材料的重量不超过该货物总重量的 10%，仍可认定为原产货物。此外，RCEP 还列出了微小加工或处理的情况，规定了直接运输原则。

4. RCEP 的特点

首先，实现了东亚太平洋原产地规则的大统一。目前东亚太平洋地区多个国家、地区、经济体之间签署了许多双边、多边协定，尽管其原产地规则基本上以《京都公约》

等为蓝本，但各种版本的原产地规则各有侧重，并不统一。这要求各缔约国在签发不同原产地证明文件时，需要根据各自的自贸协定规则进行审查。这既对原产地证书的制发机关提出了相对严苛的要求，也在一定程度上影响了原产地认定的工作效率，降低了贸易的便利化程度，而 RCEP 使得 15 个成员方达成了统一的原产地执行标准。由此可以预见，RCEP 的原产地规则将成为亚太地区通行的原产地规则，并将影响未来其他多边自贸协定原产地规则的制定。①

其次，RCEP 原产地规则更加宽松、灵活。在 RCEP 原产地规则中，区域价值成分标准设置为 40%，相较于其他区域贸易协定处于较低水平，而且，区域价值成分有两种计算方法，企业可以自由选择更加便捷、合理的公式对区域价值成分标准进行计算。根据 RCEP 中附件一产品特定原产地规则的所列内容，只要货物满足其中的一项，就认为符合该规则，这大幅提升了原产地规则的灵活性和便利性。

第三，RCEP 原产地规则兼顾了发达国家和发展中国家的利益。如 RCEP 协定明确规定柬埔寨、老挝和缅甸拥有一个更长的过渡阶段。RCEP 协定没有严格要求纺织服装等劳动密集型产品从纱开始就必须在本区域内生产，同时还设立了许多条款来促进区域贸易的发展，比如在申请享受关税待遇条款中，不超过 200 美元的产品可以不提交原产地证明。因此，RCEP 原产地规则没有表现出偏向于保护发达国家的优势产业，发达国家和发展中国家都能在合作中获利，从而对各国的优势行业都起到促进和集聚的作用。

第四节　原产地规则的经济影响

优惠原产地规则是区域贸易协定的重要组成部分，确保成员国成为协定的主要受益者，避免非成员国从中“搭便车”。合理的原产地规则将会提高自贸区内资源利用率，优化资源配置效率，促进了成员国之间的贸易、投资及区域价值链的发展。然而，由于存在限制性和使用优惠关税时的约束性，原产地规则逐渐成为一种隐秘的贸易保护手段。②

一、对贸易的影响

（一）贸易创造效应

原产地规则是影响区域贸易协定优惠市场准入的一个主要因素。原产地规则对货物贸易的影响，从国家层面看，存在两面性：一方面原产地规则保证了优惠关税仅限于自贸区内，只要根据原产地规则判定该产品为成员方原产产品，那么进口时就可以享受零关税或者税率很低的优惠关税，这在很大程度上促进了区内成员方之间的贸易。另一方面也带来扭曲成本和资源配置效率的降低，从而限制了成员国之间贸易的发展。资源在全球范围内

① 赵亮 . RCEP 下的原产地规则［J］. 中国外汇，2020（24）：41-44.

② 对贸易、投资及企业的影响分析参考了：唐宜红，等 . 全球贸易与投资政策研究报告（2016）［M］. 北京：人民出版社，2016：239-240.

的最优配置会带来巨大的专业化分工利益。然而，原产地规则却扭曲了资源的最优配置原则。自贸区内生产者为了满足原产地规则，只能从区内购买成本较高的中间投入品。

（二）贸易转移效应

原产地规则会产生贸易转移。在较为严格的原产地规则下，一种产品在出口到自由贸易区时，要想获得原产地资格，必须有足够的区内价值成分，这就会造成一些贸易从非自贸区的成员方转向成员方，厂商就会减少从非成员方的进口，转而增加对区内成员方的进口，从而产生贸易转移效应。这种贸易转移效应的大小，会因各成员方在经济发展、产业结构、工业竞争力、国家规模等方面的差异而有所不同。

二、对投资的影响

（一）投资创造效应

吸引 FDI 是许多区域贸易协定签订的主要动机。优惠关税和最惠国关税之间的差异程度、原产地规则限制程度和市场规模是吸引 FDI 的重要因素。一是通过国际贸易影响国际直接投资。优惠原产地规则在短期内促进区域的贸易流动，长期将会影响区域的投资数量和流向。二是优惠原产地规则是撬动自由贸易区内外资本流动的杠杆。严格的原产地规则促使区域内厂商更多地使用区域内的生产成分，排斥了区域外成本低廉的原材料或中间投入品。区域外的厂商为了保住在区域内的市场，必然调整战略，采用直接投资的方式避免原产地规则的壁垒作用。因此，即使自贸协定成员方不是生产效率最优的国家，跨国公司还是有动力直接在成员方内投资设厂，以享受原产地规则带来的优惠。

（二）投资转移效应

由于累积规则的存在，原产地规则不仅吸引非成员方企业的直接投资，而且会引起成员方企业投资的区位转移。成员方的企业可能会把生产转移到在生产条件或其他条件更优越的成员方。例如，成员方企业可能把一些劳动密集型行业转移到生产成本最低的另一成员方，使用其廉价的劳动力来组织生产，然后再就地销售或出口到其他成员方。

三、对全球价值链的影响

（一）原产地规则促进了自贸区内的中间产品贸易

原产地规则对自由贸易区内的中间产品生产商具有保护作用。为获得相应的减免税待遇，产品生产者会尽量采购自由贸易区的中间产品。即使区内中间产品的采购价格要高于区外进口的相同产品，只要关税减免收益超过相应的成本增加，生产商仍会倾向于选择区内的产品。

（二）原产地规则促进了区域生产分工体系的融合

自由贸易区的出现既促进了跨国公司的发展，又推动了区域生产网络的综合化。原产地规则与区域的生产分工紧密结合，成员方更多地采用另一成员方的中间产品，通过享受关税优惠来降低成本，同时还产生了互动性。区域生产分工体系的动态发展提高了从成员国进口中间投入品的必要性。区域价值成分标准和累积规则相对于税号改变标准对区域生产分工体系的影响更为明显。

(三) 原产地规则的不统一与全球价值链发展相冲突

全球价值链的发展是为了实现资源在全球范围内最有效率的配置，而优惠原产地规则却在一定程度上阻止了这一目标的实现。原产地规则对区域外原材料、货物进入自贸区构筑了屏障，无法实现全球资源从原料采购到最终消费全过程的优化配置，阻碍了全球经济的深度融合，并引起原有全球价值链的重构。因此，多边层面上原产地规则的不统一与全球价值链深入发展是不相适应的。各国与各地区之间签署的大量自由贸易协定，造成原产地规则的重复交叉、相互冲突。不同的贸易协定中原产地规则内容、标准不一，会增加企业费用成本和海关、质检等部门的管理成本。

四、对企业的影响

(一) 积极影响

原产地规则对微观企业的影响包括静态影响和动态影响。从静态影响看，原产地规则区分了区域内的产品和区域外的产品，区域内企业的产品可以享受到关税等方面的优惠，从而战胜区域外的竞争对手。从动态影响看，区域内企业销量的增加可以促进企业扩大生产规模，获得规模经济的效益，从而提高产品在国际上的竞争力。

(二) 消极影响

原产地规则也提高了企业成本，对微观企业造成不利的影响。原产地规则的合规成本分为扭曲成本和交易成本。前者是指为了获得原产地资格而改变生产结构所导致的成本，后者是为了取得原产地证书所付出的成本。首先，交易成本较高。原产地证书在申请过程有时间成本、申请材料准备成本、管理成本、人力成本等。有时过高的成本甚至会导致生产商放弃原产地资格带来的优惠。高交易成本对小企业尤其不利，比如为了证明区域价值成分，贸易商必须准备大量证明材料。原产地规则在增加交易成本的同时也完全将缺乏完整财会体系的小企业排除在优惠贸易安排之外。

其次，原产地规则影响企业投入结构，从而带来扭曲成本。因为原产地规则中所规定的获得原产地资格有较强的约束性，这种约束性将会直接影响厂商对原材料、零部件等投入品的选择。出口商要想获得产品的原产资格，有时候将不得不购买区域内成员方价格较高的原材料和投入品，而不能购买区域外价格较低的原材料和投入品，这样会增加企业的生产成本。

此外，原产地规则可能会扭曲行业内不同企业的相对发展前景。例如，摩尔多瓦的一家服装生产商可能从土耳其进口面料并建立了高效的制造工艺，但因使用不符合优惠关税的面料却无法扩张；而另一家低效率的服装企业因使用了欧盟进口织物而能够在普惠制

（双边累积）下优先进入欧盟市场并扩大生产。对于规模经济非常大的部门，这一问题将更加明显。如果一家企业同时向优惠和非优惠贸易伙伴国出口，或面临不同原产地规则的优惠伙伴国，如果想获得优惠准入，就必须为不同的市场采用不同的投入组合，这就降低了规模经济的好处。

【拓展 3-2】

原产地规则的限制指数

Estevadeordal（2000）首次引入了一个原产地规则的序数指数（R 指数）来表示原产地规则的限制程度，该指数是基于税号变更标准的严格程度得出，并作出以下两个假设：

1. 对于税号变更标准，品目一级（4 位数字）的变化比章节级（2 位数字）的变更更难满足；而子目一级（6 位数字）的变化更为严格。

2. 更多的标准通常意味着更严格的规则。如果税号变更标准的同时还要求满足其他标准，则该规则更难满足。另一方面，容忍规则和累积规则将有助于减少某一特定项目的限制性规则。

原产地规则的限制指数最大值是 7，数字越大，表示原产地规则越严格，限制程度越高。Estevadeordal 和 Suominen（2006）计算了若干自由贸易协定的 R 指数。总的来说，与东南非共同市场（COMESA）和西非经济共同体（ECOWAS）等发展中国家之间的协定相比，美国和欧盟贸易协定的原产地规则有更高的限制性。

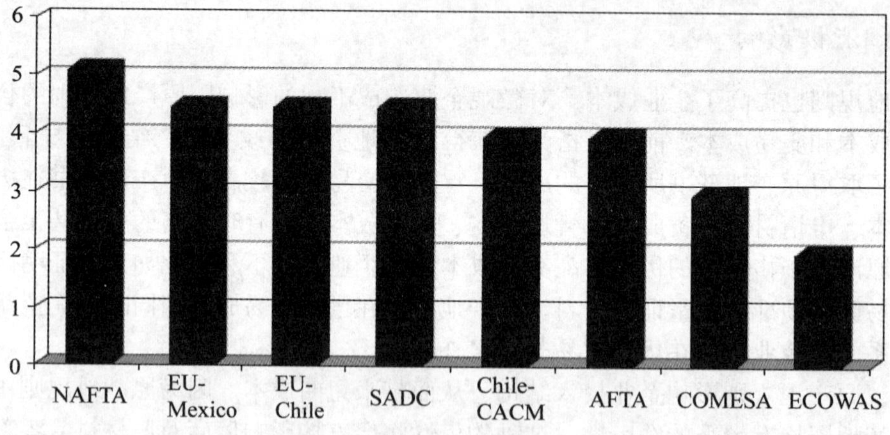

资料来源：Estevadeordal A. Negotiating Preferential Market Access: the Case of NAFTA［J］. Journal of World Trade, 2000, 34（1）: 141 - 166; Estevadeordal A and Suominen K. Rules of Origin: A World Map and Trade Effects［C］// Estevadeorda A, Cadot O, Suwa-Eisenmann A, and Verdier T.（eds.）The Origin of Goods: Rules of Origin in Preferential Trade Agreements. Oxford: Oxford University Press, 2006: 1-93.

◎ 小结

1. 货物原产地被形象地称为商品的“经济国籍”。原产地界定标准可以分为完全获得标准和实质性改变标准。《京都公约》规定了确定原产地的三种主要方法：税号改变标准、增加值标准以及加工工序标准。

2. WTO《原产地规则协定》为世界范围内统一原产地规则起到了很大的推动作用，为各个国家在制定原产地规则时提供了很好的指导规范。该协定仅适用于非优惠性原产地规则，而针对优惠性原产地规则，仅提出了一个共同宣言。

3. 原产地规则是自由贸易协定的核心内容之一，缔约方之间互相给予的关税优惠，正是通过原产地规则来实施的。

4. 区域贸易协定中原产地规则的发展趋势包括：综合运用各种判定标准、区域价值成分计算更加精细、增加辅助规则、对特殊产品制定更严格的原产地规则、完全累积将成为趋势。

5. 世界上主要的原产地规则包括泛欧原产地规则、北美原产地规则和东亚原产地规则。泛欧原产地规则主要使用税号改变标准，并更多兼用其他标准。USMCA 原产地规则主要用税号改变标准，辅之以增加值标准和加工工序标准；同时还对特定产品制定了严格的原产地规则要求，提高了原产地标准的门槛。东亚原产地规则显得相对宽松且灵活。

6. 优惠原产地规则是区域贸易协定的重要组成部分，但严格的原产地规则则是一种隐性的贸易保护措施。优惠原产地规则对贸易、投资、全球价值链及企业都有重要的影响。

◎ 关键词

原产地规则（rules of origin）　非优惠原产地规则（non-preferential rules of origin）　优惠原产地规则（preferential rules of origin）　协调非优惠原产地规则　泛欧（pan-European）原产地规则　北美原产地规则　东亚原产地规则

◎ 重要概念

税号改变标准　增加值标准　区域价值成本　加工工序标准　完全获得原产地　实质改变标准　单边累积　双边累积　对角累积　完全累积　容忍规则　微小加工或处理　吸收规则　丧失资格条款

◎ 思考题

1. 协调非优惠原产地规则有哪些困难？如何推进这项工作？
2. 泛欧原产地规则、北美原产地规则和东亚原产地规则有何异同点？
3. 优惠原产地规则对全球价值链有何影响？
4. 优惠原产地规则如何衡量？
5. RCEP 协定对东亚发展有何影响？

◎ 练习题

1. 原产地规则制定应遵循哪些原则？
2. WTO 原产地规则有何意义？
3. 区域贸易协定中的优惠原产地规则的发展趋势有哪些？
4. 泛欧原产地规则有什么特点？
5. USMCA 协定与 NAFTA 协定有何差异？说说修订背后的原因。
6. 优惠原产地的经济影响包括哪些方面？简要分析一下。

第四章　服务贸易新规则

第一节　服务贸易与服务贸易壁垒

一、服务贸易

服务与商品的差异很大，商品是有形的、可储存可运输，而服务是无形的、看不见的，无法储存也无法运输，生产与消费需同步进行。服务很难准确定义，根据《服务贸易总协定》（General Agreement on Trade in Services，GATS）的分类，服务包括：商业服务，通信服务，建筑服务，分销服务，教育服务，环境服务，金融服务，健康及社会服务，旅游和旅行相关服务，文化、娱乐及体育服务，运输服务，以及其他服务。

服务的内涵广泛，服务贸易的界定也很复杂。根据《服务贸易总协定》，服务贸易是指按以下四种提供方式进行的贸易：一是跨境交付（cross-border supply）：从一国境内向其他国家提供服务，如通过邮电、计算机网络实现的服务。二是境外消费（consumption abroad）：在一国境内向任何其他国家的服务消费者提供服务，如接待外国游客，为国外病人提供医疗服务。三是商业存在（commercial presence）：一国的服务者在任何其他国家境内通过商业存在提供服务，如外国公司在中国开办银行、商店、设立会计、律师事务所等。四是自然人流动（presence of natural persons）：一国的服务提供者在任何其他国家境内提供的服务，如一国的医生、教授到另一国从事个体服务。

服务贸易与货物贸易有两大根本区别：第一，货物贸易是货物从一个国家运往另一个国家，而服务贸易大多是通过要素的流动（如劳动力的流动或外国直接投资）进行。跨境贸易不是进行国际服务贸易最主要的方式。由于服务的生产与消费不可分，只有通过外国子公司销售或客户与生产商跨境移动，才有可能进行服务贸易。虽然外国投资和劳动力流动也会影响货物贸易，但它们却是某些服务贸易的基本方面。第二，服务通常面临较强的监管。由于服务业具有自然垄断、信息不对称、外部性等特征，同时还涉及一国经济、政治、文化的独立性和安全性，因此，各国政府都采取了不同程度的干预措施，主要表现为法律法规和政策管制。

【案例 4-1】

摩托车比赛：一个服务贸易的例子

世界顶级摩托车比赛是说明国际服务贸易四种提供方式的最好例子。像 Dorna sports 这种营利性国际体育管理和营销公司，拥有 MotoGP 和 World Superbike 两大国际性赛事的商标权，并在各发达国家和发展中国家举办国际锦标赛。该公司总部设在马德里，在巴塞罗那、伦敦和东京（商业存在）设有办事处，从而有利于两个锦标赛的所有事务和程序的管理。它在全球租用赛道，或与赛道拥有者订立利润分享安排（跨境交付）；部署自己的工作人员监督不同国家的赛事（自然人流动）；将所有活动的录像分包给一家专门的全球性公司（跨境交付）发售；或者向国家电视频道出售所有现场和存档的锦标赛赛事的转播权。赛车队雇用来自不同国家的飞行员、技术员、机械师等（自然人流动），从一个国家的场地飞到下一个场地（境外消费），将自行车、工具和设备运到下一个比赛地点（跨境交付），并由世界各地的广告商付款，广告商可以在其装备上标出其产品商标（跨境交付），或是由 Dorna Sports 从门票销售和相关收入中拿出部分用于开支（跨境支付）。一些外国球迷到比赛场地所在国旅行，购买机票以及在当地吃住（境外消费）。

资料来源：Lukauskas A，Stern R M，Zanini G. Handbook of Trade Policy for Development［M］. Oxford：Oxford University Press，2013：379.

二、服务贸易壁垒

服务贸易壁垒是指对服务及服务提供者所采取的限制性措施。服务贸易壁垒与货物贸易壁垒有很大差异，对服务贸易征收歧视性关税的情况很少，更多的是采取非关税措施。许多类型的服务是由政府提供的，或是由受管制的垄断企业或专业人士生产的。例如，工程师需取得相关的证书才能保证建设的桥梁是安全的。现实中，服务贸易壁垒很多。根据 OECD 对服务贸易壁垒的分类，主要包括以下 5 种服务贸易壁垒：

一是外资所有权和其他市场准入的限制，主要包括对外资持股限制、公司数量限制、董事会成员或经理的本地居民限制，以及对外国人申请用地和房产限制等。

二是人员流动限制，包括劳动力市场测试、对职业许可证国籍或当地居民要求、对用工的数量限制等。

三是竞争和国有化方面的要求，包括禁止或限制广告、强制实行最低或最高资本要求，以及要求国家、州或省政府至少有一个主要公司控制该行业等。

四是其他歧视性措施和国际标准，包括限制参与政府采购、禁止使用外国公司名称、建立新的国内标准前要求考虑使用国际标准等。

五是监管及其透明度要求，包括法律生效前让公众了解规章制度、注册公司所需成本和时间、签证时间等。

这些服务贸易壁垒通常有双重作用，一是纠正市场失灵或实现合法的公共政策目标，如安全、健康、公共秩序等；二是保护本地供应商不受国际竞争的影响。不过，人们很难把政府的合法管制措施与歧视性的贸易壁垒区分开来。服务贸易自由化是围绕着不歧视的原则进行的，需要与国内的监管改革相配合。在许多情况下，除非同时进行国内管理制度改革，否则服务贸易自由化是不可能的或是不可行的。

【拓展 4-1】

中国“负面清单”的实施与政府管理创新

近年来，中国开始尝试以“负面清单”的形式推动服务贸易自由化，如 2015 年底内地与香港、澳门分别签订了《内地与香港 CEPA 服务贸易协议》和《内地与澳门 CEPA 服务贸易协议》，以负面清单方式全面开放内地与港澳服务贸易领域。负面清单管理模式放宽了市场主体准入门槛，有利于厘清政府与市场的边界，发挥市场在配置资源中的基础作用，营造法治化、国际化、便利化营商环境。

“负面清单”的实施，从制度上确立了政府管理的法治理念和赋权思维，即政府部门“法无授权不可为”，市场主体“法无禁止即可为”。在这一过程中，政府部门的角色和职能出现了根本性的变化，从过去重审批轻监管的传统管理路径向负面清单内严审批、清单外实行备案制的监管模式转变，从过去重视事前审批过渡到加强事中事后监管的新型管理路径上来。为此，在负面清单框架下，政府要实现法治政府管理创新、服务型政府管理创新、监管型政府管理创新、廉洁型政府管理创新，对政府在风险管理、利益协调、配套措施、执行效率等方面都是考验。因而，负面清单管理模式对发展中国家政府来说，无疑是一项根本性制度变迁。

内地与港澳服务贸易“负面清单”的实施，放宽了市场准入，同时要求准入企业在市场经营过程中自觉遵守相关法律法规，但由于国内商事法律与港澳相关法律存在诸多不同，法律条文繁杂，对于不熟悉国内法律环境的港澳资和外资市场主体来说，无疑存在较大的违法风险。为降低市场主体非故意违法成本，广东自贸区横琴新区政府在全国首推工商违法提示清单。2014 年 5 月 22 日，珠海横琴新区率先发布全国首个工商违法经营行为提示清单，列明了国民经济 96 类行业 1748 种违法经营行为，划定了工商行政管理和经营的“红线”和“雷区”，特别是让港澳及国外投资者对内地法律法规体系与执法一目了然。

该清单在满足市场准入条件的基础上，一方面，梳理了市场主体可能的具体违法行为，即市场主体经营行为的红线；另一方面，明确了工商行政管理部门对市场主体具体违法行为的执法权力，相当于工商管理部门的权力清单。市场主体对不在清单中的经营行为，企业有自主经营权；工商部门则对清单中列明的违法行为具有监管权力，依法追究相关市场主体的违法责任。提示清单列出了企业的违法经营行为，同时也亮出了工商部门行政执法的权力和依据。这是全国首次以清单形式系统全面向社会公开违法行为的创新尝试，是清单管理模式从准入领域向监管领域延伸的首创式探索，极大地增强了市场规则的透明度、权力边界的清晰度，体现了行政服务的高效率。

资料来源：张光南，陈兆凌，杨柱．服务贸易自由化：“负面清单”实施与政府管理创新：基于国内创新经验的案例研究［J］．当代港澳研究，2017（2）：146-149.

第二节　国际服务贸易规则的发展趋势

一、诸边服务贸易谈判成为推动新一代服务贸易规则演进的主要路径

诸边协议是 WTO 框架内加深成员间贸易承诺的手段，目前发达国家青睐于通过诸边协定来探讨 21 世纪贸易议程。1994 年达成的乌拉圭回合协议无论从深度还是广度上都无法满足当今世界经济融合发展的需要，在一定程度上不仅落后于国际贸易新格局的变化，而且无法满足大多数成员的利益诉求。因此，美国改变贸易谈判策略，暂时放弃多边主义，转向诸边或者区域主义，即绕开存在明显分歧的谈判对手，注重与志同道合的经济体在小范围内就高标准的贸易和投资规则达成一致，然后谋求将诸边规则多边化。服务贸易谈判也不例外，以美国、欧盟、澳大利亚为主导的“服务业挚友”通过诸边协商方式进行的《服务贸易协定》（Trade in Service Agreement，TISA）谈判，正是美国新的全球治理思路的表现。目前，成员方在金融服务、国内规制和透明度等议题上取得了进展。由于 WTO 框架下的多边贸易谈判停滞不前，TISA 谈判目前是全球声势最大、覆盖面最广、其谈判结果最有可能被多边化的服务贸易谈判。①

二、服务贸易自由化的标准更高

随着科学技术的进步和全球化的发展，服务贸易的地位越来越突出，已经成为全球化发展的重要推动力。一方面，GATS 已经成立了 20 多年，在这段时间里，服务贸易发生了非常大的变化。电子商务发展迅速，电子数据的跨境流动也在持续变化中，以互联网为基础的新产业蓬勃发展，服务贸易的传统模式、规则不能够涵盖服务贸易的这些发展。另一方面，欧美大力推行服务贸易的谈判，因为这是发达经济体的优势领域，开放服务贸易市场是它们关注的焦点所在。目前美欧发达经济体主导的服务贸易谈判，对服务贸易的自由化提出了更高标准。具体体现在以下几个方面：

1. 市场准入范围的扩大。表现在：在承认某些部门的敏感性的同时，逐步解决一些传统的高端服务行业的市场准入，实现包括会计咨询、软件设计、金融保险、影视娱乐、医疗药品等在内新的市场准入。TISA 谈判中还特别强调所有企业在市场准入方面都不得受到限制与歧视。

2. 服务贸易提供模式更复杂。在 GATS 框架下，模式三（商业存在）被视为国际服务贸易的最重要的提供方式。但随着新技术、新手段的不断应用，以互联网为媒介的模式一（跨境交易）迅速发展，在四种提供方式中的份额呈扩大态势。因此，TISA 在 GATS 的基础上增加了新规则和新的市场准入承诺，特别强调不应预先排除任何部门和服务提供模式，还强调服务贸易提供模式四（自然人移动），提出在签证、办理流程及国外居留时间

---

① 姚远，周念利，吕云龙．中国亟需积极参与甚至主导国际服务贸易规则制定［J］．国际贸易，2016（5）：14.

等方面应给予商务访客、专家、相关技术人员及公司内部调任人员更大的便利，避免在政策上偏向于传统的模式三（商业存在）提供模式。①

3. 以负面清单模式扩大准入并锁定开放。负面清单承诺模式秉持“法无禁止即开放”的理念，要求在减让表中列明与核心义务不相符的措施，同时利用“棘轮条款”将开放承诺加以锁定，来提高透明度和可预见性。目前，越来越多的发展中经济体也开始接受这一模式，如CPTPP全面采用了负面清单模式。

4. 约束边境后措施。一是加强透明度、协调统一监管。透明度义务和国内规制纪律着力解决“事实上”的歧视。透明度义务的提升包括：确保外国企业的评议参与权、细化公布程序性要求、明确联络点义务等。国内规制纪律重点协调、约束各国服务管理措施，规定更为细致，如要求政府采取最低的干预力度来实现政策目标、对需要审批的服务应制定完备的程序、加强监管合作推动监管一致性等。二是重点关注金融、电信、专业服务和海运服务等部门。这些部门与全球价值链高度相关，是国内规制的高发领域，成为区域贸易协定关注的重点领域，如金融和电信条款更加具体、设立资格互认规则、规则的约束力增强等。

三、服务贸易和投资规则的融合

越来越多的区域贸易协定包含有贸易规则与投资规则。特别是服务贸易高度依赖商业存在提供模式，服务贸易商业存在模式具有服务贸易与投资的双重属性。这一双重属性使得融合贸易与投资规则成为必要。以服务贸易规则和投资规则进行双重规制的做法可以减少管理漏洞，推动服务贸易与投资的自由化进程，但也带来了如何协调配合的问题。区域贸易协定对贸易与投资规则的衔接与协调通常有两种方式，一是全面投资章+跨境服务章，二是非服务业投资章+全面服务章。在全面投资章+跨境服务章的方式中，投资章涵盖农业、制造业和服务业在内所有投资的规则，而服务章只涉及服务贸易的其他三种提供模式，即跨境交付、境外消费和自然人流动，通常又被称为跨境服务贸易章。这种方式的投资章内容全面，可以解决一些既涉及生产又涉及服务的投资问题，整合产业链，从而为与服务相关投资的全面自由化提供了平台。在非服务业投资章+全面服务章中，投资章不包括服务业投资，而服务章涵盖四种服务提供方式。从区域贸易协定的发展趋势来看，越来越多的区域贸易协定采用全面投资章+跨境服务章，体现了服务规则与投资规则的统一。

区域贸易协定中服务章的规则主要沿用GATS中的义务，包括市场准入、最惠国待遇、国民待遇和国内规制条款，以及对跨境服务贸易设置当地存在义务。投资章包括投资保护和投资自由化规则。自由化规则主要包括准入前国民待遇、最惠国待遇、业绩要求和高管与董事会条款。其中，业绩要求则规定东道国不得对投资强加其他义务，如当地成分要求、出口业绩或技术转让要求等；高管与董事会条款则要求东道国不得要求企业任命具有特定国籍的人担任高管职务等。投资保护义务主要包括最低待遇标准、征收与补偿、支

---

① 张悦，崔日明．服务贸易规则演变与中国服务贸易的发展［J］．现代经济探讨，2017（5）：40-41.

付与转移、准入后国民待遇和最惠国待遇，以及冲突情况下的待遇。最低待遇标准要求东道国按照国际习惯法原则给予投资公平、公正待遇和充分的保护；征收与补偿条款要求对征收进行及时、充分和有效的补偿；支付与转移条款确保投资资金可以自由转移；冲突情况下的待遇要求当投资者由于东道国发生武装冲突或内乱而遭受损失时，东道国应保证给予非歧视待遇。可以看出，区域贸易协定中投资章和服务章的主要规则存在既独立又交叉的特点，因此不仅要解决两个章条款之间的协调问题，还要解决两个章规则的适用问题。

四、数字贸易规则成为重要议题

数字贸易已成为GVC活动的纽带，而相关国际规则正处在不断发展中。自2003年美国与新加坡首次形成“电子商务”规则后，数字贸易规则不断丰富，已经成为当前价值链贸易的重要支撑。发达国家在数字贸易上的优势很明显，为了打破其他国家在互联网、跨境通信等方面的管制，在重构服务贸易规则时，努力推行“跨境数据自由流动”“开放互联网”。此外，传统规则也在顺应数字化转变，例如，要求给予电子签名与实际签名同等的法律效力。目前，新兴经济体把电子商务当作其贸易转型、经济增长的新渠道，因此，数据的跨境流动规则对新兴经济体在贸易和发展方面会产生非常大的影响。

五、发达与新兴经济体之间的博弈将长期存在

在高水平的区域贸易谈判中，一方面，服务贸易规则的议题多是扩大发达国家有竞争优势领域的市场准入，以实现其相关产业在全球的扩张，通过对价值链生产要素的全面整合来获得更大的利益空间，从而达到引领全球技术标准和规范的目的；而新兴经济体作为后进入者，很难逾越已经形成的标准，在相关领域的利益被挤压。另一方面，服务贸易谈判平台现已脱离WTO框架下的GATS，已由多边转向双边和区域。从TISA谈判来看，其谈判成果不仅直接影响各国国内政策的取向，而且在很大程度上决定国际服务贸易的未来发展趋势。发达经济体通过在利益相同或相近的国家间优先达成规则，来引领世界服务贸易规则的走向，以更好地保障其利益，从而固化其在全球价值链的地位，而新兴经济体则期望有选择性地推动新规则的制定来争取更大的发展利益与空间。基于发展水平的差异，短期内新兴经济体还难以形成与发达国家相抗衡的规则制定能力，特别是服务贸易规则的制定中仍处在被动局面。从这个方面看，在新一轮服务贸易规则谈判中，新兴经济体国家既面临机遇也面临挑战，两者间的博弈将长期存在。

第三节 区域贸易协定与服务贸易新规则

一、纳入服务贸易条款的区域贸易协定的发展

根据WTO秘书处的统计，截至2020年底已经生效实施的区域（或双边）贸易协定（Regional Trade Agreement，简称RTA）中，包含服务贸易规则的RTA数量呈明显的上升趋势。现阶段，服务贸易规则与货物贸易规则一样，已成为RTA的核心组成部分。自

1995年至2020年底，包含服务贸易条款的RTA达166个。见图4-1。

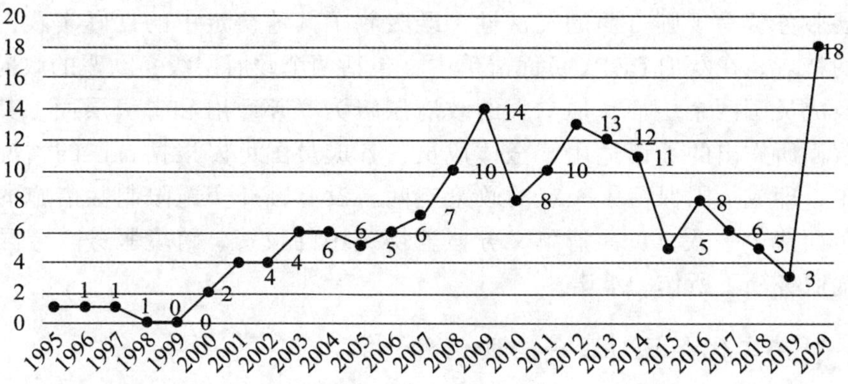

图4-1　1995年以来包含服务贸易规则的RTA数量统计

资料来源：作者根据WTO-RTA数据库统计。

发达国家和新兴发展中国家是区域服务贸易规则制定的积极推动者。欧盟、英国、美国、日本参与已实施的涵盖服务贸易规则的RTA数量分别是20、16、13、13个。中国、韩国、新加坡、智利、巴拿马等也是签订纳入服务贸易的RTA数量较多的经济体。不过，发展中国家之间达成的自由贸易协定，基本沿用了《服务贸易总协定》（GATS）的框架，有的甚至直接援引GATS规则作为其服务章节的内容。以美国为首的或者发达国家之间签订的自由贸易协定，则在保留GATS核心原则的同时，对服务贸易规则提出了更高的要求。总体而言，服务贸易规则的新发展主要出现在以发达国家为主导的RTA中，其中以2017年9月21日生效的《加拿大—欧盟全面经济与贸易协定》（EU-Canada Comprehensive Economic and Trade Agreement，简称欧加CETA）和2018年12月30日生效的《全面与进步跨太平洋伙伴关系协定》（CPTPP）为代表。

二、欧加CETA中的服务贸易新规则

欧加CETA对服务贸易议题做出了详细的安排，不仅包括跨境服务贸易、商务人员零时入境、金融和电信服务等规则，还增加了专业资格的互认、国内规制和海运服务规则。

（一）负面清单模式

减让表的方式有两种："正面清单"和"负面清单"。所谓"正面清单"模式，是指只有在清单中列明的措施、领域或部门才可享受市场准入和非歧视待遇。与之相对，"负面清单模式"是在假设所有服务部门适用于自由化义务的前提下，通过列明不符的服务部门、政策或措施来作出开放承诺。在欧加CETA中，欧盟首次采用负面清单模式作出开放承诺。不过，欧加CETA对美式负面清单模式作了一定的修改，以适应其成员方的要求。最明显的区别在于，欧加CETA中，商业存在义务不再与市场准入、国民待遇和最惠国待遇一道，作为缔约方必须遵守的跨境服务贸易所要求的核心义务之一。

欧加 CETA 规定，各方对服务提供可规定形式要求（包括商业存在），只要该要求不构成任意的或不合理的歧视，就不视为违反国民待遇原则。这一做法，体现了区域贸易协定在发展服务贸易规则方面的灵活性，既吸收了其他协定中的良好实践，又照顾了各成员方的特点。在欧加 CETA 负面清单中，包括两个政府层级，欧盟的政府层级为欧盟委员会及成员国两个层面，加拿大的政府层级为联邦政府和省级层面。其中，欧盟作为中央层面所作出的承诺适用于全体成员，各成员国可以根据自己的情况指定各自的负面清单，即成员国保留了一定的政策空间。没有额外实施限制性措施的成员国即与欧盟的负面清单一致。负面清单义务覆盖协定中的投资、跨境服务、金融服务和国际海洋运输服务项下所作的承诺。

（二）坚持文化和视听服务全面例外

欧加 CETA 直接排除了服务贸易规则对视听服务和文化产业的适用。欧盟、加拿大和澳大利亚等国在 WTO 多边谈判中一直坚持“文化例外”原则，以保护文化多样性为依据，认为对视听文化领域要给予例外安排。它们认为，文化产品与其他商品贸易不同，具有明显的双重属性：经济属性和文化属性。世界文化贸易高度集中且很不平衡，主要集中于少数几个发达经济体之间，体现了美国文化产品向全球的扩张和输出，进而对进口国的文化产业安全产生威胁，影响进口国文化的完整性。欧加 CETA 将文化和视听服务排除在跨境服务章适用范围之外，而且包括透明度等在内的一般义务都无须遵守，比较罕见。此外，欧盟认为数字贸易也包括大量与文化服务有关的产品，也享受例外安排。

（三）专业资格的互认体系

对于专业服务提供者而言，跨国专业资格的认证问题直接关系到其是否有权在他国提供相应的服务。专业服务涉及的部门广泛，包括法律、审计、会计、建筑设计、牙医等，通常各国的实践是通过签订互认协议来作出安排。但是，双边协议并不统一，各种不同要求的资格互认协定，使各国专业服务提供者进入不同的市场存在巨大成本，无形中产生了贸易歧视的效果。欧加 CETA 是首个对专业资格互认作出系统规定的区域贸易协定。

欧加 CETA 要求缔约方之间建构一个纪律框架，来促进成员国之间形成透明、公平、一致的资格互认体系。关于资格认证的程序和标准，协定提出“四步法”：第一步是等价性核实，要求资格互认协定的谈判方就专业资格和执业范围在各自管辖范围内进行全面的核实评定，确保在谈判方之间没有实质性差别。第二步是实质性差异评估，从资格要求和执业范围两方面制定标准，以评估实质性差异是否存在。第三步是补偿措施，如果第二步评估发现，确实存在实质性差异，谈判方还需确定补偿措施，以弥补实质性差异带来的损害。第四步是明确承认所需的条件，包括专业服务所需的法律要件、专业服务的资格要件、补偿措施是否必要，以及在多大程度上相关专业经验可以弥补实质性差异和补偿措施的描述等。①

资格互认是由各国不同的专业服务主管机构进行谈判，在欧加 CETA 项下成立“专业资格互认联合委员会”，负责评估各方已达成的互认协议是否符合协定的规定，一旦确定将作为约束性纪律纳入协定。同时，专业资格互认联合委员会还负责互认协议的执行。欧加 CETA 对专业资格互认领域的规则协调与统一作出了巨大贡献，也是对 GATS 服务贸易规则的深化与发展作出了重要尝试。

（四）国内规制的合作

欧加 CETA 非常重视规制合作，并就此问题专门设置国内规制章节，包括规制合作的范围、原则、目标、规制合作活动、规制措施的兼容性、规制合作论坛、缔约方进一步合作、与私人实体的磋商、联络点等，明确各方主管机构必须以透明、客观、事前确定并及时公布等为标准，采取或维持相关许可要求与程序、资格要求与程序。欧加 CETA 在许可和资格要求与程序的国内规制协调方面达到了现有区域贸易协定中的最高水平，具有以下显著特点：一是欧加 CETA 规制合作具有平衡性，体现了国家规制主权与贸易自由化之间的调和。协定条文明确了规制合作是建立在双方自愿的基础之上，且由各方共同组成的规制合作论坛来推动规制合作。其次，欧加 CETA 规制合作具有开放性，即欧加 CETA 只对规制合作进行了框架性的规定，对于未来可能的规制合作领域并不设限，在合作的内容及方式等方面交由缔约方进一步探索和决定。欧加 CETA 被称为“活的协定”（living agreement）。最后，欧加 CETA 规制合作具有体系性，程序内容和实体内容并重。欧加 CETA 规制合作除了重视包括信息交流及共享、会议会面等程序性合作外，还重视实体性内容的确定和运用，比如在化妆品类药品方面，加拿大对欧盟防晒产品的复验/检疫豁免已于 2019 年 2 月 14 日生效。②

（五）具体部门纪律的细化

欧加 CETA 在对传统服务贸易部门电信、金融服务和自然人流动纪律进行细化的基础上，还专门对国际海运服务设立专章进行规制。在自然人流动方面，欧加 CETA 对自然人的分类很精细，对不同领域与种类的服务提供者做出差异化的规定，便于科学化和合理化地监管。例如，对于关键人员临时入境停留期限进行细化，分为三大类：以投资为目的的短期商务访客最长为 6 个月之中的 90 天；投资者为 1 年；公司内部调任人员又分为三小类，其中高级与专业人员最长均为 3 年，毕业实习生为 1 年。

在国际海运服务专章中，首先对海运服务的定义进行界定，其次详细规定海运服务的相关义务，从而保证外国海运服务提供者和商业船只进入港口和获得港口服务时得到公平、平等的对待。

---

① 陈靓．从 GATS 到 TISA：全球服务贸易自由化规则的建构与中国的选择［M］．上海人民出版社，2018：86.

② 张亮，黎东铭．规制合作的 CETA 范式：生成逻辑、文本内容与实践进展［J］．武大国际法评论，2020，4（2）：60-79.

三、CPTPP中的服务贸易新规则

（一）CPTPP的发展

CPTPP由TPP演变而来。《跨太平洋伙伴关系协定》（TPP）最初是2005年由智利、新西兰、新加坡和文莱4个国家达成的区域性经贸协定。2009年11月美国奥巴马政府高调宣布参与TPP谈判，随后澳大利亚、日本、加拿大、韩国等其他7个国家先后加入谈判。2016年2月12个谈判方正式签署TPP文本。但特朗普在2017年1月上台后随即宣布美国正式退出该协定。TPP余下的11个成员在搁置了协定的部分条款后，签署了《全面进步的跨太平洋伙伴关系协定》（CPTPP），该协议于2018年12月30日正式生效。TPP协定被誉为“21世纪的贸易协定”，它将贸易协定的重心由传统的以市场准入为主的“边境措施”转移到新的以规制协调为主的“边境内措施”，创新性地制订了一整套基于全球价值链、以规制一体化为核心、实现放松管制与为公共政策目标加强监管之间的平衡。同时，TPP也是一个带“牙齿”的协定，对国内体制有很强的侵略性，使成员方能够保留的国内政策空间越来越少。与TPP相比，CPTPP保留了目的宗旨、基本框架和主要内容，但搁置了具有争议的22项条款。上述“暂停”条款大多是美国提出的“深度一体化”与“横向”议题。可以说，CPTPP是一个“瘦身”的TPP，但依然是目前全球最高开放水平与最高规则标准的贸易与投资协定。①

（二）CPTPP中的服务贸易新规则

CPTPP中关于服务贸易的规则主要涉及投资、跨境服务贸易、金融服务、商务人员临时入境和电信服务等5个章节和3个负面清单附件。它采用“全面投资章+跨境服务章”来协调服务规则与投资规则，即模式三由投资章统一规制。

1. 对市场准入模式的扩展

对服务贸易的开放，CPTPP采用负面清单模式。负面清单涉及的条款主要包含市场准入、国民待遇、最惠国待遇、当地存在、高管和董事会等5条。各成员以负面清单方式列出各自的不符措施，未列入清单中的所有领域都应全面开放。不符措施包括两大类：第一类是现有不符措施保留清单。该类清单遵循“棘轮原则”。棘轮原则是指某一参与方在未来采取任何取消歧视性措施的做法都将被自动锁定，不得倒退并使其具有永久效力。简言之，现有措施只能放宽，不再加严。如果一国政府选择放开一项措施，则不得在后来再收紧，不得倒退。此外，各成员列出的不符措施均需要有国内的法律依据，来限制其例外的范围。第二类是未来不符措施保留清单。该类清单中的领域允许成员保留有自由裁量权的政策措施。该部分只列明设限行业、涉及义务和不符措施的描述，不用阐明法律依据。

CPTPP对市场准入的扩展主要体现在两个方面：一是允许在负面清单中对某些义务的实施设置过渡期，在保证协定稳定可预期的同时，给予发展中国家一定的灵活度。如给予越南3年的宽限期。二是服务贸易开放的广度和深度全面提升。CPTPP代表了各成员

① 盛斌．中国、CPTPP和国际经贸新规则［J］．中国经济评论，2021（4）：92-96.

目前在服务领域承诺的最高水平。对美国、加拿大、澳大利亚和日本等发达国家来说，他们已经具备了采用负面清单的能力，且其开放程度已经很高，不过还是作了部分改进：(1) 降低了投资审查门槛，如加拿大取消了企业间接投资的审查，对直接投资的门槛放宽至 15 亿加元。(2) 取消部分部门跨境服务贸易的限制，如日本取消了电信和互联网服务、铁路/公路/水路运输和安保服务等部门跨境服务贸易的限制。(3) 放宽公司高管和董事会成员的资格限制，如澳大利亚对公司董事和董秘的当地居民要求仅针对金融部门和澳大利亚电信公司、国际航空公司、联邦血清实验室三家国有企业。

对马来西亚、智利、文莱、越南等发展中国家，其开放的部门相对发达国家来说偏少，但服务开放承诺改进幅度较大，主要体现在以下三个方面：(1) 准入部门数量大幅度增加，如在服务部门 160 个小类中，马来西亚新承诺开放的部门达到 27 个，其中 20 个为完全自由化的部门；智利新承诺开放 61 个部门，其中 52 个部门实行全面自由化。(2) 取消大部分部门的外资股比限制。如马来西亚在商务服务、环境服务、旅游及相关服务部门允许外商独资。(3) 取消法人形式的限制或扩大经营范围。如越南在法律服务、计算机及相关服务、建筑及相关工程服务领域允许外国投资者设立分支机构。

2. 强化重点服务贸易部门的纪律

CPTPP 对服务贸易重点行业、重点环节和重要环境都设立专章进行约束，减少国际分工的成本，有效增强协议成员方之间经贸活动的效率，为创新留下空间。对于金融服务部门，其涵盖银行、保险及其他金融服务，相对较为敏感，即便是金融强国的美国也在倡导开放的同时置入风险应对的审慎原则。CPTPP 扩大了跨境金融服务的类型，包括投资组合管理、信息传递、邮政保险实体提供的保险、电子支付卡服务等类型。在 CPTPP 规则下，只要新产生的金融服务贸易形式没有被列在负面清单范围内，则任何一个成员国允许其境内企业开办的金融服务活动，都将自动对其他各成员国开放。同时，为了各成员国在开放金融贸易时维护国内金融市场稳定，CPTPP 审慎例外原则允许成员方在满足该原则要求的前提下给予监管部门采取措施维系金融环境的权力。不过，CPTPP 对审慎例外原则的适用范围规定更加明确。此外，CPTPP 还专门列出金融服务的争端解决机制，提高了其保护度。

商务人员入境不只是涉及模式四，也与模式三的投资密切相关，各方加大对投资相关人员的入境便利，对于促进跨国投资活动尤为重要。CPTPP 条款明确了临时入境的程序，促进各方加强数据共享，也单独设定了专业委员会进行磋商，设有专门的争端解决机制处理矛盾与纠纷。电信服务也属于相对敏感行业，不仅涉及市场垄断与自由竞争的关系，而且在不少国家属于投资审查范围中的敏感行业。高效的电信网络和较低的电信服务价格不仅推动经济增长和技术创新，使供应链和物流运转顺利，而且为数字经济的发展提供了平台，成为 21 世纪经济发展最重要的部门之一。CPTPP 对此予以专章约束并建立统一监管模式，以确保电信服务市场的竞争性，遏制反竞争行为，并把竞争扩展到移动服务上。在电子商务领域，CPTPP 单独设立电子商务章节，是最早对此议题进行系统规范的协定。

3. 对国内规制的协调与优化

国内规制是影响服务贸易发展的重要因素。服务贸易由于差异较大，国际规则的落实一般都需具体到各个部门。CPTPP 国内规制的纪律主要从三个层面进行深化：一是深化调整既有GATS国内规制框架，将服务贸易国内规制的一般性纪律框架朝“良制”（good governance）方向发展。GATS国内规制总体受“良制”义务约束，主要包括“必要性”和“透明度”等，而不剥夺各方制定规制的权利。CPTPP主要在“透明度”“行政程序”等方面不断优化和改良，但不再设立GATS所要求的司法审查机制，也未采纳“必要性”标准，相关纪律凸显“良制”特征。二是将“监管一致性”“良好监管实践”等横向议题纳入国际治理制度，逐步对服务贸易国内规制施加更严格约束。CPTPP的“监管一致性”条款要求确保缔约方市场上的商业主体享有开放、公平、可预期的监管环境，要求缔约方确保法律法规清晰简洁，确保公众能够获取新出台的监管措施信息，确保定期审议现行监管措施等。三是拓展具体领域国内规制的国际纪律，部分规则已日趋严格。① CPTPP对专业服务、金融服务、商务人员临时出入境、电信、电子商务的纪律都涉及服务贸易具体领域的国内规制。例如，在专业服务领域，主要涉及各缔约方之间的专业资格认证、许可和注册规则之间的协调，CPTPP鼓励各方建立对话机制，稳步推进成员方之间的资格互认程序，并成立专业服务工作组来确保该合作机制的制定原则，并能在未来切实落实执行。

【案例4-2】

法国的“文化例外”政策

文化产品与普通商品有本质区别。文化产品具有鲜明的意识形态属性，不仅能产生经济效益，也能产生社会效应。文化竞争力强大的国家希望其他国家根据自由贸易的政策开放市场，而文化竞争力弱的国家则将外国文化阻挡在本土之外来保护本国文化。在商品自由贸易情况下，全球文化市场呈现“有限制的自由”，“文化例外”就是保护本国文化的有力武器。1990年在乌拉圭回合谈判时，法国不同意将文化元素作为一般性服务加入到贸易协定中，主张国家干预调节文化贸易。法国把对外贸易中的文化保护看作是一种经济政策，目的是用来保护本国文化免受外国文化的侵扰，表现出法国文化的自信和自觉。

长期以来，在电影电视方面，欧洲市场充斥着美国的文化产品，美国电影在欧洲影院的市场份额高达60%。然而，在美国市场上，欧洲电影仅占3%~6%的市场份额。

2001年，时任法国总统希拉克就提出了“文化多样性”概念。2003年在联合国教育与科技文化组织的第32次大会上，加拿大和法国先后提议并通过了《保护文化多样性》国际公约。该公约承认文化产品和文化服务是不同于其他商品的特殊商品，主张国家有权出台干预措施保护本国文化多样性发展。文化多样性是对“文化例外”内涵的拓展。

法国政府出于培养本国文化事业的考虑，在电影和视听领域推出了一系列贸易保

① 张磊，徐琳．服务贸易国内规制的国际治理：基于USMCA对CPTPP的比较研究［J］．社会科学，2020（7）：35-46.

护措施，不仅财政支持艺术电影，而且鼓励电影创新，扶植电影新人和创新制作，每年财政对电影产业的补贴达 8 亿欧元。同时，法国电影法律规定，法国本土市场上播放的欧洲出品的影视数量必须占到 60%，其中 40%必须是法语的电影作品。

法国一方面加强对国内电影市场的保护，提升其文化竞争力；另一方面积极推广法国电影全球化工作，法国专门成立电影出口部门：电影事务办公室，用来解决与其他国家影视作品的交流、合作工作。当前，法国已经同 40 多个国家签订合作协议，国家电影中心专门成立多个专项资金来帮助法国电影输出。此外，法国电影对外协会也经常开展法国电影展会，推广法国文化，对其电影输出起到了重要作用。

这些保护措施使法国电影领域获得了较好的发展。从电影规模来看，法国是欧洲电影产量最多的国家，法国电影生产的数量在全世界排名第三，仅次于印度宝莱坞和美国好莱坞。从电影质量来看，法国很多电影出口到国外，受到各国消费者的青睐。直到今天，法国一直是世界艺术电影的第一大国。即使在美国好莱坞占据世界各大影视市场的情况下，法国人依然会优先选择本国出产的电影。艺术和文化的传承需超越政治制度这一管理模式。只有文化传承得以保证，民族团结和民族认同感才得以实现。

资料来源：孙铭壕．文化服务贸易促进政策国际比较［D］．北京：中国社会科学院研究生院博士论文，2020：61、104-105.

第四节　TISA 与诸边服务贸易新规则

一、TISA 谈判的推进历程

2012 年，由美国、欧盟和澳大利亚共同主导的以“服务业挚友”的名义组成 WTO 的一个次级团体，决定在成员方之间开展《服务贸易协定》谈判，希望通过 TISA 谈判能最终达成高水平、高标准之目标，进一步降低壁垒扩大服务贸易，建立有效、透明的规则，促进全球服务贸易步入更深层次的自由化阶段。其总体战略是在多边框架外，先行达成高水平的服务贸易诸边协定，随后再逐步将协定成果多边化，取代现有 GATS 规则，成为新一代全球服务贸易规则。

TISA 谈判于 2013 年 3 月正式启动，初始参与方共 21 个。① 随后，列支敦士登和毛里求斯相继加入。此外，新加坡、乌拉圭和巴拉圭曾先后加入谈判，后又宣布退出。目前，TISA 共有 23 个参与方，涉及全球 50 个国家和地区，服务贸易额约占全球服务贸易总额的 70%。

---

① TISA 谈判的 21 个初始参与方为：澳大利亚、加拿大、智力、中国台北、哥伦比亚、哥斯达黎加、欧盟、中国香港、冰岛、以色列、日本、韩国、墨西哥、新西兰、挪威、巴基斯坦、巴拿马、秘鲁、瑞士、土耳其和美国。

截至2016年11月，各方共完成了21轮谈判，明确了协定的框架文本，但是内容还不确定。从目前的协定文本来看，TISA共包含18个议题，可以分为四部分：第一部分是水平规则，包括TISA核心文本、国内规制附件、透明度附件、自然人移动附件和本地化条款附件，这构成了TISA的基本框架，并对所有服务部门都适用；第二部分是部门规则，涉及金融服务、电信、速递服务、专业服务、货运和物流服务、空运服务、海运服务、环境服务、能源和采矿相关服务、跨境转诊便利化和电子商务等部门；第三部分是与服务贸易有关的其他纪律，包括国有企业附件、争端解决附件；第四部分则是由各方列明市场开放情况的具体承诺表。

二、诸边服务贸易协定中的新规则

（一）混合清单模式

尽管"正面清单"和"负面清单"模式都能促进服务部门的自由化，但后者比前者更具有透明性、稳定性和普遍适用性等特征，因此"负面清单"模式被认为是高标准的自由化。由于美国提倡"负面清单"，而欧盟则提倡"正面清单"，于是，一个妥协性并极富创造性的"TISA混合清单模式"应运而生。TISA承诺表的基本架构援用了GATS正面清单的基本架构，即在市场准入方面采用正面清单模式，而国民待遇方面采用负面清单模式。该模式对成员的要求比GATS高。

在国民待遇领域，TISA参与方将GATS"正面清单"开放模式改为"负面清单"开放模式。在"负面清单"模式下，TISA要求参与方给予所有服务及服务提供者国民待遇，除非参与方列明不给予国民待遇的部门或领域。就具体承诺而言，采用不同模式反映了承诺方对"新服务"的开放所持的不同态度。在正面清单模式下，承诺方对新服务的开放持谨慎态度，因不在减让表中列明，则所有的新服务都不受市场准入和国民待遇义务的约束；而在负面清单模式下，只要承诺方不将所有新服务或某种新服务部门列入清单，那么原则上对新服务的开放持鼓励的态度。TISA协定涉及两类新服务：一类是金融服务中特指的"新市场型"服务，只要一缔约方领土范围内尚不存在这类服务的提供，即其他缔约方领土范围内已经存在这一业态，该服务被视为新服务。另一类新服务则是普通意义上的"新技术型"服务，这类服务往往是指目前尚不存在，未来可能会出现，或者目前尚不能被识别，未来可能会被识别出的服务。

（二）禁止逆转机制

禁止逆转机制是TISA谈判设置的新规则。TISA在国民待遇领域使用修改权条款和冻结条款，即引入禁止逆转机制，希望突破GATS框架下的承诺水平，实现更高水平的自由化。TISA仅在国民待遇领域使用棘轮机制，目的是鼓励谈判的参与方作出相应的承诺，单边的国民待遇承诺也将通过棘轮机制进一步延伸。棘轮条款的重要意义在于，它保证服务贸易自由化不断向更高水平推进。

冻结条款是指各谈判方承诺自协定生效时起，以当前的实践承诺为基准，而非以各成员的GATS减让表为准，不得实施新的或更严格的贸易投资限制措施，从而锁定成员现有的开放水平。根据冻结条款，TISA将锁定GATS生效的成员方单方面采取的自由化措施。冻结条款除了出现在TISA的核心文本中，还出现在减让表的国民待遇中。冻结条款的意义在于，以固定国民待遇方面的重要承诺，同时通过保留修改权条款，增加负面清单的稳定性，有助于国民待遇原则从正面清单过渡到负面清单。

（三）透明度和国内规制的全面加强

在透明度和国内规制方面，TISA可谓是目前各类协定中对透明度和国内规制作出最具体、最全面规定的协定。在透明度方面，对新法律法规的公布方式、公布时间等作出了详细的规定；对需要授权才能提供的服务，对政府的授权行为制定了一系列涵盖申请到批准全周期的义务要求，极大地提高了法律确定性和透明度，为服务提供者提供了良好的营商环境。这在限制政府自由裁量权的同时，对政府的行政水平也提出了更高的要求。TISA的透明度原则旨在确保商业利益，包括外国企业无法获得当地企业或本国国民所拥有的权利或机会。TISA透明度附件要求各方必须指定联络点进行沟通，主要用以缔约方之间的联络沟通；同时还要求缔约方维持或设立适当机制，回复企业或个人提出的相关问询，为服务提供者开通一条获取关键和必要信息的官方通道。这是第一次对联络点义务作出全面明确的规定。

在国内规制方面，TISA将自由化措施和国内监管法规之间进行了明显区分，从而适用不同的义务要求。一方面，TISA通过扩大或改进现有市场准入和国民待遇的承诺来促进自由化；另一方面，TISA明确承认各缔约方通过规制手段实现国内公共政策目标的权利。① 然而，与货物贸易相比，影响服务贸易更多的是边境后措施，即使是那些非歧视性的法规往往也会在事实上给外国服务提供者带来与国内服务提供者相比更高的成本。再加上服务自身的特殊性，各个服务行业千差万别，每个国家为实现其政策目标，制定的法律法规也各不相同。

随着服务越来越多地呈现个性化特点，特别是医疗服务、法律、设计等专业服务领域不断出现新产品、新服务，消费者无法事先全面了解这类服务的相关情况，事后也无法准确评估服务质量。对这类建立在“信用”基础上的服务，出于对消费者的保护，政府往往对这些部门中的服务提供制定相关的许可和资格要求。从经济学的角度出发，政府的干预行为是为了改善这些行业中的信息不对称问题，纠正市场失灵。而各国就不同服务行业制定的各种资格、标准和许可要求，在一定程度上又限制了自由贸易的开展。非歧视地执行“许可、资格要求和程序”是确保服务市场准入的关键因素。现有的服务贸易纪律虽然有用，但是无法对贸易保护起到充分的限制。TISA谈判认识到加强监管合作和协调，不仅可以有助于进一步自由化，同时也是进一步自由化得以实现的前提。TISA国内规制附件对制定和实施监管措施提出了明确的要求，在一定程度上体现了对监管一致性的重

① 一般而言，国内规制措施的公共政策目标主要包括以下8大类：（1）对一给定的服务，在不考虑收入或地点等因素的前提下提供公平的准入条件；（2）消费者保护；（3）在经济落后地区创造就业；（4）残障人士进入劳动力市场；（5）减少环境影响；（6）宏观经济稳定；（7）避免市场垄断和反竞争行为；（8）避免逃税、诈骗等行为。

视；同时在协定其他附件中也规定了监管合作的要求。

（四）加强金融服务的监管纪律

TISA关于金融服务协议的内容是以GATS内容为基础的，对GATS纪律作出了重大突破和调整，例如设定金融服务市场准入最低承诺要求，允许新金融服务的提供等。从金融附件的内容来看，TISA着重于制定解除金融管制的贸易规则，朝着更加自由、更加完善的方向推进多边金融服务纪律，鼓励私营企业参与市场竞争，要求政府放松管制；同时允许政府以审慎原因为由在必要的前提下实施监管。TISA限制金融监管的措施几乎涵盖整个金融业，包括金融衍生品、银行、股票、基金、外汇交易、人身保险和非人身保险、信用卡、金融数据处理、信用评级、再保险以及其他金融服务。同时，TISA还限制缔约方政府管制新金融产品，即那些尚未开发出来的金融产品，允许一参与方不通过“商业存在”模式向另一参与方提供金融服务。

（五）引入非成员最惠国待遇

非成员最惠国待遇是指TISA缔约方在其他特惠贸易协定中给予该协定其他缔约方的优惠待遇必须给予TISA其他缔约方，即把其他贸易协定中最优惠的待遇在TISA诸边化。引入非成员最惠国待遇条款，将会实现更高水平的自由化，消除过多的自由贸易协定带来的碎片化现象。

非缔约方最惠国待遇完全改变了区域贸易协定的成本与收益。从可能的收益方面来看，非缔约方最惠国待遇不仅能使区域贸易协定缔约方的服务和服务提供者从更好的待遇中获益，还自动获得任何缔约方后续签订协定中给予任何第三方的更优惠待遇，节约重新谈判的成本。从可能的损失方面看，区域贸易协定能够给协定缔约方的服务和服务提供者带来先发优势和市场独占地位，但非缔约方最惠国待遇削弱了在新协定中给予缔约方的优惠待遇所带来的好处，从而在新协定谈判中丧失一定的筹码。这一条款对服务业有较高竞争力和较为开放的国家有利，因为其本身只保留少量的限制性措施，并没有太多的贸易优先权留给其区域贸易协定的伙伴国。同时，因这些经济体在服务贸易部门具有较强的竞争力，此类安排更有利于其服务和服务提供者以更好的条件进入其他市场，从而获得更高的收益。

三、对TISA核心内容的评述

（一）TISA带来高标准的服务贸易规则

从TISA的谈判目标和目前已形成的纪律来看，在具体市场开放承诺方面，TISA积极推行高雄心和最优RTA实践相结合，鼓励各方作出具有商业意义的开放承诺，将会带来较高的市场开放水平。在部门纪律方面，TISA在吸收RTA中高水平规则的基础上，纳入大量新的、加强的纪律到协定中，如透明度的提高、各国国内规制纪律的协调统一，使得服务贸易相关纪律达到现有的最高水平。

(二) 鼓励服务创新和新服务贸易的开展

信息技术发展给服务贸易注入无限动力，不仅催生出电子商务这一新兴服务业态，同时也给传统服务业带来了新的发展。TISA 构建的服务贸易规则中，非常重视并鼓励服务业的创新和新服务贸易的开展，专门纳入电子商务规则，要求各方允许信息自由流动，减少电子商务壁垒，注重消费者保护，以及促进电子商务相关的贸易便利化。此外，在金融服务纪律中，专门规定了新金融服务条款，同时还纳入数字金融相关的新规则，如金融信息的跨境自由流动、与金融服务有关的计算设施的位置以及电子支付等。

(三) 对发展中国家没有特殊待遇

TISA 核心文本没有重申 GATS 中的发展条款，不允许任何出于发展目标的敏感性议题。这意味着任何发展中国家参与或试图加入 TISA 时，将受制于更加繁重的约束。这是因为，服务贸易不同于货物贸易，更强调各国管制标准的同化。然而，不同的管制需求催生不同的管制标准，而且不存在普遍适用且有效的统一标准。从管制标准同化的成本负担来看，TISA 谈判实则是发达国家服务供应标准的输出，发展中国家将不得不修改国内法，并承受因制度非内生性而产生的风险及成本。

四、中国与 TISA

2013 年 9 月 30 日，中国商务部正式宣布申请参加 TISA 谈判，以争取在新一轮服务贸易规则制定中的主动权与话语权，这与中国经济市场化改革的长期总体目标是一致的。然而，中国加入 TISA 的进程困难重重。首先，中国服务贸易发展滞后。我国服务贸易总体水平低，长期处于贸易逆差状态。同时，中国服务贸易的内部结构不合理。中国仍主要集中于传统劳动密集型和资源密集型服务部门，而高附加值的知识、技术密集型服务贸易还很落后。其次，中国加入 TISA 受到国外的阻力。尽管大部分 TISA 成员是欢迎中国申请加入的，但最大的阻力来自美国。美国对中国的加入持怀疑态度，其主要怀疑中国加入 TISA 谈判的动机和对实现承诺的意愿和能力。

从宏观上看，中国应全面参与各个层面的国际服务贸易规则的制定。这不仅会给国内服务企业创造有利于自身发展的国际规则环境，同时也可以避免“被边缘化”的被动局面。就目前中国的实践来看，TISA 形成的共识对中国来说，是一个高开放水平、高规则标准的服务贸易协定。中国政府无论是国内政策的协同性，还是监管规则体系的系统性，都存在较大的差距。为此，中国需做好两手准备：一是争取在 TISA 文本谈判完成前加入谈判；二是推动国内服务业改革开放，推动与 TISA 成员方之间的双边及区域贸易协定升级，增强服务业开放力度。

【拓展 4-2】

中国服务贸易开放与 TPP 缔约方的对比

我国服务贸易发展起步较晚，虽然近些年发展势头迅猛，但开放程度仍然较低。

根据中国在 GATS 中服务贸易的具体承诺进行整理，可以得到中国跨境服务贸易的市场准入限制和国民待遇限制。为了方便比对，我们采取与 TPP 缔约方相同的服务贸易部门类别。

中国市场准入限制的部门有：专业服务项下的建筑设计服务、工程服务、集中工程服务和城市规划服务，其他商业服务中的广告服务、通信服务、建筑及相关工程服务、分销服务、教育服务、环境服务、金融服务，旅游及旅行相关的服务中的导游服务、娱乐服务以及运输服务。国民待遇限制的部门有：通信服务下的邮政服务、建筑及相关工程服务、分销服务、教育服务、娱乐文体服务、运输服务。

通过比较可知，中国服务贸易承诺开放的程度与 TPP 缔约方相比仍然较低。这里从四个方面进行比较。首先，将 TPP 缔约方全体与中国进行比较。就市场准入限制而言，TPP 缔约方的平均限制部门数量为 5，中国的限制部门数量为 27；就国民待遇限制而言，TPP 缔约方的平均限制部门数量为 12，中国的限制部门数量为 17。从这两方面的比较可以看出，中国的相关限制都高于 TPP 缔约方。其次，将 TPP 缔约方中的发展中国家与中国进行比较，TPP 发展中国家缔约方的市场准入平均限制部门数量为 5，中国的市场准入平均限制部门数量为 27；TPP 发展中国家缔约方的国民待遇限制的平均限制部门数量为 16，中国的平均限制部门数量为 17。这说明，即使与 TPP 缔约方中的发展中国家相比，中国的限制水平仍然较高，这种差距主要体现在市场准入的限制水平上，国民待遇限制的差距并不大。再次，就涉及条款进行比较。TPP 缔约方整体的市场准入限制较低，国民待遇限制较高；而中国的相关限制正好相反，即市场准入限制很高，国民待遇限制较低。最后，就涉及部门进行比较。TPP 缔约方与中国的限制部门的结构有所差别。TPP 缔约方的限制部门集中在金融、运输、通信和商业服务（法律服务），而中国受限制的部门，依限制水平从高到低分别为建筑、教育、分销、运输、金融和通信；TPP 缔约方限制水平较高的部门，如金融、通信等，中国的限制水平却较低；TPP 限制水平较低的部门，如建筑、教育等，中国的限制水平却较高。

2020 年 11 月 20 日，习近平主席以视频方式出席 APEC 领导人非正式会议并发表重要讲话，首次宣布“中方将积极考虑加入 CPTPP”，引发国内外广泛关注与巨大反响。之后，2020 年底中央经济工作会议和 2021 年政府工作报告均再次明确重申了这一政策立场。中国加入 CPTPP 将向世界发出一个强有力的信号，表明中国在广泛的改革政策中保持并承诺与全球规则的一致性。同时，也必须意识到中国加入 CPTPP 还面临着国际和国内诸多因素的挑战。全面接受 CPTPP 中跨境服务贸易条款对于中国来说难度确实不小，主要体现在：首先，中国跨境服务贸易的开放程度较低，与 CPTPP 缔约方差距非常大。其次，对我国行业标准、资格认证的国际化会带来不小的压力。目前中国的建筑、法律、工程等行业的执业资格和标准体系与 CPTPP 缔约方存在很大差距，加入 CPTPP 意味着我们必须全面接受一个全新的执业标准，在这个过程中我们要付出较大的转换成本。

资料来源：白洁，刘庆林．TPP 中跨境服务贸易条款的文本解读与政策建议［J］．山东社会科学，2016（9）：114-115.

◎ 小结

1. 服务是无形的、看不见的，无法储存也无法运输，生产与消费需同步进行，种类很多。根据《服务贸易总协定》，服务贸易是指按跨境交付、境外消费、商业存在、自然人流动四种提供方式进行的贸易。

2. 服务贸易壁垒更多的是采取非关税措施。许多类型的服务是政府提供的，或是由受管制的垄断企业或专业人士生产的。服务贸易壁垒通常有双重作用，一是纠正市场失灵或实现合法的公共政策目标，如安全、健康、公共秩序等；二是保护本地供应商不受国际竞争的影响。

3. 国际服务贸易规则的发展趋势有：诸边服务贸易谈判成为推动新一代服务贸易规则演进的主要路径、服务贸易自由化的标准更高、服务贸易和投资规则的融合、跨境数据流动的规则成为重要议题、发达与新兴经济体之间的博弈将长期存在。

4. 包含服务贸易规则的区域贸易协定的数量不断上升，发达国家和新兴发展中国家是区域服务贸易规则的积极推动者。已生效的欧加 CETA 和 CPTPP 是目前高标准的服务贸易规则的代表。

5. 欧加 CETA 代表了服务贸易规则的欧盟模式，除了采用负面清单模式外，强调文化和视听服务的全面例外，对专业资格互认作了系统性规定，重视国内规制合作和国际海运服务。

6. CPTPP 由 TPP 演变而来，继承了服务贸易规则的美国模式。CPTPP 对服务贸易的开放也是采用负面清单模式，并且遵循棘轮原则，不过给予发展中国家一定的灵活性。CPTPP 对重点行业、重点环节和重点规制环境都设立专章进行规制。

7. TISA 是在多边框架外参与方最多的诸边服务贸易规则谈判，目前进行了 21 轮，最有可能成为新一代全球服务贸易规则。其采用混合清单模式来推动服务贸易的开放，并采用了禁止逆转机制，引入了非成员最惠国待遇，但对发展中国家没有特殊待遇。

◎ 关键词

服务贸易（trade in services） 服务贸易壁垒（trade barriers in services） 服务贸易规则（rules of trade in services） 负面清单（negative list）

◎ 重要概念

跨境支付 境外消费 商业存在 自然人流动 正面清单 混合清单 棘轮原则 文化例外 冻结条款 禁止逆转机制 非成员最惠国待遇

◎ 思考题

1. 服务贸易壁垒有哪些重要作用？
2. 文化服务有何特点？如何促进一国文化产业的发展？
3. 负面清单模式如何影响一国的政府管理？
4. 服务贸易规则中的美国模式与欧盟模式的差异有哪些？

5. 中国如何适应服务贸易自由化的趋势？

◎ 练习题

1. 服务贸易与货物贸易的区别有哪些？
2. 服务贸易壁垒有哪些种类？
3. 国际服务贸易规则有哪些发展趋势？
4. 欧加 CETA 的服务贸易规则有哪些新特点？
5. CPTPP 中的服务贸易规则的特征有哪些？
6. TISA 协议中超越 GATS 的新规则有哪些？其有什么特点？

第五章　国际知识产权保护新规则

WTO《与贸易有关的知识产权协定》（Agreement on Trade-Related Aspects of Intellectual Property Rights，TRIPS）是当前知识产权保护国际规则的核心。就多边贸易体系而言，TRIPS 标志着多边规则从关税和配额等边境措施转向影响贸易的边境外措施。这一举措反映了国际贸易的发展趋势。随着知识与信息密集型商品贸易的增长，在许多行业中，模仿、盗版和假冒商品的经济影响跟传统贸易壁垒一样，极大地影响着国际贸易的发展。知识产权保护是发展中国家和发达国家分歧最大的领域。发达国家呼吁在 TRIPS 基础上加强严格执法，突出对专利、药品等类型知识产权的更强保护，而部分发展中国家提出要平衡好知识产权保护与促进技术传播、满足后发国家发展或公共健康需要等问题。

知识产权是 WTO 中最具争议的话题之一。TRIPS 保护标准的实施引起了人们关注其对发展的不利影响，特别是在药品领域。这些担忧促使 WTO 成员修改某些 TRIPS 规则。不过，不断出现的新一代自由贸易协定（FTA）导致了新的知识产权标准的采用，特别是美国签订的协定中。

第一节　知识产权保护的经济学分析

一、什么是知识产权?

知识产权（intellectual property rights）泛指权利人对其在工业、科学、文学和艺术领域所创造的智力活动成果的专有权利。在历史发展的过程中，出现了各种保护知识产权的法律工具。这些工具在保护对象、保护范围和适用领域方面各不相同，反映了其目标是平衡不同类型智力成果的发明人和消费者的利益。表 5-1 罗列了不同的知识产权保护工具。

表 5-1　　知识产权保护：类型、对象、应用领域和相关的国际协定

类型	工具	对象	主要应用	相关的国际协定
工业产权	专利、实用新型	工业中新颖的或改进的发明	工业、农业	《巴黎公约》（1883）、《专利合作条约》（1970）、《布达佩斯条约》（1977）、《斯特拉斯堡协定》（1971）、TRIPS
	工业品外观设计	装饰设计	制造业、服装、汽车、电子等	《海牙协定》（1925）、《洛迦诺协定》（1979）、TRIPS

续表

类型	工具	对象	主要应用	相关的国际协定
工业产权	商标	识别商品和服务的标志或符号	所有行业	《马德里协定》(1891)、《尼斯协议》(1957)、《维也纳协定》(1973)、TRIPS
	地理标志	与特定地区或国家有关的产品名称	农产品、食品等	《里斯本协定》(1958)、TRIPS
文学及艺术产权	著作权和邻接权	原创作品	印刷、娱乐(音频、视频、电影)、软件、广播	《伯尔尼公约》(1886)、《罗马公约》(1961)、《日内瓦公约》(1971)、《布鲁塞尔公约》(1974)、《WIPO 版权条约》(1996)、《WIPO 表演和录音制品条约》(1996)、《世界版权公约》(1952)、TRIPS
特别保护	物育种者权利	新的植物品种	农业和食品	《植物新品种公约》(UPOV，1961)，TRIPS
	集成电路布图设计	半导体的原始布图设计	微电子工业	《华盛顿条约》(1989)、TRIPS
商业秘密		保密的商业信息	所有行业	TRIPS

资料来源：Lukauskas A，Stern R M，Zanini G. Handbook of Trade Policy for Development [M]. Oxford：Oxford University Press，2013：742.

专利（patents）是授予给发明人对其发明成果进行商业应用的法定专有权。发明必须具有新颖性、创造性和实用性，才可获得专利保护。专利制度是最古老、最传统的知识产权保护形式之一。保护期限通常限定为 20 年，此后发明进入公共领域。几乎所有的制造业都利用专利制度来保护发明。自 20 世纪 80 年代初以来，农业生物技术产品和工艺以及一些计算机软件也可获得专利。美国还对商业方法授予专利，但对何种商业方法有资格获得专利在法律上并不明确。

有些国家引入了实用新型专利（utility models），它们通常是为改良型、渐进的创新。它们的保护期远短于发明专利，通常为 4 至 7 年。同样，工业品外观设计（industrial designs）保护消费品的装饰性，如鞋或汽车。要获得保护，外观设计必须是原创或新颖的。它们的授予期限一般为 5~15 年。

商标（trademarks）是区别某一产品或公司的文字、标志或符号等。几乎所有的行业都使用商标来识别其商品和服务。只要商标还在使用，它们可以无限期地持续下去。与商标类似，地理标志（geographical indications）是识别某一商品原产与一国或一地区的标志。这一地理来源与该商品的质量、声誉或其他特征密切相关。

版权（copyright，又称著作权）不同于专利保护，只保护原创智力成果的表达，而其中的思想和方法可以自由复制，适用于文学、艺术和科学作品。版权保护通常持续到作者的一生再加 50 年至 70 年。在过去的 50 年中，版权保护成为计算机软件保护的主要形式。与版权有关的权利即邻接权，被授予唱片制作人、表演者和广播组织。他们的保护期通常在 50 年至 95 年之间。

除了上述传统的知识产权外，还有一类特殊保护工具，包括集成电路布图设计（Layout Designs for Integrated Circuits）和植物育种者权利（Plant Breeders' Rights，PBRs）。集成电路布图设计保护半导体生产商，保护仅限于集成电路的设计。布图设计的保护与版权相似，但保护期限比版权的期限短，通常是10年。植物育种者权利保护有别于现有植物的新品种，该品种具备新颖性、特异性、一致性、稳定性。一般保护期至少15年。PBRs通常受到两种豁免：一是研究豁免，即允许使用受保护的品种作为开发新品种之用；二是农民权利，即农民有权利用其收获的种子。然而，随着生物技术的出现，工业化国家育种者越来越多地使用专利制度来保护农产品和过程。因为专利保护不仅可以阻止其竞争对手将受保护的材料用于育种目的，还可以阻止农民重复使用收获的种子。

最后，商业秘密（Trade Secrets）保护是许多国家知识产权制度的一部分。商业秘密保护不同于其他形式的保护，它不赋予原创者明确的所有权。相反，它保护企业免受他人未经授权的披露或使用机密信息。这些机密信息包括尚未进入专利阶段的发明、组织业务的方式、客户名单、采购规格等。

国际协定和法律只是构成一国知识产权保护体系的一部分。知识产权管理机构和执法机制等对知识产权保护至关重要。知识产权的管理对专利、工业设计、商标和植物育种者权利最为重要。为了获得这类知识产权的保护，申请人必须将其知识成果提交给国家知识产权办公室，由该办公室审查并授权。版权和邻接权通常在智力作品创作时自动获得，不过，作者也可以选择在版权局登记他们的作品。知识产权的实施依赖于一国的司法体系。知识产权持有者通过法院来制止别人的侵权行为，保护自己的合法利益。

知识产权是由一国法律和司法体系来实施保护，因而仅适用于一国境内。因此，各国必须合作来使其居民的智力成果在其他国家也得到保护。在过去100年里，为促进各国在知识产权保护方面的合作，国际社会达成了许多国际协定。这些协定由联合国的一个专门机构即世界知识产权组织来管理。它要求其签署国在保护知识产权方面遵循国民待遇原则，并便利知识产权在该国的登记。

二、知识产权保护的经济学

为什么政府要用法律来保护知识产权？从经济学的角度看，知识产权按功能大致分为两类：一种是促进发明和创造活动的知识产权，如专利、实用新型、工业品外观设计、版权、植物育种者权利和集成电路布图设计；另一种是向消费者提供信息的知识产权，如商标和地理标志。这两类政策是为了解决私人市场经济在资源配置方面的低效问题。

（一）专利、版权等知识产权的经济分析

专利与版权等知识产权是为了解决信息和知识市场的低效问题。信息和知识具有公共产品的属性，一旦上市别人可以自由地或低成本地复制。于是，私人市场提供的公共产品总是低于社会最优水平。因此，如果智力作品的创造者不能保护自己的成果免受模仿或复制，他们就没有动力去从事发明或创造性活动。专利和版权等知识产权可以防止第三者免费使用知识资产，从而鼓励私人投资于研发及相关活动，从而实现社会资源最优配置。因此，专利等知识产权往往被视为是促进经济增长的重要工具。

不过，专利与版权等知识产权是一种“次优”的政策工具。这是因为专利和版权的专有权赋予权利人在相关商品供应上的垄断权，使其可以收取高于边际成本的价格，这给社会带来了成本。从理论上讲，政府可以调整保护的期限与范围，以便最大限度地扩大发明和创造性活动给社会带来的净利益。然而，在实践中，这种福利最大化的做法很难落实。首先，发明或创造的社会价值通常事先不为人所知；其次，不同部门的知识产权可能需要不同程度的保护。因此，实际的专利和版权制度往往是历史、经验法则和既得利益集团相互作用的结果。当然，经济分析在知识产权的强度方面发挥着重要作用。

此外，专利和版权也影响新知识和信息的传播。一方面，专利和版权保护对知识扩散有负面影响，使第三者无法使用专有知识，或使用专有知识的成本高昂。另一方面，知识产权可以起到积极的知识扩散作用。授予专利需要发明者向公众披露可能保密的知识。虽然其他人在专利到期前不能直接复制，但他们可以利用专利中的信息进一步研发创新。此外，知识产权为技术贸易和技术许可提供便利。因此，知识产权制度有利于降低交易成本，有助于建立信息和知识市场。

（二）商标和地理标志的经济分析

商标和地理标识有助于解决买方和卖方之间的信息不对称而造成的低效问题。诺贝尔经济学奖得主乔治·阿克洛夫在1970年首次提出了“柠檬市场”问题。柠檬市场也称为次品市场，是指信息不对称的市场，即市场中产品的卖方对产品的质量很了解，而买方不是很清楚产品的质量。柠檬市场效应是指在信息不对称的情况下，往往好的商品退出市场，而劣等品会逐渐占领市场，导致市场中都是劣等品。在极端情况下，市场会萎缩甚至不存在，这就是信息经济学中的逆向选择。因此，信息不对称会导致市场失灵。质量的不确定会使消费者不愿意为高质量的商品买单，削弱了企业投资质量的动力。

商标可以减少这种信息不对称性。它将产品与生产者和质量声誉联系在一起，这种声誉是通过重复购买和口碑产生的。因此，商标激励企业投资于产品的质量。商标被认为是很好的政策工具，因为它们没有赋予权利人任何垄断力，与竞争市场共存。商标不是限制仿制或复制受保护的商品，只是这些商品是以不同的名称销售。

对那些广告密集型的消费品，又可称为身份商品，使用或展示该类产品除了获得相应的效用外，还能给消费者带来威望。在这种情况下，品牌名称在产品的差异化战略中扮演着核心作用，品牌赋予产品巨大的市场力量。不过，与专利和版权不同，市场力量不是由商标本身产生的，而是由对营销和促销的大量投资产生的。通常，许多身份商品行业的市场结构被描述为垄断竞争，即企业对其品牌产品具有垄断势力。

（三）开放经济中的知识产权保护经济学

当从封闭经济转向开放经济，知识产权保护的成本收益结构会随一国的特征不同而发生变化。比如，在一个小型经济体，该国的大多数知识产权都由外国居民拥有。对该国来说，较弱的知识产权保护会更有利，因为这会降低商品和技术的价格，并且新产品和新技术的全球激励没有什么影响。换句话说，如果一个小型经济体几乎没有自己的知识产权，那么知识产权保护的主要影响是将租金转移给外国知识产权持有者，而对当地经济几乎没有任何好处。然而，如果一个小国存在其他国家不需要的特殊技术需求，例如治疗一国特有的疾病药物，它就有更强的动机保护外国知识产权。

另外，知识产权保护可能会影响新技术的国际传播。一方面，知识产权保护不力可以促进一国模仿外国技术，从而建立自己的技术能力。例如，印度在20世纪70年代初取消了对药品的专利保护，使其制药业迅速发展。另一方面，较高的知识产权保护会鼓励外国知识产权持有者转让技术，从而促进一国技术进步。国际技术转让主要通过三个渠道进行：贸易、外国投资和国际技术许可。近年来，一些经济学家实证研究了贸易、投资和许可活动与发展中国家知识产权保护程度的关系发现：（1）知识产权保护程度高会促进国际贸易，其中，对中等收入国家的影响比对低收入国家的影响更大。但是，在高科技产品贸易中，这种影响却消失了。一种解释是，高科技产品可能比其他产品更难模仿；另一种解释是，高科技公司可能选择在知识产权保护强的国家投资，而不是出口。（2）知识产权政策影响跨国公司投资的性质和规模，但相对于其他影响因素，知识产权属于相对次要的因素。例如，中国吸引了大量的外国投资，尽管跨国公司和外国政府经常抱怨中国的知识产权执法不力。（3）知识产权保护对国际技术许可有正向影响。但是，人们还不清楚知识产权的正式转让是否影响接受国的知识扩散和生产力增长。① 总之，目前无法确定知识产权保护是促进还是阻碍新技术向发展中国家传播。

【案例5-1】

录音制品的保护期是否应该由50年延长至95年?

2005年英国提出应将录音制品的保护期限从50年延长至95年，欧盟对此展开政策辩论。英国音乐行业的企业呼吁政府支持保护期延长，并且要求保护期延长应考虑前瞻性（适用于任何未来的录音制品）和追溯权（适用于过去的录音制品）。

支持保护期限延长的论点有：

一是与其他国家保持一致。特别是在美国，1998年版权法将录音制品的保护期延长至95年。

二是对新音乐投资的激励。增加版权保护期限将鼓励更多的投资，因为表演者和制作人将有更长的时间来收回其初始支出。

三是促进英国贸易盈余。2004年，英国录音行业的贸易顺差为8340万英镑，出口收入为2.389亿英镑。加强版权保护将巩固英国在该行业的竞争力。

这些论据有多大可信度？英国财政部发起了一项对英国知识产权制度的独立调查，调查由英国《金融时报》前编辑安德鲁·高尔斯领导，最终报告于2006年12月公布。该报告驳回了支持版权保护期限延长的每一个论点。

关于第一个论点，报告指出，版权保护的期限只是决定艺术家和唱片公司获得版税的一个因素。同样重要的是保护的广度。在美国，版权法的某些例外允许70%的

① Lukauskas A, Stern R M, Zanini G. Handbook of Trade Policy for Development [M]. Oxford: Oxford University Press, 2013: 747-751.

餐饮商店和45%的商店免费播放音乐，这对表演者和制作人来说得不到任何收入。该报告推测，欧盟收到的特许权使用费可能不少于甚至可能超过美国的特许权使用费。

特别是，该报告对版权保护期限延长可以为新音乐的供应创造重大激励的假设提出严重质疑。由于延长保护期产生的额外特许权使用费在50年后才会实现，要衡量它们当前的激励效果，这些未来的收入流必须贴现为现值。根据估算，保护期限延长将使总的特许权使用费的净现值增加不到1%。此外，版权保护期的追溯性延长并不会增加任何额外的投资激励。

最后，该报告不相信延长保护期限将有助于加强英国的贸易盈余。事实上，该报告认为延长期限将对贸易平衡产生负面影响。由于版权的地域性，期限延长不适用于在英国制作但在国外演出的音乐。然而，它将适用于在国外制作并在英国演出的音乐。尽管英国唱片业非常成功，但英国市场的43%由国际曲目组成。总之，英国的期限延长不会导致额外的外汇流入，反而会增加海外汇款。

鉴于这些考虑，报告建议欧洲委员会将对录音制品和表演者权利的保护期限保留在50年，知识产权不应被更改。尽管有这一建议，欧盟委员会还是推进了一项版权延长提案。经过几年的辩论，欧洲议会于2009年4月批准了一项妥协提案，预计将录音版权从50年延长到70年。2011年9月11日欧盟委员会对欧盟版权保护指令做出修改，对表演者和录音录像制作者的保护期由现在的50年延长为70年。

资料来源：Lukauskas A，Stern R M，Zanini G. Handbook of Trade Policy for Development [M]. Oxford：Oxford University Press，2013：744-745.

第二节 知识产权保护国际规则的演变

一、TRIP 之前时期的国际知识产权保护规则

国际知识产权规则的设立，是在各国不断开放贸易、国际关系不断发展的历史条件下产生的。历史上，相互贸易和技术交流比较频繁的国家之间会设立知识产权的双边协议。但随着各国对外贸易的发展，知识产品市场不断扩大，这种双边协议的多、乱、杂等缺点逐渐显现，国际社会急需一种多边协议来处理知识产权纠纷。

1883年签署的《保护工业产权巴黎公约》（简称《巴黎公约》）以及1886年签署的《保护文学和艺术作品伯尔尼公约》（简称《伯尔尼公约》）是两个最老的国际知识产权保护协议。《巴黎公约》是首个国际社会以保护工业产权为目的而达成的多边条约，为产品商标、外观设计、专利发明、预防不正当竞争等方面提供法律保护，它对国际知识产权规则的整体构建影响深远。《伯尔尼公约》则主要保护艺术家所创造的作品能在国际上受到保护。

此后数十年，在《巴黎公约》和《伯尔尼公约》构建的基本框架下，越来越多的知

识产权保护国际公约不断补充，涵盖范围也从最初的23个成员方扩大到132个。此时，国际知识产权保护体系急需一个国际组织来协调和监管国际知识产权协议的修订、补充和实施。1967年，联合国设立了世界知识产权组织（WIPO）作为专门机构，对国际知识产权保护协议进行管理。然而，争端解决机制的缺失使这些协议未起到预期的效果。

二、TRIPS协定的确立

（一）TRIPS协定的主要内容

《与贸易有关的知识产权协定》（TRIPS）作为WTO体系的三大支柱之一，被推广到世界的各个角落，覆盖了世界上绝大多数国家。TRIPS是目前为止最全面的知识产权保护协定，它首次将知识产权规则与国际贸易体系联系起来，是国际知识产权规则发展中的里程碑。与其他国际知识产权条约不同，TRIPS规定了几乎所有类型知识产权的最低保护标准，包括版权、商标、地理标志、工业品外观设计、专利、集成电路布图设计和商业秘密，试图缩小各国在知识产权保护与执法上的差距，同时允许各国适当调整TRIPS标准在本国的落实，以便平衡加强知识产权保护带来的短期成本。

TRIPS主要包括5个方面的内容：一是在知识产权保护领域的国民待遇、最惠国待遇与均衡保护等原则；二是以WIPO管理的多项国际条约为基础，确立了对各类知识产权保护的基本标准；三是明确了各国知识产权执法中的必要程序与环节；四是建立了WTO成员之间关于知识产权的争端解决机制；五是关于落实TRIPS的过渡性安排。WTO成立后，所有新成员在加入WTO时均必须签署TRIPS。WTO给予发展中国家和转型经济体10年的过渡期，并于2005年1月1日到期。许多发展中国家在过渡期结束前都修订了知识产权保护制度，加强了知识产权保护。对于最不发达国家，WTO给予了特殊待遇，延迟了它们的过渡期，将最不发达国家的执行期限延长至2013年7月1日。

TRIPS规定的最低知识产权保护标准，主要包括以下内容：

专利的保护期为20年；专利保护范围涵盖几乎所有技术领域，包括化学产品、药品、饮料和调味品等；对强制许可实行了限制，规定了详细的条件。

版权及其邻接权条款要求各方必须遵守《伯尔尼公约》；对计算机程序视同文学作品保护，并且保护期为50年。

商标条款规定商标和服务标记的符号、使用期限、所有人的权利、在许可转让中的一系列义务，以及驰名商标享有更高的保护。

保护工业设计，各成员可通过外观设计法，或者在版权中予以保护外观设计，其保护期限至少为10年。

对地理标志提供保护，对酒类的地理标志提供更高水平的保护。

保护集成电路布图设计，规定各方在《华盛顿公约》的基础上提供保护；并增加了下列内容：保护期至少10年、政府的强制使用和特许必须受到严格的限制等。

保护未披露信息，未披露信息主要是指商业秘密，这种商业秘密的权利人，有权制止其他人未经许可而披露、获得或使用有关信息。换句话来说，与传统的知识产品相比，商业秘密的权利人多了两项权利，即制止他人披露和制止他人获得有关信息。

（二）TRIPS 协定的灵活性

尽管 TRIPS 协议为在全球范围内提高知识产权保护标准奠定了基础，但它也给签署国在设计国内知识产权制度方面留下了许多重要的灵活性。

首先，各国政府在执行 TRIP 协议时，可以选择最适合本国需要的保护措施。例如，发明的新颖性、创造性和实用性的标准，在各国可以有不同的含义。因此，WTO 成员可以拒绝授予某些专利。TRIPS 协议不要求各国将专利保护扩大到计算机软件，明确允许将植物和动物排除在专利之外。

其次，各国可以通过强制许可（未经专利持有者同意政府授权使用专利）来削弱专利保护。TRIPS 协议只对强制许可规定了某些限制条件，包括给权利持有人支付“适当报酬”，以及在国家紧急状态或其他极端紧急情况下，或在公共非商业性使用情况下。在版权领域，TRIPS 协议在界定合理使用豁免方面有更大的政策空间，以便在版权生产者的利益和公众的利益之间取得平衡。

最后，TRIPS 协议没有限制平行进口。平行进口是指未经相关知识产权权利人授权的进口商，将由权利人自己或经其同意在其他国家或地区市场投放的产品，向知识产权人或独占被许可人所在国或地区的进口。在一些国家，知识产权持有者有权阻止其在外国市场销售的产品进口。在其他国家，知识产权持有者没有这种权利，平行进口可能是为图书、光盘或药品等产品进行价格竞争的重要手段。根据 TRIPS 协议，各国可以自由地允许或禁止平行进口。TRIPS 协议还存在许多其他的灵活性。需要指出的是，一些区域贸易协定中的知识产权保护条款通常没有这些灵活性。

三、后 TRIPS 时代的国际知识产权保护规则

（一）TRIPS 协定的修订

TRIPS 的知识产权保护规则是以发达国家的知识保护法律为蓝本制定的，发展中国家为了本国的经济利益，加入到全球贸易自由化的进程中，不得不遵守 TRIPS 协议。为了履行 TRIPS 协议，发展中国家必须在国内建立起高标准的知识产权保护制度，支付高额的专利使用费用，承担了与自身经济发展状况不相匹配的知识产权保护义务。于是，TRIPS 规则面临着一些挑战，主要表现在三个方面：一是在 TRIPS 的保护水平上各成员存在分歧，部分发展中成员认为 TRIPS 规则过于注重保护，在鼓励技术自由流动方面做得不够；而发达成员则认为 TRIPS 标准过低，给予发展中国家一定的自由裁量权，导致保护水平不足。二是 TRIPS 对药品等知识产权虽然规定了强制许可制度，但是对医药专利的使用加以限制，且未提及发展中国家和最不发达国家的传统知识和遗传资源的保护问题，这不仅不利于生物多样性的发展，而且引发了药品可得性和公共健康问题。三是 TRIPS 中没有涉及有关互联网和信息技术的相关规定。

面对 TRIPS 协议中的不足，发展中国家不断努力，遏制 TRIPS 协议扩大化，反对发达国家不断提高知识产权保护标准。对于 TRIPS 协议在公共卫生领域的不适当性，发展中国家在 2001 年启动的多哈谈判中，要求放宽知识产权保护中部分商品的标准，最终达

成了《TRIPS与公共健康多哈宣言》（简称《多哈宣言》）。在《多哈宣言》支持下，发展中国家有权在公共健康方面出现紧急情况时，扩大TRIPS协议的灵活性，解除对专利药品使用的种种限制，以满足人类的药品可得性。《多哈宣言》是TRIPS协议的重要补充，是发展中国家参与国际知识产权规则制定的证明与成果。

《多哈宣言》确认了公共健康应优先于私人财产权，并且明确WTO成员充分利用TRIPS协定中弹性条款的权利。其主要内容包括：（1）承认各成员采取措施以保护公共健康是不可减损的主权权利；（2）明确了TRIPS协定中可以用于保护公共健康、对抗知识产权专有权的弹性条款；（3）认识到最不发达国家因医药产业生产能力不足或无生产能力的原因而无法有效使用强制许可措施的现状，并责成TRIPS理事会探求该问题的解决办法，在2002年年底之前向总理事会报告；4. 将最不发达国家在医药产品方面履行TRIPS协定有关义务的过渡期延长至2016年。

为解决最不发达国家药品的获取问题，WTO总理事会于2003年8月30日通过了《关于实施TRIPS协定与公共健康多哈宣言第6段的决议》，并于2005年12月通过了《修订TRIPS协定议定书》，由此构建了实施《多哈宣言》第6段的程序和条件。2007年7月19日，卢旺达首次利用了第6段的机制，将在随后的两年中从加拿大进口260000瓶由加拿大Apotex公司制造的TriAvir药（治疗艾滋病的商品名药）。2007年10月8日，加拿大作为首个利用第6段机制颁发强制许可的出口国，通知TRIPS理事会已颁发强制许可和强制许可中有关出口药品的具体信息，强制许可期限为自签发之日起两年。另外，一些发展中国家和最不发达国家对某些抗逆转录病毒药物颁发了强制许可证，如巴西、厄瓜多尔、加纳、马来西亚、莫桑比克、泰国和赞比亚。

（二）双边与区域知识产权协议的发展

随着WIPO和WTO中发展中国家的数量不断增加，发达国家对于知识产权保护标准制定的话语权不断削弱，这促使以美国为首的发达国家在WIPO和WTO之外寻求更高标准的知识产权保护规则。以美国为首的发达国家，为了阻止发展中国家对国际知识产权保护规则的变革，相互之间缔结了《反假冒协定》（Anti-Counterfeiting Trade Agreement，ACTA），将发展中国家排除在外。此外，美国等发达国家通过签订双边或区域贸易协议的方式，推行比TRIPS标准更高的知识产权保护标准，被学术界称为TRIPS-Plus协议。

国际知识产权保护体系开始从以多边协议为主向区域协议转变。全球知识产权保护从多边体制框架转向区域主义，主要有以下几个原因：一是多边框架下各国对知识产权保护的利益诉求矛盾凸显，多边谈判陷入僵局。发达国家要求在多边框架下推行更高的知识产权保护标准，而发展中国家则强调保护的适度性并要求对传统知识进行有效保护。多边知识产权保护谈判无法达成共识。二是与多边贸易体制相比，区域贸易安排相对简单，利益协调难度相对降低。三是知识产权保护的实用主义助推区域主义飞速发展。区域贸易安排中的知识产权立法已成为当前最活跃的一种国际知识产权立法模式。目前，世界呈现出双边、区域、多边的贸易体制并存之态。随着一系列区域贸易协定的制定与实施，如《全面与进步跨太平洋伙伴协议》（CPTPP）、《区域全面经济伙伴关系》（RECP）等，国际知识产权保护规则也出现了新的变化。

【延伸 5-1】

TRIPS 协定的成本与收益分析

关于 TRIPS 协定的签署对发展中国家的经济影响有很大的争议。该协定的支持者认为，强有力的知识产权保护将刺激发展中国家的创意产业，促进外国直接投资，总体上对发展有积极作用。TRIPS 的反对者声称，该协议阻止发展中国家获得新技术，导致因高价格产生的经济租从穷国向富国转移，使资源有限的国家承担了高昂的实施成本。

发展中国家确实将受益于强有力的知识产权保护促进发明和创意产业。然而，这些产业大多出现在中等收入国家，而不是最不发达国家。对外国直接投资和知识产权保护之间关系的实证研究表明，仅仅加强知识产权制度不太可能导致外国投资流入的大幅增加。同时，从已有的改革经验可知，如果投资环境的其他方面有所改善，强有力的知识产权制度可以对国内企业的发展和外商直接投资产生积极影响。TRIPS 协定可以在这方面作出积极贡献。

关于 TRIPS 协定的实施成本，必须指出，TRIPS 协定原则上不要求将专利保护扩大到 TRIPS 协定实施之前的产品和技术，专利保护只适用于进入市场的新产品和新技术。因此，TRIPS 协定的执行并没有导致以前产品的价格上涨和相关的租金转移。然而，随着时间的推移，新产品和新技术的市场份额增加，价格高于边际生产成本和相关的租金转移是一个令人担忧的问题，特别是医药产品。

对于 TRIPS 协定的执行，许多评论者认为 TRIPS 协定给发展中国家带来了重大的制度和财政挑战。例如，根据世界银行援助项目的数据，Finger 和 Schuler（1999）估计升级墨西哥知识产权立法和执法增加了 3000 万美元的成本。对于贫穷国家的政府来说，如此庞大的执行费用可能会对公共部门预算造成重大影响，并抽走可用于其他发展事项的资源。可能有人质疑墨西哥的 3000 万美元数字是否 TRIPS 协定有关的执行费用。世界银行在墨西哥的基本项目不是为了执行 TRIPS 协定，而是与知识产权授权没有直接关系的活动，例如工作人员培训、专利和商标局的计算机化以及设立专门的知识产权法院。当然，必须指出，TRIPS 协定义务需与发展中国家较弱的体制能力相适应。例如，虽然 TRIPS 协定规定了某些权利执行的原则，但它并不要求成员将稀缺的执法资源重新分配给知识产权的执行。同样，在权利管理方面，TRIPS 协定只要求对知识产权的管理避免知识产权授予或注册方面的“无端拖延”。此外，TRIPS 协定呼吁发达国家成员向发展中国家和最不发达国家提供技术和财政援助，以支持其知识产权法律和执法机构的发展。

资料来源：Lukauskas ., Stern R M, Zanini G. Handbook of Trade Policy for Development [M]. Oxford: Oxford University Press, 2013: 752-754.

第三节　区域贸易协定中的知识产权新规则

随着近年来世界贸易体制逐渐从多边向区域发展，双边及区域经贸协定成为引领新一轮国际知识产权规则构建的重要平台，国际知识产权规则呈现新的发展。从内容上看，国际知识产权保护范围日趋扩展，知识产权保护力度有所强化，知识产权执法环节受到重视。发达经济体一如既往地在知识产权规则制定领域发挥影响力，主导了国际知识产权规则的制定，发展中国家与新兴经济体的权利意识逐渐增强。这里以《美墨加协定》（USMCA）、TPP 和日本—欧盟经济伙伴关系协定（日欧 EPA）和《区域全面经济伙伴关系》（RCEP）为例，分析区域贸易协定中国际知识产权规则的特点。

一、区域贸易协定中知识产权规则的特点

（一）知识产权保护国际公约的广泛纳入

区域贸易协定规定缔约方应加入知识产权国际条约，并在部分知识产权规则中并入知识产权国际条约的实体内容。TPP 要求成员国必须加入《专利合作条约》《商标国际注册马德里协定议定书》《国际用于专利程序的微生物保存布达佩斯公约》《新加坡商标法条约》《保护植物新品种国际公约》《WIPO 版权条约》《WIPO 表演和录音制品条约》。这些公约在《巴黎公约》和《伯尔尼公约》的基础上进一步提升知识产权保护标准，而 TRIPS 并不要求成员加入上述公约。日欧 EPA 并入了 15 项知识产权国际条约，是并入国际条约数量最多的协定，包括尚未生效的《视听表演北京条约》。这种通过吸收已有知识产权国际条约的实体内容，并在此基础上进行发展与创新，形成了扩大保护范围、提高保护强度的立法模式。

（二）传统知识产权保护内容的更新与强化

区域贸易协定重视在新技术与新发展环境下传统版权、商标权与专利权制度的发展，其中以 TPP 与 USMCA 的超 TRIPS 特性最为显著。在版权领域，TPP 和 USMCA、日欧 EPA 均延长了作品、表演或录音制品的版权及邻接权保护期，规定期限不得少于作者有生之年加死后 70 年，或自作品、表演及录音制品首次授权发行后 70 年，USMCA 甚至将非以自然人寿命为基础的版权及邻接权保护期延长至首次授权发行后 75 年。TPP 与 USMCA 还重视网络环境下的版权保护问题，要求缔约方提供充足的法律保护和有效的法律救济。在商标领域内，TPP 和 USMCA 降低了商标注册的限制，扩大了商标注册的范围，要求缔约方不得拒绝声音注册商标，尽最大努力注册气味商标；将商标注册的期限及续展的期限均不少于 10 年；对驰名商标的保护扩展到与之不相同或不相似的货物或服务上。在专利领域，扩大了可授予专利的客体范围，规定已知产品的新用途，使用已知产品的新方法或使用已知产品的新工序可以授予专利，源自于植物的发明也可以授予专利。日欧 EPA 超 TRIPS 规则集中于地理标志和工业品外观设计领域，要求缔约方建立地理标志

的注册和保护体系，排除了 TRIPS 中的例外和豁免条款，明确受保护的地理标志不得注册为商标。在外观设计方面，日欧 EPA 不但保护注册的外观设计，而且对未注册外观设计进行有限度的保护，对外观设计给予不少于 20 年的独占保护，超出 TRIPS 规定的 10 年保护期。①

（三）加强药品知识产权的保护

强化药品知识产权保护是后 TRIPS 时期国际知识产权规则的重要变化之一。大多区域贸易协定都含有扩大药品知识产权保护的条款，在传统药品专利保护之外增加药品试验数据保护、药品专利期延长和专利链接等相关制度。TPP 与 USMCA 以专门章节规定“与药品制品有关的措施”，强调药品知识产权保护的重要性与特殊性。USMCA 进一步将药品试验数据保护的范围扩大到生物制品，设置长达 10 年的生物药品试验数据保护期。专利保护对制药行业至关重要，但很有争议。一方面，制药公司对新药的投资巨大，是一个漫长又充满风险的过程；另一方面，高标准的药品专利保护推高了药品的价格，严重影响了发展中国家和最不发达国家的药品可获得性。

（四）进一步强化知识产权执法

TRIPS 时期，知识产权执法标准就是发达成员方尤为关注和极力推动的国际规则。发达成员方希望形成一套统一、严格的知识产权执法国际标准，但 TRIPS 的弹性条款和最低标准仍为成员方知识产权国内执法留有空间，美国对此感到失望。因此，TPP 执法条款大大限制了执法规则的弹性，新增了更严格的知识产权执法要求。例如，侵权赔偿救济手段更加严格。计算侵权民事赔偿金额的方法具体多样，允许设置惩罚性或惩戒性的额外赔偿；降低了假冒盗版侵权行为的刑事门槛；强调对数字环境下侵权行为的执法义务，以有效解决网络侵权泛滥的问题。USMCA 的知识产权执法条款与 TPP 基本保持一致，并扩大了假冒与盗版侵权的海关执法范围，不但包括进出口及过境货物，还包括允许进出自贸区和保税仓库中所有货物，强化了缔约方之间的执法合作。

二、美国与欧盟贸易协定中知识产权规则的比较

欧美贸易协定中的知识产权规则已形成相应的知识产权规则范式。欧盟签订的区域（双边）贸易协定中的知识产权规则（简称欧式知识产权规则）整体水平适中，略低于美国签订的区域（双边）贸易协定中的知识产权规则（简称美式知识产权规则），但其对地理标志的高标准保护又高于美式知识产权规则。②

（一）美式知识产权规则的特征

1. 倾向于保护权利人的利益

① 褚童．巨型自由贸易协定框架下国际知识产权规则分析及中国应对方案［J］．国际经贸探，2019，35（9）：80-95.

② 王衡，肖震宇．比较视域下的中美欧自贸协定知识产权规则——兼论“一带一路”背景下中国规则的发展［J］．法学，2019（2）：107-128.

美式知识产权规则在权利人与社会公共利益的平衡方面更倾向于保护权利人的利益，重点体现在专利保护客体的扩张和药品临床试验数据的保护。药品专利及其试验数据保护是美国强化知识产权保护的核心诉求之一。美国所有的自由贸易协定都包含加强药品知识产权保护的条款，还限制了政府引入非专利药生产商来促进竞争的能力。这主要体现在以下四个方面：首先，美国一些协定对强制许可限制在紧急情况、反垄断救济和公共非商业使用的情况下。其次，禁止未经专利持有者同意在专利期限内批准生产仿制药，这可能会使强制许可无效。第三，对提交给监管机构的测试数据实行专有权保护。这种专有权可能对政府有效使用强制许可构成障碍。最后，对医药产品的平行进口实行限制，有效地防止了来自国外廉价销售的专利药品的进口竞争。尽管 TPP 规定了保护公众健康和营养、促进公共利益提升、防止权利滥用等基本原则，甚至专门规定了“公共领域”条款，但是这些条款主要以概括性、宣示性的形式存在，对知识产权权利义务再平衡的有效安排上，尚缺乏更明确具体的规定。在 USMCA 谈判中，美国强调要确保知识产权保护和实施标准与技术发展同步，尤其确保知识产权持有人有权通过法律和技术手段控制其作品在网络和通讯媒体上的使用，防止作品在未经授权情况下的使用。

2. 强调超 TRIPS 标准，使美国国内法向国际扩展

美式知识产权规则体现出典型的高标准特征，保护标准近乎全面超过 TRIPS 标准。超 TRIPS 标准在美国签订的区域或双边贸易协定中占据主导位置，而日益提升的知识产权保护要求成为谈判的新标准。在最新生效的 USMCA 中，美国继续寻求高水平的超 TRIPS 标准的知识产权保护，强调新技术下的知识产权保护。例如，在版权侵权中采用“通知和移除”机制。值得关注的是，美式超 TRIP 标准是旨在推广美国的国内法，寻求与其国内法相当水平的保护。例如，美国于 1998 年通过《版权保护期延长法案》，将 1976 年版权法下 50 年保护期延长为 70 年；关于保护数字形式文学和艺术作品的规定，主要是基于 1998 年通过的《数字千年版权法》。美国主导的区域贸易协定力求与其国内法保持一致，使得美国版权作品在其他国家获得更长期限的保护。

3. 凸显强有力的执行机制

TPP 规定了全面的知识产权执行机制，超 TRIPS 标准，包括改进的版权保护、对构成商业规模之侵权的刑事措施与处罚。TPP 对知识产权侵权新形式更为重视，为权利人提供更为充分的救济。具体体现如下：第一，十分强调针对数字环境下商标、版权及相关权侵权行为的执法。第二，规定了权利归属的推定，降低了权利人提起诉讼或胜诉的举证责任。第三，鼓励实施打击知识产权侵权行为的最佳实践。第四，在民事和行政救济方面，规定了具有一定惩罚性质的附加赔偿，并放宽了销毁侵权材料和工具的适用标准。第五，在临时措施的适用上向权利人倾斜，使其在诉前、诉中阶段均有途径要求司法机关没收或扣押涉嫌侵权的商品、材料或工具。第六，扩大了边境措施的实施范围，将边境措施适用于过境货物。USMCA 继续强调知识产权的执行措施，特别是设立专节规定商业秘密的保护，内容包括民事保护和执法、刑事执法、临时措施及其民事程序中的保密、民事补救、商业秘密的许可与转让、政府禁止未经授权披露商业秘密等，形成了一个高水平的商业秘密保护规则体系。

（二）欧式知识产权规则的特征

1. 欧式知识产权规则是一个不断发展的过程

欧盟签订的区域贸易协定没有固定的知识产权模式，其知识产权规则可以划分为三个不同的发展阶段。第一代知识产权规则不包含实质性知识产权条款，第二代规则设置了超TRIPS条款和执法机制，第三代规则注重平衡可持续发展目标与有效的超TRIPS执法机制。总体而言，欧盟对知识产权的保护水平呈上升趋势。

2. 逐渐向美国趋同但保护水平相对适中

欧式知识产权规则的典型特征是区分缔约对象而灵活设定内容，强调遵守国际标准，设置相对适中的超TRIPS标准。欧式知识产权规则不是一味地追求高标准，不要求缔约方采纳特定的保护标准和执行标准，因而被称为"促进TRIPS实施范式"。不过，近年来欧式知识产权规则的范围更为广泛，增加了更多更详细的超TRIP保护与执法条款，这在欧加CETA中得以体现。不过，相对于TPP，欧加CETA仅规定了较少的超TRIPS条款；在版权和相关权保护方面，欧加CETA不如TPP细致；在专利方面，欧加CETA为药品提供了超过专利期的补充特殊保护，但规定了该特殊保护的上限为2～5年；在执行方面，欧加CETA未引入超TRIPS的刑事处罚规则。

3. 对不同知识产权类别实施不同的保护力度

一方面，在具有特殊战略利益的领域，如地理标志和知识产权执行措施方面，欧盟制定了详尽条款，以确保缔约方承担超TRIPS义务，如欧加CETA在专利方面聚焦于药品，将专利保护延伸到诊断程序和疗法，包括生物制剂。值得注意的是，美国和欧盟在地理标志保护方面存在较大差异。欧式知识产权规则的显著特征之一就是充分发展并建立了高标准的地理标志保护，将其作为农业政策的有机组成部分，特别重视保护欧洲葡萄酒与烈酒地理标志。在《欧盟—日本经济伙伴关系协定》中，要求日本对超过200个欧盟地理标志加以保护，涉及食品、葡萄酒、烈性酒。另一方面，在其他知识产权领域，欧盟的规制方法略有不同，如在商标领域，欧盟仍采用较为温和、适中的规制方式，重视签署现有国际协定，不要求缔约对象承担更高的保护和执行标准。

三、RCEP中知识产权规则的特征

RCEP知识产权条款充分兼顾了15个缔约方之间不同的经济发展水平和能力以及各自法律制度的差异，在TRIPS协定的基础上，与时俱进地更新了相关知识产权规则。总体上，RCEP的知识产权保护水平虽比不上TPP和USMCA，但更具利益平衡性和兼顾性。①

（一）在TRIP协定基础上提升保护水平

RCEP明确规定，"知识产权"的含义及范围与TRIPS协定完全一致，而且若某一规定与TRIPS协定不一致，在此类不一致的范围内应当以后者为准。不过，RCEP知识产权

① 张乃根．与时俱进的RCEP知识产权条款及其比较［J］．武大国际法评论，2021（2）：3-8.

条款有不少超出 TRIPS 协定的内容。如，在版权及邻接权领域，增加了录音制品的表演者和制作者获得广播报酬的权利、保护广播组织和载有加密节目的卫星信号、对数字网络化时代的著作权和相关权利保护等。在商标和地理标志领域，制定了注册商标和地理标志保护的若干实体规则，包括可注册商标的立体形状、声音标记，且把可视觉感知不作为注册条件。在专利与工业品外观设计领域，应建立保护植物新品种的专门制度、专利宽限期等。

（二）增加了新的知识产权类别

一是遗传资源、传统知识和民间文学艺术的保护。这是首次在国际条约中规定可以制定适当的措施保护此类知识产权。其中，确认对专利申请涉及遗传资源的来源或起源有披露要求，并作为一缔约方专利制度的一部分。同时，在专利审查确定在先技术时，应当致力于考虑遗传资源相关传统知识的公开可获得性。二是反不正当竞争，尤其是明确将缔约方各自国家顶级域名保护纳入反不正当竞争范畴，规定对恶意注册与商标相同或近似的此类域名提供适当的救济，包括建立适当的争端解决程序。三是防止在货物原产地方面以误导消费者的方式在货物上商业性使用一缔约方的国名。

（三）加强知识产权的执行

RCEP 知识产权执行条款在 TRIPS 协定的基础上主要新增两方面规则：一是司法程序规则，包括救济措施与知识产权侵权的严重性之间比例适当、在著作权的民事诉讼中如无反证以署名推定为作品作者、知识产权民事诉讼中机密信息保护、知识产权海关保护在合理期限内作出侵权认定等。二是数字环境下的执法规则，明确有关民事和刑事救济的实施程序在相同的范围内适用于数字环境中侵犯著作权或相关权利以及商标的行为。此外，RCEP 知识产权条款细化了国际合作和对话的内容，包括缔约方专利机关之间的信息共享与交流，在专利宽限期相关问题上的合作。

【拓展 5-1】

中美知识产权密集型产业的分类

“知识产权密集型产业”是最近 10 年才出现的新概念。2012 年，美国商务部和专利商标局联合发布报告《知识产权和美国经济：聚焦产业》，正式在国家层面使用“知识产权密集型产业”概念，并将其划分为专利密集型、商标密集型和版权密集型 3 个类别。之后，美国专利商标局于 2016 年更新了报告，并指出，知识产权密集型产业贡献了全美 29.8%的就业岗位以及 38.2%的国内生产总值，已成为美国经济增长的重要支柱。

2016 年 9 月我国国家知识产权局制定了《专利密集型产业目录（2016）》（试行），包括 8 大产业，涵盖 48 个国民经济中类行业。2019 年 4 月 1 日，我国国家统计局正式公布并实施《知识产权（专利）密集型产业统计分类（2019）》（以下简称《统计分类 2019》），对我国知识产权密集型产业的认定和监测作出了最新规定。

与《专利密集型产业目录（2016）》（试行）相比，2019 年最新规定的统计分类的认定方法更科学、产业分类更细致、创新发展导向更明确，并且首次正式使用知识产权密集型产业概念。

下面就美国 2016 年的知识产权密集型产业报告（以下简称《美国报告 2016》）和我国《统计分类 2019》，对中、美的知识产权密集型产业认定方法进行介绍。

1. 美国知识产权密集型产业分类方法

美国将知识产权密集型产业划分为专利密集型产业、商标密集型产业和版权密集型产业，并采用北美产业分类系统（NAICS）识别出 81 个知识产权密集型产业，包括专利密集型 25 个、商标密集型 66 个、版权密集型 13 个，其中有 15 个产业同属专利和商标密集型、8 个产业同属商标和版权密集型。

《美国报告 2016》将专利密集型产业定义为专利密度高于平均水平的产业，计算方法为：

$$D_i = \frac{P_i}{E_i} > \overline{D_i} = \frac{\sum_{i=1}^{n} P_i}{\sum_{i=1}^{n} E_i} \tag{1}$$

式（1）中：P_i为 i 产业的年度专利授权数；E_i为 i 产业的年度从业人数；D_i为 i 产业的专利密度；$\overline{D_i}$为全部 n 个产业的平均专利密度。数据的时间范围为 2009—2013 年，若 $D_i > \overline{D_i}$，则认定该产业为专利密集型产业。

对于商标密集型产业的认定，美国采用了商标强度计算认定、注册商标 50 强补充认定以及随机抽样补充认定 3 种方法进行综合判定。商标强度的计算类似于专利密度，即计算 2009—2013 年 5 年间商标注册数量与产业从业人数的比值是否大于全产业该指标的平均值；注册商标 50 强认定法则是根据 2009—2013 年商标数量排名前 50 的企业所在产业出现的次数进行认定，若大于 5 次则为商标密集型产业；随机抽样认定法以 2013 年全美注册的全部 194326 个商标作为样本，从中随机抽取 300 个并统计它们的产业类别，这些抽样产业最终也作为商标密集型产业。其中，后两种方法为计算认定方法的补充，能够有效弥补第一种方法对非上市企业和初创企业的遗漏，使最终结果更加充分和完善。

美国对版权密集型产业的认定主要依据世界知识产权组织（WIPO）于 2003 年发布的《版权相关产业的经济贡献调研指南》，该指南将版权产业划分为核心版权产业、部分版权产业、非专用支持版权产业以及相互依存版权产业四类。美国主要依据其中的核心版权产业，认为版权密集型产业更多地聚焦于生产创造性作品的产业上，但不包括不属于知识产权生产性产业的下游发行产业。

2. 我国知识产权密集型产业分类方法

根据我国最新发布的《统计分类 2019》，知识产权密集型产业被定义为发明专利密集度、规模达到规定的标准，依靠知识产权参与市场竞争，符合创新发展导向的产业集合。我国知识产权（专利）密集型产业共包含信息通信技术制造业，信息通信技术服务业，新装备制造业，新材料制造业，医药医疗产业，环保产业和研发、设计和技术服务业7大类，涵盖31个中类，对应188个国民经济小类行业（GB4754—2017）。在测算依据上我国主要采用的指标为：发明专利密集度、发明专利规模以及R&D投入强度。其中，发明专利密集度为该产业单位就业人员2013—2017年连续5年获得的发明专利授权量，计算方法与美国相同；发明专利规模即2013—2017年专利授权量之和；R&D投入强度为企业研究与发展经费与主营业务收入的比例。与美国不同，在我国需要同时满足专利密集度和专利规模均高于全国平均水平才认定为知识产权（专利）密集型产业。与美国认定方法最大不同的是，我国引入了R&D投入强度作为知识产权密集型产业的认定指标之一，此举可以保证一些近几年新兴的高技术产业同样被纳入分类当中。

资料来源：刘林青，杨理斯，邓艺林. 中美欧知识产权密集型产业比较研究［J］. 科技管理研究，2020（12）：117-123.

◎ 小结

1. 知识产权是保护工业、科学、文学和艺术领域的智力成果。知识产权包括专利权、版权和邻接权、商标权、地理标志、工业品外观设计、集成电路布图设计、植物育种者权利和商业秘密等。

2. 知识产权制度是为了解决私人市场的低效率问题。专利、版权和邻接权保护旨在刺激发明和创造性活动。商标和地理标志是解决买卖双方之间的信息不对称问题。

3. 对发展中国家来说，强有力的知识产权保护在增加贸易、外国直接投资和技术转让方面带来好处。然而，这些好处通常流向中等收入国家，好处的大小取决于配套的政策改革，特别是投资环境等方面的改善。

4. 较强的专利、版权和相关权利保护的主要成本是赋给知识产权持有者的市场垄断力量，导致保护期间的价格高于边际生产成本。对于发明和创造力较低的小型发展中经济体来说，更强的知识产权可能导致租金转移给外国所有权持有人。

5. TRIPS协议是知识产权保护最重要的国际协议。它对WTO所有成员都有约束力，并可通过WTO争端解决机制来执行。它为7种知识产权规定了最低限度的保护标准，但也使各国政府有很大的灵活性来设计适合本国需要的知识产权制度。

6. TRIPS协议强有力的药品专利权引起了人们对公共健康的担忧，因为制药公司更大的定价权将对穷国获得药品产生不利影响。为了解决这一问题，WTO成员重申各国政府有权使用强制许可来降低专利的专有权。此外，2003年WTO建立了一个特别进口机制，允许制药能力不足的发展中国家进口非专利药品。

7. 随着发达国家在多边体制下知识产权保护标准制定的话语权不断削弱，以美国为首的发达国家在WIPO和WTO之外寻求更高标准的知识产权保护。国际知识产权保护体系正从以多边协议为主向区域协议转变。

8. 双边及区域经贸协定成为引领新一轮国际知识产权规则构建的重要平台，这些“新一代”区域贸易协定包含了很多超TRIPS条款。从内容上看，国际知识产权保护范围日趋扩展，知识产权保护力度有所强化，知识产权执法环节受到重视。

9. 欧美贸易协定中的知识产权规则已形成相应的知识产权规则范式。欧式知识产权规则整体水平适中，略低于美式知识产权规则，但其对地理标志的高标准保护又高于美式知识产权规则。

10. RCEP 知识产权条款充分兼顾了 15 个缔约方之间不同的经济发展水平和能力以及各自法律制度的差异，在 TRIPS 协定的基础上，与时俱进地更新了相关知识产权规则。

◎ 关键词

知识产权（intellectual property rights） 《与贸易有关的知识产权协定》（TRIPS） TRIPS-Plus 协议

◎ 重要概念

专利 商标 实用新型 工业品外观设计 地理标志 集成电路布图设计 植物育种者权利 商业秘密 强制许可 平行进口

◎ 思考题

1. 发达国家与发展中国家在知识产权保护方面有哪些分歧？
2. TRIPS 协定的执行会带来哪些成本与收益？
3. 新一代区域贸易协定中的超 TRIPS 条款对发展中国家产生哪些成本与收益？
4. 中国的知识产权保护与 CPTPP 知识产权规则有什么样的差距？

◎ 练习题

1. 知识产权保护体制有哪些方面？
2. 知识产权起怎样的作用？
3. 国际知识产权规则的发展体现在哪些方面？
4. 美欧知识产权规则的发展特征有哪些？
5. RCEP 和 CPTPP 中的知识产权规则有哪些异同？

第六章　国际投资新规则

第一节　国际投资规则的发展

一、国际投资规则的演进

国际贸易与国际投资是经济全球化发展的两个重要支柱。比较而言，国际投资规则的制定不仅落后于国际贸易规则的制定，更大大滞后于国际投资本身的发展。这是因为，一方面是多边贸易机制的主要功能是制定国际贸易规则；另一方面是投资规则所涉及的问题更为复杂和敏感，制定的难度更大。

投资规则的全球治理体系尚未形成，正处在较快的发展变化中。鉴于国际投资大体分为间接投资和直接投资，且二者区别甚大，规则也很不相同，这里主要对国际直接投资的规则进行分析。总的来看，第二次世界大战后国际直接投资规则的演进大体上经历了三个阶段：初立期、拓展期、调整深化期。①

（一）国际投资规则的初立期

第一阶段（20世纪50—70年代）是国际投资规则的初立期。在此期间内，国际投资规则以寻求多边共识、搭建规则框架为主，在内容上主要是支持和鼓励国际投资流动，为解决国际投资争端确立基本规则。这一时期的双边投资协定数量不多，以试验性探索为主；多边规则主要由经济合作与发展组织（OECD）、世界银行、国际货币基金组织（IMF）等国际机构以及次区域组织推动，如世界银行的《国际投资争端解决公约》（1965年）、经合组织的《资本流动自由化法典》（1961年）、《安第斯次区域一体化协议》（1969年）、《国际投资与多国企业声明》（1976年）等。这些协定为国际投资行为确立了基本规则框架，为日后各国制定双边和区域投资规则提供了基本准绳。

（二）国际投资规则的拓展期

第二阶段（1980—2008年）是国际投资规则的拓展期。以国际投资大规模增长为背景，这一阶段的国际投资规则以新自由主义为特征，推动投资自由化，降低东道国监管门槛，强调对投资者利益的保护。东道国为了吸引外资，大都实行开放的吸引外资政策，并

① 张蕴岭，马天月．国际投资新规则及中国应对策略［J］．国际展望，2019（4）：24-27.

积极推动签订双边投资协定（bilateral investment treaty，BIT）。据UNCTAD统计，双边投资协定在1990年以后剧增，到2008年已由1990年以前的130个增至2676个。在BIT中，大多给予外国投资者宽松的准入条件，包括公平公正待遇、国民待遇、最惠国待遇；并不断完善争端解决机制，细化争端仲裁程序，以及出台信贷优惠、政府补贴、允许资本利润自由汇出等鼓励政策，来吸引外商直接投资。

在多边投资规则领域，国际机构进行了积极尝试。作为全球贸易治理平台之一的WTO，在1994年乌拉圭回合谈判中首次把国际投资问题纳入多边贸易体制，WTO成员缔结了《与贸易有关的投资措施协议》（TRIM）、GATS协议、TRIPS协议，这标志着多边投资规则取得了重要进展。TRIM协议规定成员要通报与贸易相关的投资措施，且在一定期限内取消会限制和扭曲国际贸易活动的投资措施，特别是贸易平衡要求和当地含量要求。不过，TRIM只在于消除对货物贸易有限制作用的投资措施，并没有发挥促进和鼓励国际投资的作用。

OECD积极推出旨在鼓励跨境投资的多边投资协定（MAI），协定内容包括投资和投资者保护、非歧视原则、争端解决机制等高标准投资自由化的条款，尽管最后未能达成协议，但MAI代表了当时多边投资协定的高标准规范，为日后多边和区域投资规则的建立提供了参照。MAI最终失败的根本原因在于，发展中国家和发达国家在国际投资中的利益不一致。MAI的谈判方是发达国家，其最根本的出发点是为了进一步维护资本输出国及其跨国投资者的利益，从而进一步削弱了东道国的外资管辖权，包括对外资的准入、审查、引导和管理的权力。因此，这明显不符合当时发展中国家整体的经济发展水平和承受能力，因此遭到发展中国家的极力反对。

（三）国际投资规则的调整深化期

第三阶段是2008年以后，为规则调整深化期。在世界经济发生结构性变化的环境下，国际规则的制定出现新的趋势，总的特点是规则水平不断深化、涉及的范围扩大和内容更新、规则制定的参与结构趋向均衡。在水平深化方面，体现为投资规则的制度性嵌入加强，比如，准入前国民待遇、负面清单模式、投资安全、知识产权保护等越来越成为被各方普遍接受的基本规则；在范围方面，体现在投资规则方面越来越多地涉及投资的新领域，如电子商务、网络化、人工智能等新兴领域。在参与结构方面，主要体现在发展中国家参与国际经济治理，新兴国家在二十国集团（G20）① 中话语权提升，在国际规则构建中发挥着重要作用。

总之，金融危机后，发达国家和发展中国家围绕国际投资新规则的制定加大了竞争。新兴经济体和发展中国家强烈呼吁参与规则制定和全球治理的公平权力。发达国家采取多种手段力求巩固其规则制定者地位，美欧等力推新一代投资新规则，不断抛出竞争中立、

① 二十国集团（G20）是一个国际经济合作论坛，于1999年9月25日由八国集团（G8）的财长在德国柏林成立，于华盛顿举办了第一届G20峰会，属于非正式对话的一种机制，由G8成员和12个重要经济体组成（中国、阿根廷、澳大利亚、巴西、加拿大、法国、德国、印度、印度尼西亚、意大利、日本、韩国、墨西哥、沙特阿拉伯、南非、土耳其、英国、美国、俄罗斯以及欧盟）。

政府采购、环境标准、知识产权等新标准、新要求。

从发展趋势看，国际投资的问题远比国际贸易复杂，制定多边投资协定存在很大困难。目前分散及多重的投资协定与区域贸易协定产生的“面条碗效应”一样，对投资的正常发展带来负面影响，特别是各国对外来投资加强管理，许多国家往往以国家安全为由对外来投资进行审查，制定单边限制政策，使投资审查成为限制投资的政策工具。

【延伸 6-1】

中国双边投资协定的发展阶段

中国的双边投资协定实践始于20世纪80年代。自1982年中国与瑞典签订第一份双边投资协定以来，目前中国已与全球130多个国家或地区签订了双边投资协定，签署双边投资协定的数量仅次于德国，近几年中国积极参与同美国、欧盟的双边投资协定谈判工作。

纵观近40年来中国签订双边投资协定的实践，对于不同缔约国，以及对于相同缔约国在不同的发展阶段，中国与其签订的双边投资协定皆有变化。从异质性的发展规律看，中国双边投资协定实践正经历由欧洲模式（德国模式）向北美模式（美国模式）转变的过程。欧洲模式在条款数量与结构上基本固定，强调对外商直接投资准入后的保护，而北美模式则更侧重于投资自由化。

这里以BIT实践过程中的标志性事件为划分依据，将中国缔结BIT的历程分为四个阶段（见表6-1）。

1. 第一阶段BIT：保护主义阶段（1982—1989年）

这期间中国签订了24份双边投资协定，以欧洲国家为主。时值“对外开放”初期，中国开始积极吸引外资，当时BIT实践的重心就是保护与促进外资进入国内，吸引发达工业国家来华投资。在BIT谈判过程中，中国依然把“国家利益与安全”放在优先考虑的位置，强调“留权在手”，实行内资与外资双轨制管理，强化对外资的监管，将投资者的利益归置于相对从属的地位；在市场准入方面相当严格，在国民待遇、征收补偿标准和对国际仲裁等方面都较为保守，几乎没有关于国民待遇的明确表述。

2. 第二阶段BIT：自由化阶段（1990—1997年）

在此阶段的BIT实践中，中国缔结的BIT所覆盖的地理范围开始延伸，从一开始仅限于西欧发达国家延伸至东欧转型经济体以及亚洲和非洲的发展中国家，一共与63个国家或地区签订双边投资协定。20世纪90年代，全球范围内BIT的发展已成燎原之势。发展中国家开始意识到外商资本对本国经济增长的作用，各个国家为竞争吸引外资而给予各种优惠政策并采取了诸多措施，与发达国家签订BIT以及发展中国家之间彼此签订BIT成为各国促进外资引进的一个重要工具。在这样的背景下，中国与大批发展中国家签署BIT重在促进南南合作，旨在优化投资环境，巩固经贸关系，政治意义大于协定本身的作用。

从BIT的内容看，中国开始有限制性地接受投资者—国家争端解决机制。1990年2月9日，中国正式签署《ICSID公约》（《解决国家与他国国民间投资争端公约》），1993 年 1 月 7 日正式予以批准，同年 2 月 6 日开始生效。中国明确表示仅考虑接受 ICSID 对“征收补偿”争端的管辖权。此后一段时期，大部分中外 BIT 中允许外国投资者将有关“投资征收款额”争端提交 ICSID 仲裁。

3. 第三阶段 BIT：合作主义阶段（1998—2011 年）

该阶段的 BIT 实践是在中国积极参与国际经济合作的进程中进行的，共签订 55 份双边投资协定。这一时期，中国开始将“走出去”作为国家战略，是继 1978 年改革开放之后的新一轮对外开放，特别是中国加入 WTO 后，中国企业在这一阶段加快了对外投资的速度与规模，同时中国利用外资水平不断提高，对外资给予国民待遇的条件也日渐成熟。

从这一时期起，中国 BIT 中的条款内容逐渐丰富起来。1998 年，中国与巴巴多斯签订的 BIT 是中国第一个生效的包含有自由争端解决条款的 BIT，即“任何投资争端”提交给 ICSID 仲裁，或根据 UNCITRAL（联合国国际贸易法委员会）专设仲裁，这标志着中国开始全面接受自由的投资者—国家争端解决机制。在 1998—2003 年的 BIT 实践中，中国 BIT 开始增加“国民待遇”和“自由化的争端解决条款”；2003 年后，受北美自由贸易协定（North American Free Trade Agreement，NAFTA）投资章节及美国 BIT 范本（BIT 2004 范本）的影响，中国 BIT 的条款内容也愈加丰富，对投资者的利益保护程度也更高，条款内容更为具体、明确，包括高标准的国际投资保护措施、最低待遇标准，放宽了对资金转移的限制、禁止业绩要求、国际仲裁等内容。

4. 第四阶段：高度开放阶段（2012 年至今）

这一阶段是国际投资规则发生重大变化的时期，投资规则变化动向有了新的调整，相比早期的投资规则更具有多层面性，涉及范围更广，主要体现在以下几个方面：加强对投资及投资者的保护；积极推进投资自由化；强调东道国对公共利益保障的外资监管权；提出“竞争中立”与“国有企业”新议题，严格“知识产权”“劳工权利”“环境标准”等新要求；提升“投资者—国家投资争端”解决机制的正当性等。

这一时期，中国一改早期 BIT 实践中以“投资保护”为主的保守态度，开始积极推进“投资自由化”，最显著的表现就是接受并开始推广“准入前国民待遇+负面清单”的外资待遇与管理方式，早期借鉴学习的欧洲 BIT 模式（德国模式）逐步有了改变，当前的 BIT 实践受现代北美 BIT 模式（美国模式）的影响更为明显。2012 年，中国与加拿大签订的 BIT 涵盖了常规国际投资协定所涉及的所有重要内容和核心要素，从结构到内容已完全不同于前期中国已经签订并生效的双边投资协定，这标志着中国开始接受 NAFTA 关于投资规则的美国模式。高标准投资协定对中国经济改革产生巨大影响。从 2013 年 9 月中国（上海）自由贸易试验区正式成立开始，包括行政管理体制、外资管理体制、金融体制、外商投资法律制度等改革进入新阶段。2020 年 12 月 30 日，《中欧全面投资协定》签署，这是中国有史以来签订的最雄心勃勃的投资协定。除了禁止强制转让技术的规则外，中国在该协定中首次纳入履行国有企业行为义务、全面透明的补贴规则以及可持续发展有关的承诺。

资料来源：王光，卢进勇．中国双边投资协定：历史演进与发展趋势［J］．国际经济合作，2019（2）：52-56.

第二节　国际投资新规则的主要内容与特征

一、国际投资新规则的主要内容

国际投资新规则的主要载体是双边投资协定和区域贸易协定中的投资条款，它们旨在促进投资流动，使东道国的外商投资政策具有更大的可预见性。

（一）新一代双边投资协议

双边投资协议（bilateral investment tready，BIT）是缔约国之间为了促进和保护在他国进行投资活动而专门缔结的一种条约。双边投资协定是在管理投资流动方面进行国际合作的主要方式。以往的 BIT 有美国、德国和加拿大 3 种范本，但新一代 BIT 范本主要是指美国政府 2012 年公布的《美国与××国家鼓励与相互保护投资条约（2012）》（简称 BIT2012）。BIT2012 的特点主要表现在对传统条款中相关投资定义的细化、强化投资自由化程度以及设立与投资有关的规则如投资与环境和劳工等，反映出对投资环境高标准要求的趋势。

1. 新一代 BIT 的主要内容

BIT2012 在内容方面改动不大，变化主要在条款的具体规定和解释上。主要条款包括：定义、范围、国民待遇、最惠国待遇、最低待遇标准、征收和补偿、转移、业绩要求、高层管理与董事会、透明度、投资与环境、投资与劳工、信息披露、金融服务、税收、磋商与谈判、提交仲裁请求、仲裁员的选择、仲裁程序的透明性等。

BIT2012 反映了美国的核心利益诉求，包括：东道国如何实行准入前国民待遇，东道国如何在面临金融危机的情况下对金融业实施审慎监管措施，更强调透明度和公共参与，强化了关于劳工与环境的保护，并针对国有企业的特殊待遇和自主创新政策带来的扭曲等制订了更加严格的规定。

新一代 BIT 是在经济全球化发展的新形势下出现的，反映了投资者、东道国政府、母国政府等不同投资相关方对投资自由化、投资促进和投资保护的法律要求，能够为投资者提供稳定、透明、可预期和开放的法律环境。新一代 BIT 除了倡导投资保护和促进以外，还增加了产业开放与自由化的内容，因此对于推动国际投资在更多行业的发展具有积极意义。对中国而言，新一代 BIT 所包含的准入前国民待遇、负面清单、竞争中立政策等原则比较新颖，这些原则的落实和推行不仅涉及外资管理模式改革和产业领域的扩大开放，更涉及了宏观经济管理体制、开放型经济体系、产业政策、所有制结构和国有企业改革等深层次问题。

2. 新一代 BIT 的新特点

第一，在透明度方面增加了透明度磋商机制，要求缔约方公开拟出台的新法规，并解释该法规的目的和原理，允许利益相关方提出意见。新增规定只是在形式上加大了成员国之间透明度的要求，实际上限制了东道国外资管理的立法权。

第二，在环境与劳工条款方面，要求缔约方不能为了吸引外资而忽视本国的环境保护法或劳工法。新范本强化了环境和劳工问题的磋商程序，但是，没有在此类问题发生争端时提供一个磋商之外的争端解决机制。

第三，在知识产权保护方面，新增了关于国内技术履行要求的禁止条款，规定不得禁止或强行要求外国投资者购买或优先使用东道国或者东道国个人的技术，此规定维护了美国在知识产权领域的优势。

第四，在国有经济方面，新增了一个关于"被授予政府职权的国有企业及其他人"的解释，成为界定政府向国有企业或其他个人、组织授权的标准；还制定了针对国家主导型经济体的条款，加大了对竞争中立规则的重视。这意味着，国有企业或其他机构在获得政府授权行使政府职权时，要受到 BIT 的管辖。

由发达国家引领的双边投资规则，逐渐成为世界各国与其他国家签订条款的标准，代表着国际投资规则的趋势。因此，BIT 在投资规则领域发挥了关键性作用。

【延伸 6-2】

美国 BIT2012 范本的主要修改内容及思想

项目	具体内容	体现思想
透明度	中央政府颁布该协定涵盖的普遍适用的规章草案必须在全国发行的官方刊物上公布，并解释其目的和理由，一般情况下征询公众意见的期限应不少于 60 天，最终文本必须公布在官方刊物或政府网站的显著位置，需要说明在接受征询意见期间公众提出的重大实质性意见，以及颁布的规章中的实质性更改。	从形式上看，尊重了投资者的立法知情权，实质上制约了东道国外资管理的立法权。
	缔约一方应当许可或推荐其境内的非政府标准化组织许可另一缔约方的经营者参与制定中央政府机构制定的标准和技术规章。BIT2012 范本中的"标准"不包括与提供服务有关的标准。	允许外国投资者参与东道国产品标准和技术标准的制定（包含非政府组织的标准制定也要允许外国投资者参与）。
投资与环境	将 BIT2004 范本中的"力争确保"改为"确保"，要求缔约方承诺不会为了鼓励投资而减少或削弱本国环境法中关于环境保护的措施，不通过长期、反复的作为或不作为而影响环境法的有效执行。	大幅提高对于缔约方环境保护的要求与标准；对缔约方责任的约束力具有强制性和刚性。
	缔约方基于合理行使自由裁量权的作为或不作为，或者出于善意的分配资源的行为符合协定规定；允许缔约方采取、维护或执行其认为符合本协定、能够保证其境内的投资活动以顾及环境保护要求之方式进行的适当措施。	提高对缔约方环境保护要求与标准规定的同时，体现了东道国和投资者利益保护的对称性与平衡。

续表

项目	具体内容	体现思想
投资与环境	增加缔约方应酌情给公众参与条款内事务机会的规定。	体现了对利益相关者参与权的支持与保护。
投资与环境	确立环境问题的磋商解决机制，如果缔约方违反了劳工保护的条款，投资者不能提起“投资者—东道国”仲裁，而是应当由投资者母国依据有关磋商程序与东道国磋商，并且投资者母国也不能援引BIT中其他关于国与国之间争端解决的条款。	表明美国认识到过高环境要求可能阻碍他国与之订立BIT或含有投资内容的FTA，试图通过将磋商作为争端解决唯一途径的方式换取缔约方对该条款的认可。
投资与劳工	将BIT2004范本中的“力争确保”改为“确保”，并对“劳工法”的涵盖范围加以扩大，同时将BIT2004范本中“最低雇佣年龄”改为“有效消除雇佣童工”，增加“消除在雇佣和职位方面的歧视”的规定。	大幅提高对于缔约方劳工保护的要求与标准；对缔约方责任的约束力具有强制性和刚性。
投资与劳工	增加缔约方应酌情给公众参与条款内事务机会的规定。	体现了对利益相关者参与权的支持与保护。
投资与劳工	确立劳工问题的磋商解决机制，如果缔约方违反了劳工保护的条款，投资者不能提起“投资者—东道国”仲裁，而是应当由投资者母国依据有关磋商程序与东道国磋商，并且投资者母国也不能援引BIT中其他关于国与国之间争端解决的条款。	表明美国认识到过高劳工保护可能阻碍他国与之订立BIT或含有投资内容的FTA，试图通过将磋商作为争端解决唯一途径的方式换取缔约方对该条款的认可。
金融服务	允许缔约方可以依审慎原因采取或维持与金融服务有关的监管措施，并对“审慎原因”加以严格定义，既包括维持单个金融机构的安全、稳健、完整及财务责任，也包括维持支付系统和清算系统的安全以及财务和运营。	避免滥用“审慎原因”来限制外资进入及在运营过程中给予不公平待遇。
金融服务	增加金融服务投资争端仲裁程序新条款：在金融主管机构根据有关条款作出联合决定的120日期限过后的30日之内（若在120日期限内仲裁庭仍未成立，则在仲裁庭成立后的30日之内），应申请方（东道国）的要求，仲裁庭应当优先审理和裁决金融主管机构未予解决的事项，而不是裁决仲裁请求的实体问题，也就是要求仲裁庭在成立后的30日之内优先裁定基于“审慎原因”采用的措施是否违反BIT规定。	强化了东道国政府金融监管的合法性，而“审慎原因”是一个国家金融监管合法性的前提，“审慎原因”优先考虑可以避免因监管行为导致外国金融企业的不满以及索赔行为。

续表

项目	具体内容	体现思想
国有企业管制	缔约方的义务适用于经缔约方政府授权行使任何监管、管理或其他政府职能的国有企业或其他主体。政府职能的授权既包括立法授权，也包括以政府命令、指令或其他行动进行的授权。即使政府通过非正式的方式授权给国有企业，该企业也受到 BIT 规定的缔约方政府义务的约束。	对于政府授权认定的宽泛化在一定程度上可以抵消国有企业的特殊优势，从而体现了公平竞争的思想，实现对于外资的保护。
政府竞争中立	缔约方政府须保证外资在标准和技术法规立法过程中有所参与。	提高了对政府在国有资本和外国资本竞争中保持中立的要求，并将实现路径具体化，具有可实施性。
	缔约方不得出于保护本国投资者及投资或者保护该缔约方或其经营者的技术之目的，要求外国投资者在其境内购买、使用或优先选择该缔约方或其经营者的技术，或在其境内禁止购买、使用或优先选择特定技术。	避免国有经济占主导地位的国家中政府给予国有企业诸多优惠，导致外资处于不公平竞争地位。

资料来源：唐宜红，等．全球贸易与投资政策研究报告（2016）［M］．北京：人民出版社，2017：39-41.

（二）区域贸易协定中的投资规则

纳入投资条款的区域贸易协议越来越流行。区域贸易协定最初的主要目的是促进贸易，但随着国际投资的迅猛发展，为了满足区域内经济整合的完整性，有关投资的条款必然会被考虑进去，投资条款成为成员方谈判时的主要内容。区域贸易协定投资条款的内容一般包括投资准入、投资待遇、投资保护以及争端解决，还有的包括对环境保护、竞争政策以及劳工等内容。相比于双边投资规则，区域贸易协定中投资条款的主要目的是促进区域内的投资自由化，尤其在增加透明度和提高市场准入等方面有具体的规定。当前包含新一代投资规则的主要区域贸易协定有《跨太平洋伙伴关系协定》（TPP）和《区域全面经济伙伴关系协定》（RCEP）。

1. TPP 的投资新规则

TPP 投资章节超越了以往任何区域贸易协议的标准，最大限度地提高了投资者保护程度和投资自由化水平。TPP 对投资的定义更加宽泛，不仅包括直接投资，还包括与证券、知识产权、合同投资等相关的投资。这里从核心义务、负面清单、投资者—国家争端解决机制（ISDS）以及投资章节涉及的其他重要议题四个方面着手，研究 TPP 投资规则的核心内容。①

① 许培源，刘雅芳．TPP 投资规则与我国 FTA 投资规则的差异及其影响分析［J］．国际经贸探索，2017（12）：87-91.

（1）核心义务

TPP 投资规则的核心义务包括：国民待遇和最惠国待遇 、最低标准待遇、征收和补偿、转移、业绩要求以及高管和董事会成员规定。TPP 将国民待遇和最惠国待遇扩大到投资的准入前阶段，即不仅包括在缔约方领土上投资的管理、经营、运营、出售和其他准入后阶段，还包括设立、获取和扩大的准入前阶段。其目的是最大程度地约束东道国通过行政审批等方式限制外资进入，推动投资自由化发展。最低标准待遇要求每一缔约方应根据习惯国际法原则给予投资公平待遇和充分保护和安全待遇，即不得拒绝司法和治安保护。特别是针对东道国武装冲突或国内动乱情况下的待遇标准做了单独说明，即东道国出现冲突或内乱时，应在采取、维持措施方面为外国投资损失提供非歧视待遇。在征收与补偿问题上，TPP 投资章节要求根据正当法律程序并以非歧视的方式给予迅速、充分、有效的补偿，并对补偿标准中涉及的公允市场价值做了详细说明。TPP 极大程度地保证相关投资资金的自由转移，同时规定了限制投资资金自由转移的情形。业绩要求规定任何缔约方不得对其领域范围内的缔约方或非缔约方投资者施加或执行任何要求，包括本地内容要求、出口要求和技术本地化要求。在高管和董事会成员方面，TPP 规定各缔约方不得要求投资的企业将高管职位任命给具有特定国籍的自然人，从而确保外资公司任命高级管理层和董事会成员的自主权。

（2）投资者—国家争端解决机制

投资者—国家争端解决机制（investor-state dispute settlement，ISDS）是 TPP 投资章节的关键内容，约占整个投资章节一半，从而为海外投资提供强有力的投资保护，提升投资自由化水平。TPP 规定了投资者-东道国争端解决的具体程序和对某些程序的要求和规定。ISDS 程序主要分为以下几个环节：磋商和谈判、提出仲裁请求、争端各方同意仲裁、选择仲裁员、开始仲裁和裁决 5 个环节。TPP 中的 ISDS 更看重仲裁制度，不过没有对 ISDS 设置上诉机制。ISDS 的这些特征使得其更具有争议性。首先，ISDS 把企业上升到与主权国家同样的地位，但两者的目标不同，企业以盈利为目的，而主权国家还要考虑公共利益。其次，ISDS 会导致跨国公司尽力绕过东道国的司法程序，将对东道国的法律法规和法院判决构成挑战。这可能会导致该机制的滥用，增加缔约方政府的债务（如高额的诉讼费和争端赔偿金），并限制国内政策和政府行为的空间。最后，ISDS 缺乏上诉机制，缺乏对败诉方权利的保障。

（3）负面清单

TPP 规定的不符措施（non-conforming measures）就是我们所熟知的“负面清单”，该条款主要是针对国民待遇、最惠国待遇、业绩要求、高管和董事会成员等核心义务提出的不符措施。负面清单分为两个部分，附件 I 是各缔约方针对现有行业所采取的不符措施，附件 II 是未来不符措施的保留清单。同时，TPP 在负面清单中还纳入了“冻结”承诺和“棘轮”承诺。负面清单模式意味着除保留外，各成员国的市场全面开放，最大限度地推动各成员国间的投资自由化和便利化水平。

（4）投资章节涉及的其他重要议题

其他重要议题包括劳工、环境、健康和其他监管目标、企业社会责任等。TPP 规定，各缔约方不得通过弱化或降低各自劳动法律的方式来鼓励贸易或投资；不得为鼓励贸易和投资而减少或弱化环境保护，并鼓励企业履行社会责任和负责任地进行投资；各缔约方通过降低健康安全和环境标准的方式来吸引外资的方法是不适当的。TPP 将这些新议题纳入其中，引领新一代贸易投资规则的发展方向。

综上所述，TPP 投资规则确实给外商投资者创造了一个更加安全、公平和自由的投资环境，赋予了投资者更大的维护自身投资利益的权利，这对国外投资较多的国家更有益。TPP 投资规则代表着当前世界投资规则的最高标准，但仍然存在以下问题：第一，TPP 着力于扩大投资自由化和仲裁形式的投资保护，使其过于强调投资保护和东道国的义务。第二，部分条款过于严苛和复杂，如业绩要求、负面清单、ISDS 机制等条款很复杂，对所有成员国几乎一视同仁，发展中国家在短时间内较难接受和适应这些条款。

2. RCEP 的投资新规则

RCEP 在投资问题上旨在建立一个自由和竞争性的投资环境，主要体现在以下三个方面：①

（1）采用负面清单方式做出高水平承诺。成员国对不适用国民待遇、最惠国待遇、禁止业绩要求、高级管理人员与董事会等行业列出负面清单。RCEP 投资协定是我国首次在自贸协定项下以负面清单形式对投资领域进行承诺，负面清单之外将不得新增投资限制。

（2）对投资领域的规则做出详细规定，涉及投资保护、投资促进、投资自由化和便利化等方面。除了国民待遇和最惠国待遇之外，协定要求给予涵盖投资公平公正待遇以充分保护投资安全，禁止施加货物出口、当地含量、技术转让等业绩要求，允许外汇自由且无迟延转移，不得随意征收或进行国有化等，充分地体现了投资保护导向，有利于打消企业跨国投资的顾虑，进一步增强投资信心和安全感。在投资促进方面，成员国承诺采取组织联合投资、促进商业配对、举办相关介绍会、加强信息交流等方式，为企业跨境投资牵线搭桥、保驾护航。协定还承诺了诸多投资便利化措施，包括简化投资申请和批准程序，提高投资法律法规、政策和程序的透明度，设立投资咨询服务的实体等，旨在为整个区域创造一个更加自由、开放、便捷、高效的投资环境。此外，RCEP 暂时搁置了投资者与国家间争端解决条款。成员国约定在协定生效后的两年内，就投资者与国家间投资争端解决机制（ISDS）进行讨论，讨论过程以 3 年为限。

（3）为成员国保留了适当的监管权力。例如，允许为保护债权、惩治犯罪、保障税收、维护劳动者权益等方面阻止或延迟资产转移，以及以公共利益为目的，依正当程序并以非歧视方式进行征收或国有化，尤其是为保护缔约方的安全利益等而采取必要措施。

总体而言，RCEP 投资章节属于新一代高水平、平衡化的投资规则。RCEP 不是一味追求高水平投资准入自由化，与 TPP 相比，RCEP 投资准入自由化平相对较低，其限制、例外和保留较多。RCEP 投资规则体现了从片面追求投资保护和投资自由化的新自由主义范式，向全面推进投资保护、投资促进、投资自由化、投资便利化与合理平衡东道国正当公共政策目标规制权的发展导向范式转型。RCEP 投资具有诸多亚洲特色，主要包括：审慎节制的投资保护条款、渐进务实的投资准入自由化条款、具体细化的投资促进与便利化

① 沈铭辉. RCEP 贸易与投资条款解读［J］. 中国外汇，2020（12）：38.

条款、以例外条款为主的东道国规制权和社会条款、灵活包容的发展条款、暂时搁置的投资者与国家间争端解决条款。①

【拓展 6-1】

1987—2019 年 ISDS 案件的发展趋势和赔偿金问题

截至 2019 年底，ISDS 案件总数已经超过 1000 起，达到 1023 起，其中至少有 674 起案件已经走完了 ISDS 诉讼程序。在这 674 起已结案件中，约 37%的案件裁决有利于东道国；约 29%的案件支持了投资者的请求并裁决赔偿；约 21%的案件以当事方和解结案；其余的案件或被终止，或被裁定为违反条约但未裁定赔偿。2019 年启动了至少 55 起新的仲裁。新增案件数仍居高不下，不过低于近 5 年的平均水平。大多数投资仲裁都是依据 20 世纪 90 年代或更早签署的国际投资协定进行的。迄今为止，已有 120 个国家或区域集团成为 ISDS 索赔案件的被诉者。见图 6-1。

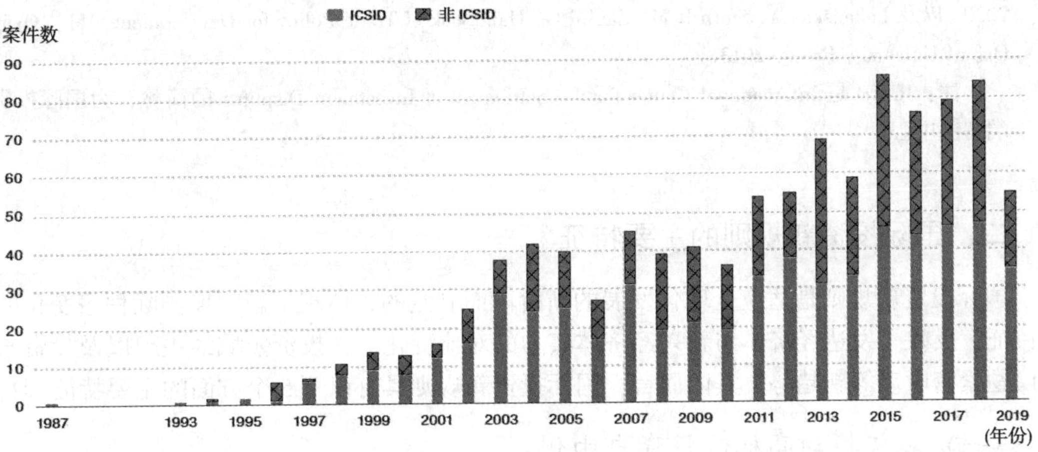

图 6-1　1987—2019 年以双边投资协定为基础的 ISDI 案件的发展

裁决的赔偿金也是相当高的。例如，2005 年 2 月，斯洛伐克共和国同意遵守 ICSID 的裁决向捷克一家银行 CSOB 支付 8.3 亿美元的赔偿金。这一数额比当时已知的仲裁案件裁决高出 10 倍，约等于捷克共和国整个公共部门的赤字。这对一国政府来说是很大的负担。特别是阿根廷，在 2001 年阿根廷比索贬值之后，对阿根廷政府提起的诉讼案件超过 44 起。尽管东道国胜诉的概率高些，但它们仍面临巨大的应诉费用。通常仲裁法庭要求案件双方承担各自的法律费用，并承担法庭费用的一半。如果法庭将更大比例的仲裁费用分配给败诉方，那么应诉费用就更高。例如，在英国国家电网诉阿根廷案中，阿根廷被命令支付 75%的仲裁费用，共计 130 万美元。因此，

① 王彦志 . RCEP 投资章节：亚洲特色与全球意蕴［J］. 当代法学，2021（2）：44-55.

投资者与国家争端解决机制会给东道国政府带来沉重的政策成本。见表 6-2。

表 6-2 **2001—2010 年阿根廷面临的部分赔偿案件**

投诉人	赔偿金额	裁决时间	执行时间	仲裁机构
CMS 输气公司	1.332 亿美元	2005.5.12	2007.9.25	ICSID
Azurix 公司	1.652 亿美元	2006.7.14	终止，程序暂停	ICSID
Siemens A.G.	2.378 亿美元	2007.2.6	终止，程序暂停	ICSID
Enron Corporation and Ponderosa Assets L.P	1.062 亿美元	2007.8.20	2010.7.30	ICSID
Sempra Energy International	1.282 亿美元	2007.9.28	2010.6.29	ICSID
National Grid plc	0.54 亿美元	2008.11.3	2010.6DC 法庭确认	NCITRAL

资料来源：UNCTAD. World Investment Report 2020 [M]. New York: United Nations Publications, 2020. 以及 Lukauskas A, Stern R M, Zanini G. Handbook of Trade Policy for Development [M]. Oxford: Oxford University Press, 2013.

注：ICSID 是 International Center for the Settlement of Investment Disputes 的简称，为国际投资争端解决中心。

二、国际投资新规则的主要特征

国际投资新规则是适应全球化发展的新阶段而制定的，体现了新时期国际秩序变化的时代特征，反映了发达经济体与新兴经济体实力的对比变化、新投资领域的兴起以及投资与社会议题紧密联动等新趋势。具体而言，国际投资新规则具有以下 5 个方面的主要特征。①

（一）积极推动高标准投资自由化

一是推行“准入前国民待遇+负面清单”的外资管理模式，对东道国的外资管理体制等方面提出非常高的要求。外商投资的准入前国民待遇是指国民待遇延伸至投资准入阶段，即在企业设立、取得、扩大等阶段给予外国投资者及其投资不低于本国投资者及其投资的待遇。在传统投资协定中，国民待遇适用于投资建立之后的阶段，而准入前国民待遇则将国民待遇延伸至投资发生和建立前的阶段。与准入前国民待遇相伴的是负面清单管理模式。负面清单（negative list）又称“否定清单”，是相对于“正面清单”（positive list）而言的一种国际通行的外商投资管理办法，即投资领域遵循“法无禁止皆可为”的原则，明确禁止外资进入的领域在清单中列明，其余所有领域都对外资开放，是国际投资自由化的一个重要标志。CPTPP 还提出了不可逆转的“棘轮式负面清单”，即负面清单管理动态化，其目的是将政策框架逐步锁定在最大的开放性和确定性。

① 张蕴岭，马天月．国际投资新规则及中国应对策略 [J]. 国际展望，2019 (4): 27-33.

二是实行“竞争中立”原则。这是当前对国有企业经营行为进行规范的新标准，目的是确保国有企业和私营企业能够公平竞争，要求国有企业只能基于商业考虑进行交易，且应保持企业股东、组织结构等信息的透明度，政府应在国民待遇基础上公平对待国有企业和私营企业，特别是在税收、信贷、采购等政策方面，应确保商业经营的国有企业与私营企业的平等待遇，避免歧视私营企业。TPP 将“国有企业”议题单独列为一章详细说明，以对国有企业经营行为进行规范。

（二）投资保护与东道国监管权之间的平衡

国际投资规则的演进表明，早期规则的主要特征是为投资开拓便利环境，规则的重点是保护投资者的利益。随着双向投资的发展，特别是东道国对自身利益关注度的提升，投资规则由着重对投资者保护转向更加注重投资促进与东道国利益维护的双向调整。一方面，为了进一步提高投资规则的公正性、透明度和便利化程度，国际投资新规则重视关于投资促进、国民待遇、公平公正待遇、最惠国待遇、禁止非法征收、自由兑换与转移等条款；另一方面，为了体现东道国的综合利益，国际投资新规则加强了对投资影响的考虑和对投资方式与运作行为的监管。东道国政府有权基于合法公共政策目的而对外资进行管制，主要分为两类：第一类为外资禁止限制，即东道国通过引入各种例外条款、过渡期条款、不符措施等（包括“根本安全利益例外”“一般性例外措施”“金融审慎措施例外”“环境保护”等条款）加强对关键、敏感部门的政策保护。第二类为外资严格监管。国际投资新规则对劳工权利、环境标准、知识产权要求更加明确，监管体系更加健全。比如，要求缔约方承诺不以降低环保和劳工标准为代价吸引外资，强调高水平的知识产权保护等。总之，新规则旨在同时改善投资便利化和东道国监管权的有效实施，注重维持二者的动态平衡，从而为国际投资提供便利、稳定、规范的发展环境。

值得注意的是，自 2017 年以来，一些发达国家加强了对外国投资的审查力度。美国和欧盟相继出台了新的监管政策，把涉及国家安全、关键技术和敏感信息的领域纳入审查范围，收紧外资监管。美国 2018 年出台的外国投资监管新规则扩大了外国投资委员会（CFIUS）的审查管辖权，对涉及关键基础设施、关键技术和公民信息安全的投资加强审查，并列出特别关注国家。欧盟委员会于 2019 年 3 月批准外国投资监管新法规，对涉及敏感技术、基础设施及公共秩序和安全领域的投资加强审查。

（三）环境和劳工标准等与投资规则挂钩

在美国 BIT2004 中，首次将劳工问题列为专项条款，强调扩大受保护的劳工权利范围、加强劳工保护力度、加强对法规的有效执行、强化磋商机制和公众参与。在美国 BIT2012 中，原有规定进一步细化，将劳工和环境标准提高到“行政优先权”，增加了处理环境和劳工标准问题的协商程序，要求缔约方不得为鼓励投资而放弃或减损国内环境和劳工法的执行，履行对国际劳工组织公约的承诺。在新近缔结的双边和区域投资协定中，环境、公共卫生、劳工权益越来越成为缔约各方洽谈的必要条款。例如，欧加 CETA 规定，欧盟和加拿大政府有权以最高保护标准制定环境法，鼓励建立环境规范的跨国合作机制，保障环境和劳工问题的有效处理。CPTPP 和 USMCA 都嵌入了空气质量保护、海洋环境保护、海洋捕捞规范、动植物检验检疫标准、劳工自由结社、集体谈判权利等社会责任条款，这在很大程度上代表了未来国际投资规则制定的一大趋势。投资规则和贸易及社会责任议题的联动，有利于更好地协调投资者、社会群体和东道国政府等各方利益，有利于使投资行为更好地推动可持续发展。不过，鉴于投资主体和东道国情况与能力差别很大，整齐划一的标准会导致新的问题，比如劳工条款可能会成为有些国家干预当地政治的工具。

（四）对新科技和新兴行业投资行为进行规范

新科技革命推动更多新的行业发展，需要通过规则制定来为投资拓展开放的市场环境和对投资行为进行规范。新规则的主导趋势是推动新领域的开放与保护，如数据、电子商务等新兴技术和服务领域。CPTPP 和 USMCA 嵌入了保护信息数据自由流动的条款，包括减少对电商市场准入、数据存储和处理限制，允许数据跨境传输，限制政府要求披露源代码，放宽异地数据储存和数据跨境流动标准等。与此同时，知识产权保护和外国投资严格审查作为维护新科技新领域核心竞争地位的一体两翼，标准也有所提高。如欧加 CETA 和美国 BIT2012 都有禁止东道国要求投资者进行技术转让条款。USMCA 对知识产权保护要求更高，执法机关能够在出入境的所有区域截获涉嫌盗版或伪造的货物；对生物制药进行 10 年的数据保护并扩大受保护的产品范围。新技术研发投资大，技术需要在更大的市场空间内加以运用，特别是数据市场化，使数据保护成为十分重要的问题。因此，新技术领域更需要同时加强市场开放与专利保护，这就是为何有关投资与综合经贸协定都突出知识产权保护的一个重要原因。

（五）国际投资争端解决机制趋向分化

国际投资争端解决中心（The International Center for Settlement of Investment Disputes，简称 ICSID）是依据《华盛顿公约》而建立的世界上第一个专门解决国际投资争议的仲裁机构，目前世界绝大多数国家都参加了这一争端解决机制。但是，长期以来，投资者—东道国的争端解决机制存在仲裁效率低下、缺乏透明度和公正性、无上诉机制等问题。当前，双边和多边（区域）投资协定的条款对提高仲裁透明度和公众参与等予以重视。不过，如何改进争端解决机制中存在的问题仍有较大分歧，在做法上也存在很大差异，主要有三种变化：一是用尽当地救济原则的变化。如 BIT2012 以及 TPP 中提出投资者应先行“磋商谈判”处理争端，也可寻求以保全投资者的权利与利益为目的的临时“禁令救济”。二是提升投资争端仲裁的正当性。增加仲裁程序透明度，要求信息披露、相关仲裁文件及听证向公众公开，非争端当事方且与仲裁程序有实质性利益的第三方（法庭之友）可参与争端解决。三是重视构建审查投资者-国家争端解决仲裁裁决的上诉机制。如欧加 CETA 采取常设仲裁庭和增加上诉环节的办法，同时还增加了东道国协调权重并完善上诉机制和仲裁程序。此外，有的协议则是在已有制度外进行机制创新，如巴西投资合作与便利协定绕开了争端仲裁程序，成立联合委员会作为争端预防机构，负责改善投资者与东道国的交流沟通、友好解决分歧、防止争端发生或启动国对国的仲裁程序等工作。争端机制多元分化，在很大程度上反映了投资者—国家争端解决机制（ISDS）的缺陷，有利于照顾多元利益的需求。

（六）国际投资规则复杂化、差异化及碎片化

随着国家间缔结投资条约和经贸协定的增多，国际投资规则也越来越复杂，造成重叠、冲突和混乱。研究发现，全球有24%的双边关系是受到两项或两项以上的投资协议约束的，即每4项投资协议中就有2项缔结方完全相同。①受到多份投资协议约束的缔结主体常常遇到协议内容冲突的问题。此外，双边和区域协定也常出现冲突，使得国际投资规则更加复杂。未来如何缔结标准统一的投资规则，理想的方向是推动多边投资协定谈判尽早达成协议；次优的选择是尽可能参照有关投资的指导原则，比如G20指导原则，不过由于双边、区域的情况复杂多样，实行起来并非易事。

第三节 国际投资新规则的经济影响

从发展的角度来看，国际投资新规则的一个主要目标是增加对签约国的投资。从理论上讲，只要双边投资协定和区域贸易协定中的投资条款可以加强国内立法，人们会预期投资流量会增加。那么，现实中国际投资新规则是否增加了外国直接投资（简称FDI）的流动呢？

一、BIT对外商直接投资的影响

（一）对全球FDI的研究

BIT对外商直接投资影响的实证研究目前没有统一定论。最早研究BIT对外商直接投资影响的学者之一是Hallward-Driemeier（2003）。她利用OECD成员国在20年间与31个发展中国家的双边FDI流量数据分析发现，在控制了时间和国家的固定效应下，BIT在增加母国对签约国的外国直接投资份额方面几乎没有独立的影响。即使将签署BIT后3年的流量与前3年的相比，FDI也没有显著增加。Tobin和Rose-Ackerman（2005）用5年平均数据分析了流向63个国家的外国直接投资发现，只有在风险水平非常低的国家，BIT才会使签约国的FDI增加。Neumayer和Spess（2005）使用更长时间更大样本的BIT累积数量数据，发现BIT的总数对FDI流入具有稳健的正向影响。Desbordes和Vicard（2009）发现政治关系紧张的国家间签订的BIT对FDI的影响显著，而关系友好的国家间签订的BIT对FDI则没有影响。Busse等人（2010）利用引力模型并控制了内生性，发现BIT对发展中国家吸引FDI流入有显著的正向影响。Gordon等人（2017）分析了BIT对不同类型的FDI的影响，发现BIT对垂直型FDI的影响要大于对水平性FDI的影响。Frenkel和Walter（2017）构建了BIT国际争端解决机制强度指数来研究BIT与FDI的关系，得出

① Wolfgang Alschner. Regionalism and Overlap in Investment Treaty Law: Towards Consolidation or Contradiction?[J]. Journal of International Economic Law, 2014, 17 (2): 271-298.

BIT 中国际争端解决条款确实促进了东道国 FDI 流入。

中国学者对此也进行了较多的研究。张鲁青和冯涌（2009）利用 1993—2004 年 47 个发展中国家的面板数据进行实证分析，得出 BIT 有利于发展中国家 FDI 流入的增长，且与制度质量、单边投资自由度之间存在替代关系。陈继勇和陈飞（2015）基于美国上市公司 2006—2013 年国家层面和企业层面的数据，通过计量分析得出：（1）双边投资协定对不同区域国家的对外直接投资的影响存在差异；（2）当东道国本身的制度环境较差时，双边投资协定对其外商直接投资的提升效果不大；（3）在美国企业的直接投资中，双边投资协定和发达国家的制度环境之间存在着互补关系，而对发展中国家和转轨经济体则没有互补关系。Zeng 和 Lu（2016）指出，签订 BIT 并不必然促进中国 FDI 流入，BIT 与 FDI 的关系取决于 BIT 的内容。李依颖等（2019）利用 1997—2016 年中国省际面板数据研究了 BIT、区域制度与 FDI 的关系发现，BIT 和区域制度均对区域 FDI 流入有显著的正向影响，且 BIT 与区域制度之间存在显著的替代效应；同时，BIT 对区域外商直接投资的影响存在区域制度门槛，BIT 对区域制度低于门槛值的区域 FDI 流入促进作用更大。

由实证研究可以得出一个重要的结论，BIT 对 FDI 的影响随东道国营商环境和 BIT 内容的变化而变化。

（二）对中国对外直接投资的影响

BIT 不仅在短期内能显著促进中国对外直接投资（OFDI），且在长期内促进作用将更加明显，同时东道国的制度水平所起的调节作用也不可忽略（张中元，2013）。邓新明和许洋（2015）研究了制度环境在 BIT 对中国 OFDI 影响中所起的调节作用。以 2003—2012 年中国对 71 个国家或地区的 OFDI 面板数据分析发现，BIT 和东道国较好的制度环境都能促进中国对其投资，并且东道国制度环境存在显著的门槛效应。当东道国制度质量在门槛值之上时，BIT 的促进作用不显著。宗芳宇等（2012）采用中国上市公司对外直接投资流量数据研究了 BIT 对中国 OFDI 的影响发现：BIT 促进了中国企业到签约国进行投资，且 BIT 能够在一定程度上减轻东道国的制度缺陷，尤其是对制度环境较差的东道国的作用更明显。杨宏恩等（2016）基于异质性 BIT 视角研究了 BIT 与中国 OFDI 的关系，发现 BIT 对中国 OFDI 的影响存在显著的国别差异，签订 BIT 对中国流向发达国家的投资影响不大，对中国流向发展中国家的投资有显著的积极影响，且 BIT 与发展中国家制度环境存在显著的替代效应。王光（2020）进一步分析指出，发现“公平公正待遇”与“最惠国待遇”是影响 BIT 促进中国 OFDI 的关键性条款。

总之，BIT 通过改善东道国制度环境来间接促进中国 OFDI。BIT 对东道国的制度水平有一定的提升作用，BIT 的签订进一步强化了签约国之间的投资意愿，通过建立的一系列投资保护规则，促进了中国向制度水平低的国家投资。

二、区域贸易协定中投资条款对 FDI 和 GVC 的影响

考虑到全球价值链下贸易与投资的紧密联系，包含投资条款的区域贸易协定对 FDI 的影响也受到学者的关注。由于很难区分区域贸易协定的投资条款和其他条款的影响，因此很难准确评估区域贸易协定中投资条款的影响。不过，多数研究都表明，区域贸易协定中

的自由贸易和投资保护对 FDI 的综合影响是正的。

从实证研究来看，大多数研究认为 RTA 投资条款促进了 FDI 的流入。Lesher 和 Miroudot（2006）通过创建区域贸易协定中投资条款的深度指数，并用引力模型进行实证分析，结果表明，RTA 投资条款与 FDI 流量正相关，而 BIT 对 FDI 流动的影响微不足道。这表明区域贸易协定中的实质性投资条款对 FDI 流动的影响更为深远，或者说，实质性投资条款与协定其他部分的规则相结合，共同对 FDI 产生更大的影响。Miroudot（2011）强调贸易和投资之间的互补性，发现含有投资条款的区域贸易协定对 FDI 流入的影响比 BIT 的大，这在很大程度上是因为区域贸易协定中存在准入前国民待遇条款和贸易承诺。Berger 等（2013）比较了区域贸易协定和双边投资协定中投资自由化和投资保护条款对 FDI 影响的差异，发现区域贸易协定中投资自由准入条款对 FDI 的影响显著为正，而投资争端解决机制的影响很小；而双边投资协定却没有这种差异。不过，Kox 和 Rojas-Romagosa（2020）利用结构引力方法分析了优惠贸易协定（简称 PTA）和双边投资协定（BIT）对双边 FDI 的影响发现，签订 PTA 使双边 FDI 存量平均增加 30%左右，但深度 PTA（如包括投资、公共采购和知识产权的条款）与常规 PTA 的影响没有显著的差异，BIT 与 PTA 的影响也相当。不过，欧盟单一市场具有很大的影响，使双边 FDI 大约平均增加了 135%。

此外，Boffa 等（2019）实证研究了深度 RTA 和 BIT 对全球价值链的影响发现，BIT 和 RTA 都能促进价值链贸易的增长，但 BIT 只作用于后向联系，即只对出口中的国外增加值提高起作用。相较之下，深度 RTA 则沿着全球价值链一体化的两个方向发挥作用，同时促进后向联系和前向联系。也就是说，在 RTA 中纳入可执行的投资条款（即提高 RTA 的深度)，可以提高国内增加值占出口的比重。因此，贸易协定中具有法律约束力的投资条款具有十分重要的作用。

【拓展 6-2】

双边投资协定或区域贸易协定中投资条款指数的构建

Adams 等人（2003）是最早研究投资条款的差异性的文献，该文为测算区域贸易协定的广度与深度而构建了一个自由化指数，该指数涵盖了有关投资规则的信息：如该区域贸易协定中有涉及禁止限制投资的条款，则将其赋值为“1”，若有国民待遇条款则赋值为“0.75”，若有投资便利化措施则赋值为“0.25”，若没有涉及投资的任何条款则赋值为“0”。随后，Lesher 和 Miroudot（2006）针对区域贸易协定中的投资条款，根据“准入前非歧视待遇”“准入后非歧视待遇”“服务业的非歧视待遇”“投资监管与保护”“争端解决机制”“投资促进与合作”等 6 个特征对投资条款的内容进行度量，赋值范围限定在“0”至“1”之间，“0”表示缺失相关待遇条款，“1”表示该条款对投资的待遇最为有利，同时辅以“0. 5”单位将相同条款下不同待遇之间的差异性进一步区分。

Yackee（2007）最早关注了双边投资协定中的异质性问题，Yackee 依据不同双边投资协定在“投资待遇”条款与“投资者—国家争端解决”条款内容上的差异性，通过分类赋值以区分不同双边投资协定之间的强弱差异。国内学者杨宏恩等（2016）借鉴了Adams等（2003）、Lesher和Miroudot（2006）对区域贸易协定中投资条款指数化方法，构建中国BIT Index。其步骤主要有3步：第一，构建单项指数。选择定义、承认与促进、公正公平、国民待遇、最惠国待遇、征收、损害补偿、转移、投资争端解决机制、保护伞共10项指标作为单项指数。第二，对单项指数评分。每个单项指标的分值范围为0~2。如果BIT没有包含该项指标，则得分为0，如果BIT包含该项指标，其得分将依据设定的标准对该单项指标评分。第三，把单项指标指数用算术平均的方法合成总指数。

王光等（2020）在上述研究的基础上构建了中国双边投资协定异质性指数，该指数为各具体异质性条款指数之和，而各具体条款的异质性指数测算如下：首先，将双边投资协定分为6大模块，分别为“投资定义与范畴”“公平公正待遇（绝对待遇）”“国民待遇与最惠国待遇（相对待遇）”“征收补偿”“保护伞”“争端解决”。

其次，参考Lesher和Miroudot（2006）的方法，分为两个层级：第一层判定“有无本条款的信息点”；第二层判定“在有该条款信息点”的前提下，是否存有差异及差异的强弱。最后，第一层指数化的方法：有该条款信息点则赋值为“1”，没有该条款信息点则赋值为“0”；第二层指数化的方法：在“有该条款信息点”的前提下，存有强弱的区分，则赋值单位为“0.5”，各单项信息点指数的最小值为“0”，最大值为“1”。特别地，“投资定义”的最小值为“0.5”，考虑到“国民待遇”条款的重要性与特殊性，国民待遇下的“待遇模式”最大值为“3”。每一具体条款指数为该条款下各异质性信息点所对应数值之和。

资料来源：王光，代睿，林长松，等．双边投资协定与中国对外直接投资［J］．国际经贸探索，2020，36（3）：95-112.

◎ 小结

1. 国际投资规则的制定不仅落后于国际贸易规则的制定，更大大滞后于国际投资本身的发展。目前，投资规则的全球治理体系尚未形成，正处在较快的发展变化中。

2. 国际贸易规则经历了三个阶段：初立期、拓展期和调整深化期。

3. 国际投资新规则的主要载体是双边投资协定和区域贸易协定中的投资条款，它们旨在促进投资流动，使东道国的外商投资政策具有更大的可预见性。

4. 双边投资协议（BIT）是缔约国之间为了促进和保护彼此在他国进行投资活动而专门缔结的一种条约。新一代BIT范本主要是指美国政府2012年公布的《美国与××国家鼓励与相互保护投资条约（2012）》（简称BIT2012）。BIT2012的特点主要表现在相关投资定义的细化、强化投资自由化程度以及设立与投资有关的规则如投资与环境和劳工等，反映出对投资环境高标准需求的趋势。

5. 纳入投资条款的区域贸易协议越来越流行。区域贸易协定中投资条款的主要目的是促进区域内的投资自由化，尤其在增加透明度和提高市场准入等方面有具体的规定。当前包含新一代投资规则的主要区域贸易协定有《跨太平洋伙伴关系协定》（TPP）和《区域全面经济伙伴关系协定》(RCEP)。

6. TPP 投资章节超越了以往任何区域贸易协议的标准，最大限度地提高了投资者保护程度和投资自由化水平。RCEP 投资章节属于新一代高水平、平衡化的投资规则，体现了全面推进投资保护、投资促进、投资自由化、投资便利化与合理平衡东道国正当公共政策目标规制权的发展导向范式，并具有诸多亚洲特色。

7. 国际投资新规则是适应全球化发展的新阶段而制定的，体现了新时期国际秩序变化的时代特征，反映了发达经济体与新兴经济体实力的对比变化、新投资领域的兴起以及投资与社会议题紧密联动等新趋势特征。

8. 国际投资新规则的一个主要目标是增加对签约国的投资。但在实证检验中，BIT 对 FDI 的影响随东道国营商环境的不同而变化。不过 BIT 促进了中国 OFDI 流动。区域贸易协定对 FDI 流入的作用较明显。

◎ 关键词

双边投资协议（bilateral investment tready）　负面清单（negative list）准入前国民待遇（pre-establishment national treatment）　投资者-国家争端解决机制（investor-state dispute settlement mechanism）　多边投资协定（multilateral agreement on investment）

◎ 重要概念

竞争中立　最低待遇标准　业绩要求　国际投资争端解决中心　BIT2012　区域贸易协定投资条款

◎ 思考题

1. 中美双边投资协定的障碍有哪些？
2. 国际投资新规则的发展对中国投资管理体系带来什么影响？如何应对？
3. RCEP 与 TPP 的投资规则有哪些差异？
4. 投资者-国家争端解决机制对东道国带来哪些影响？
5. 国际投资新规则对资本流动的影响有多大？

◎ 练习题

1. 美国 BIT2012 范本有什么特征？
2. RCEP 的投资规则有哪些新变化？
3. 国际投资新规则有什么主要特征？
4. 国际投资新规则对中国对外直接投资有什么影响？
5. 准入前国民待遇和负面清单模式如何影响我国我国外资管理体制？有什么应对策略？

第七章 国际竞争新规则

第一节 国际竞争规则的演变及相关研究

一、国际竞争规则的演变

公平竞争是市场经济的本质要求，市场的公平竞争是提高资源配置效率和保持市场活力的关键。当一个封闭市场扩展为国际市场时也不例外。公平竞争原则作为国际贸易投资规则的重要基石，贯穿于所有贸易和投资协定之中。

在 WTO 框架下，公平竞争原则是指成员方在货物贸易领域、服务贸易领域、与贸易有关的投资措施和知识产权领域中不得采取扭曲市场竞争的措施，或进行不公平的竞争行为，而应创造和维护公开、公平和公正的市场竞争环境。反倾销、反补贴和保障措施是 WTO 用于维护公平贸易、保护进口国国内产业免受不公平竞争的法律制度。

倾销是指产品以低于其正常价值的价格出口到另一国家（地区）的行为。当倾销商品对进口国产业造成实质损害或实质损害的威胁，进口国可以采取反倾销措施。在 WTO 框架下，只有政府才能采取反倾销措施。因此，一国的贸易商或产业界必须通过政府来启动反倾销程序。补贴是指一国政府或者任何公共机构向本国的生产者或者出口经营者提供的资金或财政上的优惠措施，包括现金补贴或者其他政策优惠措施，使其产品在国际市场上处于更有利的竞争地位。反补贴措施是通过实施反补贴法以达到救济本国产业之目的。保障措施是指当一国的某种进口产品急剧增加，对进口国国内同类产品或其他类似产品的生产带来实质损害或实质损害威胁时，进口国政府可以对该进口产品实行贸易限制措施。

随着国际市场的变化出现了新型公平竞争规则。20 世纪 90 年代以来，越来越多的私人限制竞争行为扭曲了国际市场的公平竞争，形成了新型进入壁垒。私人反竞争做法包括滥用市场支配地位、公司之间的串通、确保市场支配地位的兼并和收购、人为限制产量抬高价格、掠夺性定价和价格操纵等。由于 WTO 规则主要是消除政府间的关税和非关税壁垒，对于私人反竞争行为却显得无能为力。对私人反竞争行为的规制主要依靠各国的国内竞争法，但由于各国国内竞争法的差异巨大，在处理跨境的私人反竞争行为时存在诸多冲突。这就对竞争政策的国际协调提出了要求。

虽然私人反竞争行为已经构成进入市场的严重障碍，但是 WTO 规则却没有处理这种限制竞争的机制。竞争政策领域最有效的国际合作主要是双边合作。美国与欧盟在 1991 年订立的《执行反垄断法的合作协定》是这个领域代表性的双边合作协定。目前，越来越多的区域贸易协定设立了竞争章节，规定了成员方有义务实施竞争法律和政策，消除反竞争行为，保持成员方在竞争执法领域的合作。竞争政策的双边和区域协调成为国际竞争议题谈判的主要场所。

另外，国有企业参与国际竞争备受关注，越来越多的国有企业和主权基金进入国际市场，产生了较大的影响。美欧等国认为，由于其背后的政府支持，国有企业在国际市场获得了竞争优势，使得没有政府支持的私有企业陷入了竞争劣势。为应对国有企业国际化带来的新型挑战，"竞争中立"是一个有效的政策工具。自2011年以来，美国政府积极推广竞争中立规则。随着区域贸易协定的兴起，包含竞争政策议题的"新一代"区域贸易协定更是发展迅速。据统计，截至2018年7月10日，WTO已经生效的456个协定中，包含竞争章节的区域贸易协定有189个，占生效协定总数的41.5%；有152个协定对指定垄断和国有企业问题进行专章规定，占总数的33.4%。① 根据WTO网站的RTA数据库统计，2015年以后生效的85个RTA中，就有69个纳入了竞争条款或章节，占比高达81%。②

二、区域贸易协定中竞争条款的相关研究

竞争条款（competition provisions）是指区域贸易协定中关于规制严重影响贸易的反竞争行为的规定。21世纪初有关区域贸易协定中竞争条款的研究才开始。最早的研究区域贸易协定中竞争条款的一篇重要文献是2006年两名OECD工作人员Solano和Sennekamp的研究。他们分析了86份区域贸易协定，并对其中竞争条款的类型进行分类整理。他们把区域贸易协定中竞争章节的条款分成8个方面的内容：（1）采纳、维持及适用竞争措施。（2）合作与协调的规定，如一般合作规定、通知、证据与信息交换、竞争政策执行方面的条款、消极礼让和积极礼让条款（provisions relating to negative and positive comity）。消极礼让指一方在实施其强制措施时应考虑到这一措施对另一方重大利益的影响；积极礼让是指协议一方可以请求另一方采取强制措施。（3）关于制止反竞争行为的规定，包括：限制竞争协议行为、滥用市场支配地位行为、政府援助或补贴行为、有限制竞争效果的并购、国有企业或国家垄断。（4）具体竞争条款中的关于非歧视、程序公正和透明度的规定。（5）排除对贸易救济措施适用的规定，包括反倾销、反补贴和保障措施的适用方面。（6）在某些情况下允许重新适用贸易救济措施的规定。（7）因竞争政策引起的争端解决程序的规定。（8）弹性与渐进性条款，又称为特殊与差别待遇条款。如竞争政策方面承诺的灵活性、技术援助和能力建设等。

通过分析，Solano和Sennekamp（2006）得出两点结论：一是区域贸易协定中竞争条款的宗旨是贸易至上原则，即避免反竞争做法破坏协定的贸易目标。他们认为，虽然有些协定的措词比其他协定更为明确，但在大多数协定中，缔约方强调反竞争做法可能会破坏协定的贸易目标。因此，缔约方表示，为打击反竞争行为而采取的措施将加强协定的贸易

---

① 闻韬．区域贸易协定中的竞争章节研究［J］．法学论坛，2018（4）：46.

② 该数据为作者自己统计，时间截至2021年6月28日。如果有国家加入某个已生效的协定，不再计算。

目标。二是区域贸易协定在实质性竞争规则和建立与竞争有关的机制方面采取了不同的做法。通常，欧盟签订的协定中包含反竞争的条款，而美国签订的协定侧重于协调与合作条款。

Evenett（2013）认为，Solano 和 Sennekamp（2006）的研究有三点重要含义：首先，竞争规定不必只针对私人的反竞争做法，还应针对可能扭曲市场结果的国家措施。其次，区域贸易协定中的竞争条款能为制定和有效实施竞争法创造条件。最后，区域贸易协定中的竞争条款能以不同的方式影响竞争主管机关之间的合作形式与合作程度。

Anderson 和 Evenett（2006）则对 Solano 和 Sennekamp（2006）的研究提出了一些不同的看法，他们指出，一是区域贸易协定中的竞争条款不仅出现在竞争章节里，还出现在其他章节中，如服务特别是电信服务和金融服务章节、政府采购和知识产权章节。二是许多区域贸易协定把非歧视、程序公正和透明度义务作为一般义务，适用于整个协定，但没有在竞争章节中出现。三是竞争条款的贸易至上宗旨值得商榷。他们认为，尽管许多协定规定，竞争章节的一个目标是防止反竞争行为侵蚀贸易自由化的潜在利益，但是，竞争条款还包括促进竞争、消费者福利和经济效率等目标。因此，他们认为，最好把区域贸易协定描述成国家之间为促进共同或共有目标或价值观的工具，包括竞争方面的目标和价值观。

Teh（2009）分析了 74 份区域贸易协定中与竞争有关的条款发现，区域贸易协定中的竞争规则并不全是服务于贸易目标的，特别是竞争规则不具有互惠性质，这与市场准入规则完全不同。他还指出，有很大一部分贸易协定（42%）把促进和改善贸易伙伴之间的“竞争条件”视为贸易协定的主要目标之一。一些区域贸易协定包括欧盟-智利、墨西哥-日本和日本-新加坡自由贸易协定明确提到，在竞争领域建立合作是协定的目标。这似乎表明，许多区域贸易协定将促进竞争视为一种内在的或独立的价值。

Anderson 等人（2018）分析了截至 2017 年底向 WTO 通报的 155 份含竞争章节的区域贸易协定中不同类型竞争条款出现的频率。他们将区域贸易协定（简称 RTA）中竞争政策条款分为 4 大类 10 个子类，分别是：（1）对竞争政策的监管，包括采用或维持竞争法、反竞争协议/协调实践、滥用支配地位以及并购管制 4 小类；（2）竞争政策合作，包括竞争政策的合作规定和建立竞争机构要求两类；（3）竞争政策的“横向原则”，包括透明度及非歧视和程序公正两小类；（4）国有企业，包括对国有企业与指定垄断企业的监管和国家援助及补贴两小类。其中，80%的 RTA 包括反竞争协议和滥用支配地位条款，66%的 RTA 有竞争政策合作条款，62%的 RTA 有对国有企业和指定垄断企业监管条款，55%的 RTA 有采用或维持竞争法条款，49%的 RTA 有透明度要求，32%的有非歧视和程序公正条款，含有建立竞争机构要求、国家援助及补贴和并购管制条款的 RTA 比例分别是 29%、26%、23%。

此外，Anderson 和 Evenett（2006）还实证分析了不同类型的竞争规则对 1989 年至 2004 年流入 116 个国家的跨国并购的影响，发现那些存在并购审查法的国家，如果签署的 RTA 中有透明度条款的竞争章节，会增加 43%的跨国并购；如果签署的 RTA 中有透明度、不歧视、正当程序和反竞争合并规定的竞争章节，会增加 19%的跨国并购。国内学者林梦瑶、张中元（2019）认为区域贸易协定中竞争政策水平深度的提升对 OECD 国家 FDI 流入有明显的促进作用。

【案例 7-1】

美欧互诉“民用大飞机补贴争端案”与国家竞争

大型民用（商用）飞机（large civil/commercial aircraft），一般是指重量超过15000公斤、设计运载不少于100名乘客或一定比重货物的民用飞机（以下简称“大飞机”）。与一般的民用产品不同，大飞机自诞生以来，就一直与国家政治、经济、军事、外交的重大利益和发展战略休戚相关。即便是市场化、自由化程度较高的发达经济体，例如美国和欧盟，其大飞机研发、制造和销售也受到政府产业政策的深度干预，无一例外地以国家有形之手的大力扶持为后盾。

大飞机被美国各界公认为是涉国家安全的战略性产业领域。美国政府对包括大飞机研发、制造在内的航空产业大举实施直接和间接干预，而大飞机产业的持续成功也高度依赖国会和政府部门的支持。具体的支持形式包括对研发经费的财政补贴，对产品的政府采购、低息贷款、融资担保、人力培训资助、倾斜性的监管政策、以基金资助和外交施压方式争取海外市场订单、以法律手段抵御他国竞争对手等。一言以蔽之，自从美国航空业出现以来，政府干预就一直是该行业的标志。

在政府扶持政策的持续刺激下，截至20世纪70年代初，美国的波音（Boeing）、麦道（McDonnell Douglas）、洛克希德（Lockheed）三大飞机制造商已经占据了全球民用飞机市场的主导地位，并不断向欧洲市场进军，销售额占非苏联生产的民用飞机的90%以上。同期，欧洲民用飞机产业产销量大幅下滑，没有一家欧洲制造商设计或制造的飞机能在全球范围内与美国产品有效竞争。

为反击“美国对天空的殖民化”，英法两国于1962年曾联合启动协和式（Concorde）超音速飞机项目。1979年，四家与英、法、德、西政府持股或有其他密切关系的飞机制造商重整旗鼓，组成空中客车工业公司（Airbus Industries）联合体，集合几乎整个欧洲的航空业资源，再次对波音等美国公司发起挑战。此后，欧洲也效法美国模式，采取直接财政支持、公共采购、资本注入等方式扶持空客。经过近20年的发展，空客成功渗透到北美、欧洲两个最大的市场以及亚洲等地市场。同期，美欧飞机制造商们的订单销量出现了戏剧性的此消彼长，到20世纪90年代末至21世纪初，美国在国际商业飞机市场的份额缩减到了不足50%。

从20世纪60年代美欧在商业飞机市场的竞争态势明朗化以来，美欧双方就一直试图寻求法律解决方案。首先是关贸总协定项下的《补贴与反补贴措施协定》和《民用飞机贸易协定》。这两份协定是美欧主导下的东京回合谈判的成果，但签署之后，美欧依然继续大量补贴本地飞机产业，而且愈演愈烈。于是，双方经过数年谈判，又在1992年达成了双边《大飞机协定》，但仍未缓解紧张局势。随后，双方的法律争执最终在多边机制下爆发了。

2004年10月6日，美国和欧盟同时向WTO就大飞机贸易补贴措施提出磋商请求。磋商失败后，WTO组织专家组、上诉机构、争端解决机构对DS316美国诉欧盟案、DS353欧盟诉美国案进行了马拉松式的漫长审裁，依据《反补贴协定》及争端解决机制的规定，先后得出终局性结论：欧盟、美国对各自的大飞机产业都实施了违规补贴，都损害了对方利益。随后，美欧分别发表声明，称已撤销各自的涉案补贴措施，消除了给对方造成的不利影响。但是，双方又都向 WTO 提出进一步申诉，指责对方言不符实。

经 WTO 上诉机构调查认定，美欧的确均未执行争端解决机构的建议和裁决。美国遂于 2019 年 4 月请求授权其对欧盟采取反制措施，并于 2019 年 10 月得到 WTO 仲裁员支持，可以对欧盟及其某些成员国采取包括暂停关税减让和相关义务，暂停美国在服务行业（金融服务除外）的承诺和义务在内的、每年金额总计不超过 749.6962 亿美元的报复措施。欧盟于 2019 年 6 月也提出了采取反制措施的请求，仲裁员于 2020 年 10 月 13 日裁定确认，欧盟可以要求争端解决机构授权其对美国采取每年价值总额不超过 39.9321 亿美元的报复措施。

美欧互诉大飞机补贴案表明，即使是高度信奉自由市场力量的发达国家，也并非将自身局限于“竞争中性”守夜人这种消极干预角色。在日常国际市场竞争中，倾国家之力将本土企业打造为“国家冠军”（national champions），助力其在具有重大战略意义的产业领域击败外国对手，可能被视为一种必要、理性、关涉国家利益和政治正确的政策选择。这种现象当然并不意味着自由公平竞争的理论本身是错误的，而是提示人们注意到该理论通常被忽略的政治地缘特性：国际市场竞争所产生的效率和福利，并非普适、普惠于全世界、全人类的单纯的经济利益，而是具有强烈的政治利益属性和民族国家属性。当竞争场域仅为一国境内市场时，竞争所生的利益可能主要留存于本国境内，国家通过事后调节机制（如税收、社保、转移支付、公共服务等），可以在全民范围内实现更趋公平的分享。但是在国际市场竞争当中，一国企业的竞争优势和市场收益，可能是该国的国家战略、全球战略的组成部分，有助于强化或固化该国在国际政治经济格局中的地位和影响力，但对其他国家而言，不但无法均分共享该利益，而且有可能构成损害。

资料来源：李俊峰．竞争中性的国际规制演进与中国因应策略——以美欧互诉“民用大飞机补贴案”为参照［J］．上海财经大学学报，2021（1）：140-144.

第二节　区域贸易协定竞争条款的主要内容与范式

一、区域贸易协定竞争条款的主要内容

区域贸易协定中竞争条款涵盖的范围、具体用语差异较大。但从总体上分析，区域贸易协定中的竞争条款主要包括目标或宗旨、程序性规定、实体性规定和争端解决等四个方面的规定。①

① 下面的这几个方面的介绍参见闻韬．区域贸易协定中的竞争章节研究［J］．法学论坛，2018（4）：47-49.

（一）竞争条款的目标或宗旨

尽管措辞不同，几乎每个涵盖竞争章节的区域贸易协定都对竞争条款的目标与宗旨加以明确，以防止缔约成员自由贸易的目标因为反竞争行为而遭到减损。为了实现这个宗旨，区域贸易协定的竞争条款首先规定，缔约方应制定、维持和执行有效的国内竞争法，减少反竞争行为以实现自由贸易之目的。有些协定还认识到竞争政策在保障市场运行效率和保护消费者利益方面的作用。例如，美国—澳大利亚自由贸易协定规定："双方应充分认识到公平竞争对提高经济运行效率和消费者福利的重要作用，在竞争章节要求下积极开展竞争政策的合作。"此外，一些协定强调确保竞争法本身不会打击商业信心，或不对国内企业实施更有利的措施。为达到这一目标，大约一半的包含竞争章节的区域贸易协定都有透明度的规定，大约 1/3 的区域贸易协定中有非歧视和程序公正的条款。

（二）竞争条款的程序性规定

竞争主管机关之间的信息交流与合作是大部分区域贸易协定中频率最高的竞争条款。不过，在不同的区域贸易协定中，合作条款规定繁简不一，竞争主管机关执行合作的紧密程度也存在较大差别。一般而言，区域贸易协定的合作程序规定主要涵盖以下四个方面的内容：

1. 通知程序。成员在执行有可能影响双方自由贸易的竞争措施时，有义务相互通知，有的区域贸易协定还详细地规定了通知的时间和程序。

2. 信息交换。跨国反竞争行为的隐蔽性特点使信息交换在竞争执法的国际协调中起到十分重要的作用，信息交换条款常被视作竞争章节程序性条款的基石。不过，区域贸易协定中与反竞争行为有关的交流需要受到保密法的约束。

3. 消极礼让原则。竞争政策协调中的消极礼让原则指的是一国政府在对是否启动竞争执法行动以及决定启动方式时，不但需对本国法律的具体要求及重大利益进行考虑，而且需对其他国家涉及的重大利益进行考虑并平衡，防止出现冲突。消极礼让原则被美国作为竞争政策国际协调的基本原则推广到区域贸易协定的谈判中，目前大多数区域贸易协定竞争章节均以消极礼让原则作为指导。

4. 积极礼让原则。竞争政策协调中的积极礼让原则相比消极礼让原则更前进一步，是指当一国境内发生的反竞争行为损害另一国利益时，另一国有权请求该国实施必要的措施和积极的协助以便纠正反竞争行为产生的不良影响，不过这种请求并不能带来确定的法律义务。目前，竞争章节中积极礼让原则尚未被广泛采纳，但随着竞争领域合作的加强，代表合作更高阶段和层次的积极礼让原则势必在实践中发挥更重要的作用。

（三）竞争条款的实体性规定

竞争章节中的实体性规定比程序性规定的篇幅要少，但为了使各成员的竞争法不断趋同，部分区域贸易协定详细规定了关于竞争政策的实体内容，主要包括以下几个方面：

1. 限制垄断协议。限制垄断协议包括横向协议和纵向协议，主要指相互竞争的企业间为了共同利益而做出的有悖于市场公平的明示或默示的安排。垄断协议是竞争法中较严重的违法行为，一般包含实体条款的竞争章节都涵盖了关于限制垄断协议的规定，但表达方式各异。

2. 滥用市场支配地位。根据 OECD 的定义，滥用市场支配地位是指支配企业利用其市场优势地位而实施的反竞争行为。滥用市场支配地位的概念已被纳入世界上大多数国家的竞争法中，也是区域贸易协定中竞争实体规范的主要条款之一。

3. 企业合并控制。企业合并既可以促进市场准入，也可以阻碍市场准入。对于可以提高市场效率的企业合并，竞争主管机关不仅不会阻止反而会大力支持；但对于可能导致市场集中的企业合并，各国纷纷制定合并的申报和审查制度，并作为国内竞争法的重要内容。目前，区域贸易协定中合并控制的规范很少涉及审查要求。

4. 指定垄断和国有企业。指定垄断和国有企业条款一般出现在北美国家和地区签订的自由贸易协定的竞争章节中，包括指定垄断行为不得对双方的贸易和投资秩序造成损害，要求双方国有企业的运营应遵循非歧视条款、在商业活动中不得享有特权等。

（四）争端解决程序的规定

在解决竞争争议方面，大多数区域贸易协定仅做了简单规定，并没有强制效力。有些区域贸易协定明确排除竞争争议适用区域贸易协定的争端解决机制；有些区域贸易协定规定竞争争议只适用协商程序。只有很少数的自由贸易协定允许成员运用仲裁手段解决竞争纠纷，但是仲裁程序的条款内容单一，一般不涉及具体内容，而只对仲裁员任命的方式进行规定。很难解释为何大部分竞争章节缺少争端解决条款或不适用协定争端解决机制，有学者指出是因为竞争案件的复杂性和隐蔽性，提交给区域协定联合委员会的争端案件相关信息不易获得，因而无法做出具体评估。

二、竞争条款的两种模式

根据区域贸易协定中竞争条款的内容不同，可以将区域贸易协定竞争条款划分为两种不同的模式：欧盟模式与美国模式。欧盟与美国作为积极将竞争议题引入区域贸易协定的发达国家和地区，在各自签订的区域贸易协定中创建了不同的模式，并进行推广，成为区域贸易协定中竞争条款的两种主要模式。①

（一）欧盟模式（或称为实体法协调模式）

实体法协调模式（即欧盟模式）是成员国在自由贸易区协定中，承诺对其国内的竞争实体法进行协调、对区域内的竞争事务进行合作的竞争法合作模式。欧盟竞争法的发展十分完善，欧盟一体化催生了统一的竞争法，同时在欧盟一体化的过程中，各成员国的竞争法相互合作，使欧盟竞争法向实体合作的方向发展。因此，欧盟在对外签订自由贸易协定时，以欧盟竞争法为基础，向着实体化合作方向发展。欧盟模式的竞争条款具有以下三个特点：

---

① 下面的内容主要参考骆旭旭．区域贸易协定的竞争条款研究［J］．华侨大学学报（哲学社会科学版），2011（3）：82-83.

1. 不仅包括成员国竞争主管机关进行程序合作的义务，而且包括协调竞争实体法的义务。成员国政府根据具体情况，对本国的竞争法的基本原则、程序性规定、实体法规定进行统一与协调，并在执行竞争法事务方面进行合作。

2. 具有国际法上的法律约束力。欧盟模式的竞争条款对成员国具有国际法上的约束力，成员国承担履行竞争条款的义务。如果成员方未履行竞争条款的义务，根据国际法应承担违反条约的国际责任。

3. 具有很强的相似性。欧盟模式的一个显著特点是，在所有区域贸易协定中，不论是在欧盟成员国之间签订的，还是成员国与非成员国签订的或非成员国之间签订的，其用语都与欧盟竞争法的基本条款非常接近，且大多数协定都包含贸易救济措施，特别是保障措施的规定。

（二）美国模式（或称为软机制合作模式）

软机制合作模式（简称美国模式）是成员国在区域贸易协定中达成君子协议，构建区域经济的竞争执法的合作及协商程序。这种君子协议一般不具有国际法的强制拘束力，只具有敦促性和宣示性的义务。美国模式的竞争条款具有以下三个特点：

1. 不具有国际法上的强制力。美国模式最核心特征就是这种模式的区域竞争条款只有宣示性的义务，不具有国际法的强制执行力。美国模式一般只要求成员国制定本国的竞争法，维持国内的竞争机构的正常运作，在本国意愿的前提下进行合作，维持区域内的自由竞争。同时，美国模式还排除了区域争端解决机制的适用。

2. 主要功能在于提供沟通的平台。通过构建和完善程序合作机制来规制反不正当竞争行为，是美式跨区域贸易协定中竞争政策章节的最显著特点。通过程序性而非实体的合作来规制不正当竞争行为，并在此基础上最大程度维持了各缔约国国内执法体系的独立性。美国模式的主要功能是为区域成员国之间构建一个进行竞争议题沟通的平台。

3. 条文简单。美国模式仅督促缔约国采取或维持措施规范反竞争行为，并就竞争法的执行展开合作，但无明确的规制对象。NAFTA 中的竞争政策章节是美国对外签署贸易协定竞争条款的蓝本，美国此后的自由贸易协定中有关竞争政策的规定基本与其保持一致。

第三节　竞争中立与国有企业国际规则

国际市场上公平竞争规则的另一个发展方向是竞争中立。竞争中立（competitive neutrality，又称为竞争中性）概念于 20 世纪 90 年代由澳大利亚最早提出并在世界范围内流行起来。“竞争中立”是指一国的国有企业和私营企业在参与国际市场中要公平竞争。竞争中立规则被认为是高标准经贸规则的重要构成要素，未来很有可能会转变为硬约束的正式国际经贸规则，成为新一代国际经贸规则的重要内容。近些年来，竞争中立显然已经成为西方国家认为我国国有企业享有不公平竞争优势的主要依据，同时也对我国积极参与全球经济治理方面造成一定的阻力。

一、竞争中立规则的演变

澳大利亚是首先提出并实行“竞争中立”政策的国家，目的在于提高市场经济的配置效率。1993年的“希尔墨报告”（Hilmer Report）提出了国家竞争政策改革的6个优先领域，其中之一是“竞争中立”政策。从1995年开始，澳大利亚在全国范围内进行了竞争政策改革，并在联邦和各州、地区间达成一个具有重要指导意义的协定——《竞争原则协定》。在协定中指出，所谓的“竞争中立”就是在政府和私人商业活动中间实行竞争中立。在1996年的《联邦竞争中立政策声明》中，包含了竞争中立的概述，其内容是：政府的商业活动不得因其公共部门所有权地位而享受私营部门竞争者所不能享有的竞争优势。

“竞争中立”规则强调国有企业和私营企业之间平等的市场竞争地位。2011年以来，美国高层多次在外交场合提及竞争中立概念，美国副国务卿罗伯特·霍马茨（Robert D. Hormats）的观点最具代表性。他认为，金融危机以来，越来越多的国有企业和主权基金进入了国际市场，由于其背后的政府支持，而不是自身的生产率和创新优势，这些企业逐渐在美国市场和第三国市场获得了竞争优势，使得美国没有政府支持的企业陷入了竞争劣势。他将新兴经济体国有企业的海外投资与“国家资本主义”联系在一起，并对“竞争中立”定义为：“政府支持的商业活动不因其与政府的联系而享受私营部门竞争者所不能享受的人为竞争优势。”霍马茨的定义显然扩大了“竞争中立”的适用范围，其适用范围被扩大到一切被政府支持的商业活动。

竞争中立原则主要通过两种途径向国际规则转变：一是OECD等国际组织推广竞争中立理念，在总结现有经验的基础上发布相关的最佳做法和指引，并鼓励各国实施。在2012年的报告《竞争中立：保持公共部门和私营部门的公平竞争》中，OECD把竞争中立界定为“经济市场中没有任何一个实体享有不正当的竞争优势或劣势”，并提出了竞争中立的8条原则：

1. 规范政府商业行为的经营形式，实现国有企业完全公司化运营；
2. 对政府的所有商业活动进行成本核算；
3. 以市场可比回报率对经营绩效进行考核；
4. 对国有企业提供的公共服务进行准确的成本核算、定价及有效监管；
5. 债务和补贴中立，即在相似的商业环境中国有企业应该和私营企业为债务融资支付同样的利率成本，政府应该确保国有企业和政府商业活动不从直接补贴中获得资金成本优势；
6. 税收中立，即政府商业活动和私营竞争者的税收负担应该大致相当；
7. 监管中立，即最大程度上保持政府商业活动和私营企业享有同样的管制环境；
8. 政府采购中立，即政府采购应该是竞争性的和非歧视性的，参与投标的国有企业应满足上述竞争中立的标准。

二是一些国家在双边和区域贸易协定中纳入竞争中立原则，包括CPTPP、USMCA、《欧盟-日本自由贸易协定》等。在国家资本主义的理论背景下，美欧等西方国家试图绕开WTO多边贸易框架，利用双边和区域贸易谈判平台生成新一代国有企业规则，主张在全球推行竞争中立政策。新一代国有企业标准将竞争中立政策作为制度建构的核心，正逐渐成为决定一国能否融入国际贸易投资新体系的准入性门槛。

目前，竞争中立原则已在世界范围内得到较大程度的认可与贯彻。许多发达国家和新兴市场经济体通过竞争法或宪法，明确了政府通过国有企业等形式参与商业行为时和私营企业处于平等的市场地位。值得注意的是，在竞争中立原则向国际贸易投资规则发展的过程中，各国国有企业在经济中的地位有很大的差异，对于竞争中立原则的解读和实施也存在国别差异。同时，国际规则中的竞争中立条款可能存在“制度非中性”，导致各国所受影响不同。例如，美国在 TPP 和 USMCA 等自由贸易协定谈判中，将竞争中立适用的国有企业范围限定在中央政府层面，不涉及地方国有企业，这明显对美国更为有利，因为美国联邦政府层面的国有企业很少。

【拓展 7-1】

竞争中立相关的测度指标

国际组织通行的三个竞争中立监管评价指标包括产品市场监管、行业监管机构治理、公私伙伴关系。

1. OECD 的产品市场监管指标（indicators of product market regulation，简称 PMR）。它是对影响产品市场公平竞争的市场监管政策的测度。自 1998 年以来，OECD 一直在发展产品市场监管指标，用于衡量在竞争性产品市场中政策促进或抑制竞争的程度。PMR 指数主要采用客观赋值法，评价指数在 0 至 6 之间，数值越接近 6 代表政府监管越严格，监管改革进展缓慢；数值越接近 0 代表监管越宽松，对公平竞争越有利。最新的 2018 年 PMR 指标下设国家干预引起的扭曲与国内外准入壁垒 2 个二级指标，国家干预引起的扭曲下设 3 个三级指标，分别是公有制、商业经营介入、监管的简化与评估；国内外准入壁垒包括 3 个三级指标：初创企业承担的政府行政负担、服务及网络领域障碍和贸易与投资壁垒；每个三级指标又包含 2 至 4 个四级指标，一共 18 个四级指标。部分国家的 PMR 指数的变化见表 7-1。

表 7-1　**部分国家的 PMR 指数**

国家	PMR1998	PMR2003	PMR2008	PMR2013	PMR2018
澳大利亚	1. 72	1. 34	1. 44	1. 27	1. 21
法国	2. 38	1. 77	1. 52	1. 47	1. 57
德国	2. 23	1. 80	1. 40	1. 28	1. 11
英国	1. 32	1. 10	1. 21	1. 08	0. 79
美国	1. 63	1. 44	1. 59	1. 59	—
日本	2. 11	1. 37	1. 43	1. 14	1. 44

续表

国家	PMR1998	PMR2003	PMR2008	PMR2013	PMR2018
韩国	2. 56	1. 95	1. 94	1. 88	1. 69
南非	—	—	2. 65	2. 21	2. 53

注：—表示数据缺失。由于 2018 年 PMR 指标有较大的变化，其指数与 2013 年 PMR 指数的可比性差。

2. 行业监管机构治理（governance of sector regulators，GSR）。该指标反映了能源、电子通信、铁路运输、航空运输和水务行业中经济监管机构的治理安排。该指标由三个部分构成，即独立性、问责制和行动范围。独立性指监管机构独立运作的程度，不受政治权力和被监管行业的不当影响。问责制指监管机构对各种利益相关者的问责，包括政府、议会、被监管行业和公众。它考察对监管管理工具的遵守情况，并着眼于绩效信息的收集、使用、发布和报告。行动范围阐明了监管机构执行的活动范围，包括关税制定、发布标准、执法活动和制裁权。

3. 公私伙伴关系（PPP）。20 世纪末以来，各国重视通过 PPP 来设计、融资、建设和运营基础设施项目。基础设施采购 PPP 指标评估用于管理 PPP 采购的监管框架和公认的良好做法，目的是帮助各国改善 PPP 项目的治理和质量。PPP 指标可分为 4 个部分，即准备、采购、合同管理以及关于非邀约提案的特殊模块。PPP 指数在 0~100 之间，得分最高的国家（接近 100）被认为具有与国际 PPP 良好做法一致的 PPP 监管框架，反之亦然。与常规采购相比，大多数 PPP 采购需要花费更多时间，并且招标程序更加复杂，导致公私合作交易成本增加，可能会阻止竞争。采购当局在决定使用 PPP 时应考虑到这一点，因此将交易成本降至最低应是确保对所有投标人一视同仁的基本要素之一，同时还要确保采购过程的明晰、公平和透明，以实现物有所值。PPP 采购指数能够具体评估政府在采购环节应用 PPP 模式的能力，包括采购的透明度与公平性。2018 年部分国家的 GSR 和 PPP 指数见表 7-2。

表 7-2　**2018 年部分国家的 GSR 指数和 PPP 指数**

国家	澳大利亚	法国	德国	英国	美国	日本	韩国	南非
GSR	1. 55	1. 68	1. 27	1. 44	—	2. 61	2. 10	2. 36
PPP	79	89	74	86	74	70	66	73

资料来源：和军，谢思．国际竞争中性监管改革效果评价与启示［J］．中国特色社会主义研究，2020（4）：32-35.

二、国有企业的国际规则

区域贸易协定中的国有企业规则源于竞争中立理论，其根本目的是消除国际市场中的国有企业由于政府支持而享有的优势地位，保障私营企业与国有企业公平竞争。在 GATT 和 WTO 成立之初，各缔约方的国有企业参与国际竞争的程度不高，WTO 中关于国有企业的规定和相应的争端解决机制内容很有限。近年来，随着新兴市场经济体的国有企业深入参与国际竞争，发达国家关于加强国有企业规则的呼声日益增加。

（一）多边框架中关于国有企业的规定

WTO 中与国有企业相关的规则包括《1994 年关税及贸易总协定》第六条（反倾销和反补贴税）、第十六条（补贴）和第十七条（国有贸易企业）以及《补贴与反补贴措施协定》。WTO 中的国有企业义务包括非歧视原则、商业考虑以及透明度要求，但相关规定较为笼统、缺少实施方面的细则。一是限制范围主要是“获得政府授予的独占权或特权的企业”，并不适用于不享有任何贸易特权的国有企业。二是要求缔约方确保国有企业在开展国际贸易时符合非歧视原则，但仅明确要求国有企业在与所有其他国家进行贸易时一视同仁。三是国有企业是否按照商业考虑行事仅是判断其是否遵守非歧视原则的标准，不是需要遵循的独立的法律义务。综上所述，虽然 WTO 没有针对国有企业的特定规则，但国有企业在 WTO 框架下仍然受到了一定约束。

国有企业补贴是各方关注的一个问题，WTO 主要通过《补贴与反补贴措施协定》对此予以规范。该协定并非仅针对国有企业，而指政府或任何公共机构提供的专项性补贴、财政资助以及收入或价格支持。对于国有企业给予其他企业补贴的情况，则需要判断该国有企业是否等同于“公共机构”，但 WTO 在补贴认定方面没有明确的标准。

总体而言，目前 WTO 对国有企业参与国际竞争尚无完善的规则，且缺乏有效的争端解决机制。随着中国等新兴市场经济体的国有企业快速崛起并参与国际竞争，发达国家中有一些观点认为，国有企业可能比私营企业获得了不正当的竞争优势，并影响国际竞争秩序。因此，美国、日本、欧盟等发达经济体积极推动 WTO 在国有企业规则方面进行更新与改革。包括：2018 年 9 月欧盟发表了 WTO 改革概念性文件，一个核心诉求就是认为国有企业导致的市场扭曲和补贴问题未能被 WTO 现有规则所规范，因而亟须出台新的规则。美国 2019 年 3 月提出的 WTO 改革四点方针中，第一条就强调 WTO 必须解决所谓“非市场经济兴起带来的意外挑战”。2020 年 1 月，美国、日本、欧盟贸易部长发表“华盛顿联合声明”，表示注意到许多补贴是通过国有企业提供，认为将国有企业纳入“公共机构”的重要性。

（二）区域贸易协定中关于国有企业的规定

一些区域贸易协定在国有企业竞争中立方面进行了尝试。20 世纪 90 年代，NAFTA 在竞争章节中加入了针对国有企业的条款，规定了非歧视、商业考虑及透明度等义务。2004 年，《美国-新加坡自由贸易协定》首次制定了较高标准的国有企业条款。2012 年，《美国-韩国自由贸易协定》也在竞争章节中纳入了类似内容。此后，TPP 及随后的 CPTPP 将国有企业规则独立成章。2017 年签署的《欧盟-加拿大自由贸易协定》以及 2018 年签署的《欧盟-日本自由贸易协定》也将国有企业规则单独成章，并在非歧视待遇和商业考虑方面作出了详细规定。2018 年底签署的《美墨加协定》（USMCA）进一步细化了国有企业规则。

与 WTO 中仅规范“政府授予独占权或特权”的国有企业相比，新的国有企业规则强调国家的所有或控制权，适用范围更广。欧盟-加拿大、欧盟-日本自由贸易协定和 USMCA 都是在 TPP 和 CPTPP 标准的基础上，将国家直接拥有多数所有权或任命权拓展到间接拥有，并将国家的控制权也列入国有企业界定标准。这些国有企业规则的根本目标在于确保国有企业不会因国家所有或控制而享有竞争优势，即体现“竞争中性”原则。新的国有企业规则还对 WTO 中的非歧视原则、商业考虑、透明度和反补贴等义务进行了拓展。

（三）CPTPP 国有企业条款及影响

TPP 首次将国有企业单独列为一章，全面系统地规定了国有企业规则，突出了国有企业条款在未来国际贸易规则体系中的重要地位，意义重大。下面将以生效的 CPTPP 中的国有企业章节为例，分析新国有企业规则的特点。国有企业条款属于 CPTPP 的横向议题，将影响全部或部分纵向议题，其原则对 CPTPP 的各章节均产生影响。CPTPP 的国有企业章节主要包括 6 方面的内容：适用范围、非歧视性待遇、商业考虑原则、管辖权、非商业援助、透明度等。与现行的 WTO 规则相比，CPTPP 增加了国有企业规则的明确性和适用性，易于在实践中运用。

1. CPTPP 国有企业条款的主要内容

这里就国有企业的定义、国有企业义务、豁免与例外、争端解决等方面进行介绍。①

CPTPP 将国有企业定义为“主要从事商业活动的企业，并且需要满足下述三种条件之一：政府直接拥有 50%以上的股权；政府通过所有者权益控制 50%以上的投票权；政府拥有董事会或其他同等管理机构的多数任命权。”上述标准使缔约方无法通过降低股权占比但获取实际控制权的方式来规避国有企业规则。

CPTPP 主要从三个方面规定了国有企业义务，并要求缔约国公正地对国有企业与非国有企业进行监管，以充分贯彻“竞争中性”原则。一是引入非商业援助条款，对国有企业补贴作出明确规定，即禁止政府因有国有企业的所有权或控制权而给予其帮助，包括直接拨款、债务减免、融资优惠和间接支持等。CPTPP 规避了 WTO 有关“公共机构”的认定，直接规定非商业援助的提供者可以是国营企业或国有企业，使援助提供者的认定标准更宽泛。

二是要求确保商业考虑和非歧视待遇，即要求国有企业在从事商业活动时，必须按照与私人企业类似的商业原则来买卖货物或服务，并给予另一缔约方企业与本国、其他缔约方和非缔约方的企业同等的待遇。非歧视和商业考虑规则不仅涵盖货物和服务的采购和销售，还拓展到了投资领域。而且，商业考虑逐渐演进成为与非歧视待遇并列的独立义务，而不仅仅是判断企业是否遵循非歧视待遇的一个考量。这意味着，只要国有企业的经营活动没有完全遵从商业考虑，也构成了对协定义务的违反，体现了对国有企业商业运作标准的显著提高。

① 朱隽，等. 新形势下国际贸易规则的重塑［M］. 北京：中国金融出版社，2019：98-99.

三是透明度要求。CPTPP 将信息披露分为主动披露和应请求披露两种，缔约方应主动公布国有企业名单并每年更新，且当另一缔约方认为对方国有企业对双方贸易投资带来不利影响或损害时，有权快速获得对方的国有企业股权和投票权构成、收入与资产等详细信息。

CPTPP 明确规定了豁免和例外。从豁免适用主体看，商业活动年收入在 2 亿特别提款权（约合 19.5 亿元人民币）以下的中小型国有企业、主权财富基金、独立养老金等特定类别的国有企业，均可豁免相关义务。从豁免适用范围来看，国有企业的非商业活动、政府采购活动、政府职权行使、为解救破产或破产中的金融机构而从事的活动等均可豁免相关义务。其次是地方政府拥有或控制的国有企业除外。CPTPP 国有企业规则规制的是中央政府一级的国有企业，不适用于次级政府一级的国有企业。另外，国有企业条款中设有例外规定，允许一国为应对全球或国内经济紧急状况采取临时性措施，对于其中涉及的国有企业也可豁免有关义务。这为一国在危机期间开展救市提供了空间。

此外，CPTPP 明确了国有企业规则的争端解决机制。CPTPP 通过临时专家组实施仲裁，而非设立类似于 WTO 的上诉机构，这提升了争端解决的效率。最关键地，CPTPP 详细规范了缔约方就国有企业问题提起仲裁时仲裁双方提供信息的义务及违反义务的相应后果，以及仲裁结果的执行机制，执行力较强。

2. CPTPP 国有企业条款的特点

一是扩大了国有企业的范围。CPTPP 对国有企业的定义更为清晰和具体，以投票权、股权、任命权三种形式定义政府对国有企业的“控制”。这种界定标准，无论是享有政府授予独占权和专营权的国有企业，还是不享有这种特权而完全商业化运作的国有企业，都受更严格的国有企业规则的制约。

二是在商业考虑和国民待遇方面显著提高了国有企业非歧视待遇标准。CPTPP 将商业考虑上升为与非歧视待遇并列的国有企业基础性义务，这意味着只要国有企业的商业交往没有完全遵守商业考虑，而是考虑了就业需求、经济发展等商业之外的公共政策目标，即便其未造成对外国商品和投资者的歧视性待遇，也构成对国际义务的违反。CPTPP 将国有企业的非歧视待遇进行了最大程度的扩张，既包括最惠国待遇，又涵盖国民待遇。而在多边框架下，GATT 所规定的国有贸易企业非歧视待遇仅限于最惠国待遇。

三是在非商业援助主体及认定要件方面放宽了多边补贴规则的标准。在多边法律框架下，补贴的提供者只能是“政府或公共机构”，而国有企业之间的商业交易几乎被排除在 WTO 反补贴制度之外。CPTPP 不但将政府作为非商业援助的提供者，国有企业亦成为了非商业援助的提供主体。在 CPTPP 规则下，非商业援助的认定要件包含三方面：第一，非商业援助是事实上或潜在的资金直接转移，或一般基础设施之外的货物或服务的提供；第二，援助是由缔约方政府、国营企业、国有企业提供的；第三，援助明确限定提供给国有企业，或主要由国有企业使用，或援助的数额不成比例的巨大，或在提供援助时通过行使自由裁量权优惠于国有企业。显然，接受援助的企业是否因援助获取了实际利益、享受了优惠待遇，都与非商业援助的认定无关。①

---

① 王秋雯．国有企业规则在区域贸易谈判平台中的新发展与中国对策［J］．国际贸易，2018（6）：61-65.

3. 国有企业条款对我国的影响

从长远看，随着国有企业条款在国际贸易投资规则中不断推进，可能会对我国产生以下消极影响。

（1）对我国国有企业“走出去”设置障碍。对外投资中，我国国有企业占有重要份额。由于国有企业条款限制了国有企业在直接补贴、融资优惠、担保便利等方面的政府支持，因此阻碍了国有企业“走出去”。例如，CPTPP 规定了非商业援助规则，要求任何缔约方不得直接或间接向其任何国有企业提供对另一缔约方利益产生不利影响的非商业援助。这将不利于我国国有企业参与国际竞争。此外，国有企业条款还要求增加国有企业透明度，披露一些重要信息，如政府对国有企业的所有权、控制权等，这均为不利因素。综合来看，这将严重制约我国国有企业“走出去”的步伐。

（2）增加了中国参与区域贸易自由化的难度。国有企业条款对我国的最大影响体现在未来国际贸易与投资规则制定方面。我国与美国、欧盟、日本等发达国家和地区相比，还处于经济发展的较低阶段，因此依靠政府支持的国有企业充当经济火车头是保障国民经济发展、参与国际经济贸易竞争的重要手段。面对中国等国家在国际市场上竞争力不断增强，美国等经济强国自然会把国有企业条款当成其保持竞争优势的重要政策工具。基于此，我国在面对国有企业条款时，是漠然视之自搞一套，还是积极参与到规则制定中来，成为摆在我们面前的一道难题。目前，中国尚未达到掌握国际贸易规则制定的话语权地步。如果参与进来，以我国目前的现状，将对我国国际贸易投资产生巨大的负面影响，而且接受难度极大。①

【拓展 7-2】

竞争中立背景下的中国国有企业改革

2019 年政府工作报告专门提出要“按照竞争中性原则，在要素获取、准入许可、经营运行、政府采购和招投标等方面，对各类所有制企业平等对待”，激发了全社会的广泛热议。长期以来，国有企业改革一直是中国经济体制改革的中心环节和重要内容，2018 年 10 月召开的全国国有企业改革座谈会曾强调，要“从战略高度认识新时代深化国有企业改革的中心地位”。中国拥有数量庞大的国有企业和规模庞大的国有资本。中华人民共和国成立至今 70 多年，国有企业经历了从统筹发展到制度探索、创新直至完善的阶段。根据国家统计局公布的第四次全国经济普查工作数据，2018 年末，全国企业法人单位 1857.0 万个，国有企业 7.2 万个，占全部企业法人单位的 0.4%。2019 年进入《财富》世界 500 强的中国企业为 129 家（含中国香港 7 家、中国台湾地区 10 家），全球排名第一，其中中国大陆地区的企业 112 家，国资委监管的中央企业有 48 家。根据财政部资产管理司数据统计显示，截至 2019 年 6 月末，中国国有企业总资产为 195 万亿元，净资产高达 69 万亿元。2018 年全年国企收入 59 万亿

① 杨秋波．国企条款透视：特征、挑战与中国应对［J］．国际商务——对外经济贸易大学学报，2018（2）：128.

元，利润总额 3.4 万亿元。

中国国有企业被国际社会普遍质疑是否公平参与市场竞争，主要表现在政府财政补贴、政府信用支持、行政垄断、市场准入等方面。据测算，从政府补贴来看，在中国境内上市公司中，2018 年中央国有企业和地方国有企业所获政府补贴金额的均值分别为 4.3 亿元和 1.53 亿元，远高于民营企业获得政府补贴的均值（0.73 亿元）；从政府信用支持来看，在 A 股上市公司中，2018 年国有企业平均融资额为 11.1 亿元，而民营企业平均融资额则不足 1 亿元。

传统的国有企业和公平竞争的市场经济兼容度不高。自 1978 年以来，中国国有企业改革采取政策实验的方式和沿着渐进式的制度变迁路径，经历了从早期以“放权让利”为核心的扩权让利试点、经济责任制、利改税、承包经营责任制、租赁制、股份制试点等系列改革，到中期以产权改革为主要特征的现代企业制度建设和基于“整体搞活”的国有经济战略性改组，再到近期以分类改革为关键特征的“新型国有企业”构造，形成了具有中国特色的国有企业改革和发展范式。2015 年《中共中央、国务院关于深化国有企业改革的指导意见》在理论上明确了深化国企改革的方向，提出“经营性国有资产实现集中统一监管”“分类推进国有企业改革”，即国有企业主要按三类进行分类改革：第一类是处于充分竞争行业和领域的商业类国有企业；第二类是关系国家安全、国民经济命脉的重要行业和关键领域、主要承担重大专项任务的商业类国有企业；第三类是公益类。纵观 40 多年来国有企业改革的全部轨迹，国有企业改革的探索都有意或无意、直接或间接地向竞争中性的核心理念靠近。

从中国实践看，长期以来的国有企业改革并没有完全实现竞争中性的要求。究其原因，主要是 40 年的国有企业改革虽然在大趋势、大方向、大战略上逐步向竞争中性收敛，但受路径依赖、体制锁定和改革不到位的影响，民营企业相对国有企业一定程度上受到歧视性待遇。制度性壁垒、操作性偏移使得“卷帘门”“玻璃门”和“旋转门”等三重门问题时常出现，民营企业在要素获取、准入许可、经营运行、政府采购、招投标、军民融合等方面仍然面临一些壁垒。民营企业与国有企业享受的税费负担不平等、融资条件不平等、公共服务不平等、政策歧视或执行的区别对待，一定程度上挫伤了民营企业参与市场竞争的信心和积极性。

与以往改革相比，新一轮国有企业改革全然不同，无论是竞争中性在国际上尤其是发达国家备受推崇，还是中国政府对竞争中性的多次表态，都意味着竞争中性将成为影响国有企业改革“再出发”的重要因素。新一轮深化国有企业改革无论是顶层设计还是行动推进，都必须将竞争中性作为主要情境变量纳入考量，形成竞争中性视域下深化国有企业改革的战略构思，探寻出破解国有企业改革深层次难题和“硬骨头”的战略性方案，推动国有企业发展行稳致远。

资料来源：黄速建，肖红军，王欣．竞争中性视域下的国有企业改革［J］．中国工业经济，2019（6）：23-30；刘纪鹏，刘彪，胡历芳．中国国资改革：困惑、误区与创新模式［J］．管理世界，2020（1）：61-63.

◎ 小结

1. 越来越多的区域贸易协定设立了竞争章节，规定了成员方有义务实施竞争法律和政策，消除反竞争行为，保持成员方在竞争执法领域的合作。

2. 竞争条款是指区域贸易协定中关于规制严重影响贸易的反竞争行为的规定。这些竞争条款的目标或宗旨不仅仅是促进贸易的目标，还包括保障市场运行效率和保护消费者利益的作用，以及确保竞争法本身不会打击商业信心或不对国内企业实施更有利的措施。

3. 区域贸易协定中的竞争条款主要包括目标或宗旨、程序性规定、实体性规定和争端解决等方面内容，美国和欧盟是积极推动将竞争议题引入区域贸易协定的发达国家和地区，并形成两种不同的竞争条款模式：美国模式和欧盟模式，前者注重竞争管理机构的合作，后者注重实体法协调。

4. 国际市场上公平竞争规则的另一个发展方向是竞争中立，强调国有企业和私营企业之间平等的市场竞争地位。竞争中立规则被认为是高标准经贸规则的重要构成要素，成为新一代国际经贸规则的重要内容。

5. 竞争中立原则主要通过两种途径向国际规则转变：一是 OECD 等国际组织推广竞争中立理念，在总结现有经验的基础上发布相关的最佳做法和指引，并鼓励各国实施。二是一些国家在双边和区域贸易协定中纳入竞争中立原则，例如 TPP。

6. 区域贸易协定中的国有企业规则源于竞争中立理论，其根本目的是消除在国际市场中国有企业由于政府支持而享有的优势地位，保障私营企业与国有企业公平竞争。

7. TPP 首次将国有企业单独列为一章，全面系统地规定了国有企业规则，突出了国有企业条款在未来国际贸易规则体系中的重要地位。

8. CPTPP 国有企业规则的针对性和约束性大幅增强，对我国参与区域贸易自由化和国有企业“走出去”带来了不利影响。

◎ 关键词

竞争条款（competition provisions）　竞争中立（competitive neutrality）　国有企业（state-owned enterprises）

◎ 重要概念

消极礼让　积极礼让　税收中立　债务中立　监管中立　政府采购中立　滥用市场支配地位　非商业援助　实体法协调模式　软机制合作模式

◎ 思考题

1. 各国政府在国际竞争中能做到竞争中立吗？
2. 竞争中立政策对哪些国家的影响更大？
3. 自由竞争原则与竞争中立原则有何差异？
4. CPTPP 国有企业规则对我国国有企业有哪些影响？如何应对？
5. WTO 公平竞争制度与区域贸易协定的竞争条款有啥差异？

◎ 练习题

1. WTO 公平竞争制度有哪些？
2. 区域贸易协定中的竞争条款有哪些内容？
3. 竞争条款的美国模式和欧盟模式有啥差异？
4. 国有企业规则如何国际化？
5. CPTPP 国有企业规则有哪些内容？
6. CPTPP 国有企业规则与 WTO 体制的相比有哪些变化？

第八章　数字贸易国际规则

第一节　数字贸易概述

随着人工智能、大数据、云计算、区块链等数字技术的发展，全球正迈入数字经济时代。数字经济拓展了国际贸易的广度和深度，世界经济正在经历着商品和服务的生产、交换和消费的数字化转型。数字贸易作为一种国际贸易新模式，是世界各国争相发展的焦点领域。

一、如何理解数字贸易

目前世界范围内还没统一的数字贸易概念，与之相近的概念也比较多，出现频率最高的概念有数字经济、电子商务、数字产品。

（一）数字经济的内涵与特征

“数字经济”（digital economy）最早是由经济学家唐·泰普斯科特（Don Tapscott）在其 1996 年出版的《数字经济》一书中提出的。自唐·泰普斯科特提出数字经济概念以来，许多机构和学者纷纷从不同视角来定义数字经济。如 Mesenbourg（2002）认为数字经济分为三个部分：电子商务基础设施（硬件、软件、网络、系统等）、电子商务流程（主要通过计算机网络进行商务活动，如电子邮件、视频会议等）和电子商务（主要基于计算机网络进行商品交易的过程，如在线售书和 CD 等）。Bukht 和 Heeks（2017）认为完全或者主要由基于数字产品或服务的商业模式的数字技术所引起的那部分产出就是数字经济，并把数字经济分为三个层次：一是核心部门或者数字部门，包括软件制造业、信息服务业等行业；二是狭义的数字经济，即除了核心部门外，还包括因信息通讯技术而产生的新的商业模式，如平台经济、共享经济、数字服务等；三是广义的数字经济，包括一切基于数字技术的经济活动，即除了狭义的数字经济外，还包括工业 4. 0、精准农业、电子商务等。中国信息通信研究院（2017）将数字经济分为数字经济基础部分（包括电子信息制造业、信息通信业以及软件服务业等）和数字经济融合部分（将数字技术应用到制造业、服务业等传统行业所增加的产出）。2016 年《G20 数字经济发展与合作倡议》对数字经济定义为：“是指以使用数字化的知识和信息作为关键生产要素、以现代信息网络作为重要载体、以信息通信技术的有效使用作为效率提升和经济结构优化的重要推动力的一系列经济活动”。这一定义在中国各类官方文件中普遍采用，也受到许多学者的引用。

基于数字技术的数字经济具有规模经济、范围经济以及长尾效应等特征。①

1. 规模经济很显著。在工业经济时代，企业通过将规模调整到长期平均成本下降的阶段所对应的规模来实现规模经济。由于企业最优生产规模受到企业管理能力、企业资产存量、内部交易成本等因素的限制，因此企业的长期平均成本呈现先降后升的特点，这决定了企业的规模不能无限扩张。在数字经济时代，平台企业通过网络外部性（network externality）实现规模经济。网络外部性往往是正的。一个网络的价值取决于其连接客户的数量，而客户连接一个网络的价值取决于已经连接到该网络的其他人的数量。因此，网络的价值通常以用户数量平方的速度增长。当网络用户超过某一临界点后，网络价值则呈爆发式增长。可见，数字经济时代所追求的规模经济，是通过扩大网络用户规模，提高平均利润进而实现收益最大化。

2. 范围经济很显著。传统的范围经济是通过供给两种或两种以上的产品来实现总成本的节约，进而提高经济效益。传统范围经济是基于不同产品在生产、销售等方面的相关性来实现，可以说企业产品的相关性程度直接关系到范围经济的实现程度。在数字经济时代，平台企业实现范围经济的条件由产品的相关性转向基于用户数量的规模经济。一个巨型平台形成后，可以销售多种产品和服务，并且以品牌优势不断拓展新的产品和服务。对消费者来说，登录一个平台会应有尽有；对企业来说，能最大化地利用平台资产和客户规模，降低成本提高效率。

3. 长尾效应很显著。“长尾效应”是互联网时代专有的学术名词。所谓长尾效应，是指当产品和服务多样化的成本足够低时，那些个性化强、需求不旺、销量很低的产品和服务仍然能够“上架”销售，这些“小众”“冷僻”的需求汇聚而成的市场份额可以和那些少数热销产品所占据的市场份额相匹敌甚至比之更大。互联网企业没有库存，网站维护费用远比传统店面低，平台能够聚焦无数的卖家和买家，能够极大地扩大销售品种，最有效地形成了“长尾效应”。②

（二）数字贸易

1. 数字贸易的界定

数字贸易（digital trade）是脱胎于数字经济的一种新型贸易模式，是经济全球化、信息通信技术和数字技术发展到一定阶段的产物。国内外不少的学者和组织机构对数字贸易进行了研究，但至今未有一个公认的定义，其内涵与外延仍处在不断演变中。美国是最早界定数字贸易的国家。2013 年 7 月，美国国际贸易委员会（USITC）在《美国与全球经济中的数字贸易Ⅰ》中正式提出了“数字贸易”定义，即通过互联网传输产品和服务的国内商务和国际贸易活动，包括四大类，分别是：音乐、游戏、视频、书籍等数字内容；社交媒体、用户评论网站等数字媒介；搜索引擎；其他产品与服务。随后 USITC 对数字贸易的概念进行了两次扩展，到 2017 年，数字贸易被界定为“通过互联网及智能手机、

① 下面关于规模经济和范围经济的内容参考了裴长洪，倪江飞，李越．数字经济的政治经济学分析［J］．财贸经济，2018（9）：6-7.

② 江小涓．高度联通社会中的资源重组与服务业增长［J］．经济研究，2017（3）：5.

网络连接传感器等相关设备交付的产品和服务”，涉及互联网基础设施及网络、云计算服务、数字内容、电子商务、工业应用及通信服务等 6 种类型的数字产品和服务。

OECD（2017）从贸易的属性（“如何”）、交易的对象（“什么”）和交易主体（“谁”）三个维度对数字贸易进行拆解与衡量。按交易属性分为数字订购型、平台支持型和数字交付型；交易对象分为货物、服务和信息；交易主体分为企业、消费者和政府。

国内多个学者也对数字贸易进行了诠释，最有代表性的是马述忠等（2018）的定义，即数字贸易是以现代信息网络为载体，通过信息通信技术的有效使用实现传统实体货物、数字产品与服务、数字化知识与信息的高效交换，进而推动消费互联网向产业互联网转型并最终实现制造业智能化的新型贸易活动，是传统贸易在数字经济时代的拓展与延伸。

2. 数字贸易的特点

数字经济和数字贸易的兴起不仅方便和加速了知识与信息的传播和交易，推动了技术进步，提升了经济效率，而且信息的加速传播给传统经济学的分析带来了新的挑战。①

（1）商业结构扁平化。数字贸易在相当大的程度上实现了信息直接流动和方便获取，使得商业结构向扁平化发展。借助网络化基础设施平台及其信息处理、搜索、分类和推送，大量企业得以摆脱各级分销体系，能够直接接触到最终客户，完成 B2B、B2C 甚至 C2C 的交易。扁平化去除了中间层，信息传递更直接和通畅，不仅可以降低交易成本，而且提高了信息传递的快捷性和准确性。

（2）强化了市场竞争。通过平台全网搜索的特点使得经济信息的直接流动不仅方便获取全面的数据，而且突破了地域的限制，扩大了信息可得性和潜在的受众，也会在一定程度上降低进入市场的难度和门槛，不仅在供给方面促进了市场上同行之间的竞争，而且在需求方面也会降低消费者的搜索和比较成本，从而增加了市场的竞争强度。此外，信息的直接流动和方便获取也会促进企业之间跨区域的竞争，不仅会模糊企业经营的地理边界，也会模糊替代性生产者之间的竞争，提高竞争的广度。跨行业竞争和跨区域竞争将成为常态。

（3）赢者通吃。多种因素造成“赢者通吃”的现象。首先，数字产品和服务通常具有固定成本高、边际成本低的特点，具有规模效应。其次，社交网站常常具有直接网络外溢效应，即用户网络的扩大会大大增加网站的价值和吸引力。再次，大公司平台具有跨市场效应，能提供各种满足客户需求的服务，如苹果手机通过应用市场满足用户的各种需求，一旦平台获得主导地位，很难被替代。最后，随着客户群的扩大和业务品种及规模的扩大，数字业务产生大数据，与机器学习结合后，可不断改善产品、服务、定价和量身定制程度，以及广告的针对性，如此循环往复，更加放大了网络效应和规模带来的回报，加强了大公司的主导甚至垄断的地位，其他公司难以竞争。

（4）政府与市场的融合。数字贸易时代的数据可得性和开放性、大数据存储与处理能力和扁平化社会结构等特征结合到一起，在一定程度上改变了政府与市场的关系。只要有收集信息的基本法律保障以及政府数据整合和处理能力的提高，政府监管就有可能做到

① 下面的数字贸易的特点参考了孙杰．从数字经济到数字贸易：内涵、特征、规则与影响［J］．国际经贸探索，2020（5）：91-93.

更加及时有效。即使我们依然可以质疑大数据时代经济预测的准确性和可行性，但至少政府指导和预警可以与市场调节实现更加有机的融合。信息的便捷传输和高速处理，加之企业和政府的有效应对，可以在一定程度上降低市场机制自身的盲目性。

（5）商业模式竞争日益重要。随着数字化的全球价格信息获取更加便捷、更易比较，企业想要持续获取超额利润变得更加困难。虽然技术创新和设备更新依然是企业之间竞争的重要手段，但是寻找新的市场、新的商业机会以及开拓新的商业模式成为企业竞争的新热点。企业的竞争对手常常不再是同行，而是新出现的跨行业挑战者。

（6）推动数字货币、支付体系和货币政策的发展。跨区域甚至跨国别的数字贸易和网络交易扩展了数字货币的发展空间。一方面网络交易的发达自然要求支付网络化，另一方面大部分经济活动的网络化本身也为制定货币政策提供了依靠大数据决策的可能性。这两方面无疑催化了数字货币的发展。当数字货币成为所有交易使用的支付手段以后，央行的货币政策真的可以交给计算机按照预先设定的程序自动决策，并且严格遵守货币政策规则。

3. 数字贸易与传统贸易的差异①

尽管数字贸易与传统贸易具有相似的贸易本质、贸易目的和经济学理论支撑，但两者在贸易主体、贸易对象、贸易方式、贸易时效性及监管政策等方面，均有显著的差异。

（1）贸易的行为主体不同。传统贸易的交易过程存在代理商、批发商、零售商等诸多中间商，供给方和需求方通常不直接交易。但在数字贸易中，现代信息网络与信息通信技术使得供求双方直接交易成为可能。此外，电子商务 B2C、C2C 等商业模式的普及使得个人消费者在贸易活动中扮演着越来越重要的角色。

（2）贸易的交易标的不同。传统贸易的交易标的主要是货物、服务以及生产要素，数字贸易的交易标的相对复杂，包括：在电子商务平台上交易的传统实体货物，通过互联网等数字化手段传输的数字产品与服务，以及作为重要生产要素的数据。

（3）贸易的运作方式不同。传统贸易需要固定的交易场所，以及证明材料、纸质单据等实体文件，而数字贸易往往是在互联网平台上达成，全部交易过程电子化、虚拟化。传统贸易中，货物规模大、价值高，主要采取海运、火车等运输方式，而数字贸易则存在诸多不同：个人在电子商务平台上订购的商品主要通过邮政、快递等方式寄送，部分跨境电商企业采取海外仓、保税仓模式；数字产品与服务的贸易则采取数字化的递送方式。

（4）贸易的时空属性不同。传统贸易方式下消费者获取信息受到时间和地域的限制，商家销售产品也受到时间和地域的阻碍；而在数字贸易方式下，数字产品和服务直接面向全球消费者，获取信息不再受时间和地域的限制。在数字贸易中，处于现代信息网络的贸易双方不再具有严格的空间属性，地理距离的限制作用大幅弱化。

（5）贸易的监管体系不同。传统贸易中，各国海关与工商等监管部门、WTO 等国际组织是贸易的主要监管机构；各国国内贸易制度、国际贸易协定是约束贸易行为的主要法律规范。而数字贸易的监管体系，不仅涉及前述的监管机构与法律规范，还强调对数字贸

① 这部分内容参考了马述忠，房超，梁银峰. 数字贸易及其时代价值与研究展望［J］. 国际贸易问题，2018（10）：20-21.

易中的关键要素——数据进行监管，包括数据隐私保护、跨境数据流动和数据本地化等。

（三）数字产品

数字产品（digital product）涉及的行业很多，下定义的难度很大。Kai 和 Patrick（2002）将数字产品定义为“任何能被数字化（转换成二进制格式）的商品或服务，并将其划分为内容类、工具类和在线服务类三种类型。Wunsch-Vincent（2006）认为，这种通过网络进行传输和交付的内容产品被称为“数字产品”，包括以下四类：（1）电影和图片；（2）声音和音乐；（3）软件；（4）视频、计算机及娱乐节目。WTO 未对“数字产品”下定义，只列举了上述四类产品。在最早出现“数字产品”一词的《美国-智利自由贸易协定》中，“数字产品”是指“以数字形式编码且可采用电子方式传输的计算机程序、文本、视频、图像、录音或其他产品”。美国对“数字产品”的这一定义沿用至今。

（四）电子商务

WTO 及 OECD 等国际组织对电子商务（e-commerce）概念进行了探索。1998 年 WTO 通过《电子商务工作计划》，该工作计划将电子商务界定为：通过电子方式进行货物或服务的生产、配送、营销、销售或交付。2000 年，OECD 做出类似定义，指出电子商务是指“通过计算机网络接收或下订单进行货物和服务的销售或采购”。在欧加 CETA 中，电子商务被定义为“通过电信（单独或与其他信息通信技术一道）从事的商务。”从上面的定义看，电子商务是通过电子通讯等方式进行的商务活动。跨境电子商务是数字贸易的初级阶段，而数字贸易是跨境电子商务未来发展的高级形态。随着数字贸易的快速发展，学术界开始从“电子商务”向“数字贸易”表述扩展。虽然有些研究或区域贸易协定还沿用“电子商务”的表述，但内容已经向数字贸易靠拢。

二、数字贸易的经济影响

数字贸易对全球经济与贸易、中小企业与发展中国家、消费者、全球价值链等都带来了新的机遇。

1. 数字贸易降低贸易成本、提高生产效率和市场效率，促进全球经济和贸易的增长。数字技术的发展不仅使得数据和信息以近乎零边际成本在世界范围内传输，同时提供了兼具高效率、低成本优势的现代化运输管理系统、货物实时追踪系统等途径对货物和服务进行运输和配送。从市场效率视角来看，数字贸易的发展和数字技术的广泛应用直接增加市场信息，使市场信息变得更加充分，并促进市场主体间的互动，改善市场效率。数字贸易集约化、无界化和平台化发展趋势使贸易参与主体间的联系更加紧密，有效降低信息不对称，实现生产要素在全球范围内高效配置。

2. 数字贸易助推全球服务贸易快速发展。数字贸易的本质是服务的交换及其价值的实现，这不仅体现在直接的数字贸易产品中，而且蕴含在电子商务和平台企业的服务中，从而决定了其将成为服务贸易发展的新动力。5G 通信、虚拟现实、云计算、大数据、人工智能（AI）、3D 打印等新技术的出现及应用，以及数字经济和平台企业等新经济模式的出现，极大丰富了服务贸易的种类，为服务贸易发展和变革提供了新动力。未来，数字技术不仅将与金融、教育、医疗、设计、咨询等各类专业服务深入融合，而且将催生更多新的数字消费产品，共同推动数字全球价值链的形成，从而使服务贸易占国际贸易的比重不断上升。①

3. 数字贸易将化解中小企业和发展中国家在传统贸易中的竞争劣势和区位劣势。搜索、收集和处理国外市场信息是阻碍中小企业参与国际贸易的主要壁垒，而数字技术的发展有效缓解了国际贸易中的信息摩擦与信息不对称现象。互联网中介平台为中小企业提供完善的营销与网络基础设施，同时也可为中小企业提供一体化的客户服务和数据分析等配套服务，极大地降低了中小企业参与国际贸易的门槛及成本。此外，随着物理性基础设施、地理因素、通关效率、制度因素等传统比较优势来源的重要性相对降低，内陆或偏远地区的经济体将通过数字贸易获得进一步融入全球经济体系的机遇。②

4. 数字贸易为全球价值链的发展提供新动力。数字技术和数字贸易的广泛运用与发展不仅可以降低已有产品全球价值链的组织和协调成本，而且还形成全新的全球价值链。一是数字技术（如大数据、云计算、物联网）使得全球价值链的组织和协调变得更加高效、成本更低，全球价值链分工的深度和广度将进一步延伸，推动已有全球价值链获得新的发展。二是新的数字产品和服务不断涌现，将推动形成一系列数字产品全球价值链分工模式的出现。例如数字贸易包括数字内容、社交媒体、搜索引擎等类别，每一个基本类别都在逐渐形成全新的全球价值链。数字内容价值链是数字产品价值链演变最快的行业。三是数字贸易发展改变了全球价值创造模式。数字产品通过提供辅助性服务或替代某个功能这两种途径嵌入全球价值链，从而改变全球价值链的运行轨迹。在全球价值链数字化转型的过程中，全球价值创造会变得越来越知识密集化，大部分价值将凝结在数字产品和服务中，并参与全球分工与价值分配，产品的生产过程逐渐变得高度标准化和模块化。

5. 数字贸易推动消费品供给转向多样化、定制化，提升消费者福利。首先，数字贸易可直接增加可贸易品的种类和数量，包括不断出现的数字产品，如社交网络游戏、视频、电子书等，以及数字技术不断与金融、保险、娱乐、教育、医疗、零售等传统行业深度融合，更新并增加可贸易产品种类。其次，互联网技术使得供应商得以精确地衡量消费者需求，更好地根据消费者偏好组合，实现个性化产品设计和定制，从而推动了国际贸易向大规模定制化方向转变。此外，数字贸易通过促进价格竞争和产品供给多样化来提高一国实际收入水平，改善消费者福利。

【拓展 8-1】

数字贸易壁垒的衡量

目前影响数字贸易发展的壁垒较多，大致包括三大类：关税壁垒、非关税壁垒和数据限制。目前国际上衡量数字贸易壁垒的量化指标有两个：一是欧洲的“数字贸

---

① 刘洪愧. 数字贸易发展的经济效应与推进方略［J］. 改革，2020（3）：45.

② 盛斌，高疆. 超越传统贸易：数字贸易的内涵、特征与影响［J］. 国外社会科学，2020（4）：28.

易限制指数”（简称 DTRI）。DTRI 由欧洲智库“欧洲国际政治经济中心”（ECIPE）发布，重点对全球 64 个国家和地区的数字贸易开放度进行评估。该指数从财政限制和市场准入、企业设立限制、数据限制、贸易限制四个方面，考察限制货物、服务、投资、人员和数据流动的贸易政策。二是 OECD 数字服务贸易限制指数（DSTRI）。数据库涵盖 46 个国家（包括 36 个 OECD 国家、10 个非 OECD 国家），其把数字贸易限制措施主要划分为五大类，即基础设施和连通性、电子交易、支付系统、知识产权、影响数字服务贸易的其他壁垒，以贸易限制的综合指数考察各国数字贸易壁垒，指数值介于 0 和 1 之间，0 表示数字贸易的开放环境，1 表示完全封闭的制度。数据自 2014 年起每年更新，46 个经济体的数字贸易限制指数的均值从 2014 年的 0. 165 上升至 2018 年的 0. 182，体现了总体上数字贸易监管更加严格。见表 8-1。

表 8-1　**OECD 数字贸易限制指数框架**

政策领域	主要政策内容	措　施
1. 基础设施及连通性	采取互联互通最佳实践	强制互联互通；规定互联互通价格及条件；公开互联互通参考报价；要求垂直分割；强制性非歧视网络交通管理；在市场中至少有一个占支配地位的企业；使用通讯服务的限制；个人数据自由跨境流动或适用责任原则
	限制或阻止通讯服务的措施	特定私营部门存在保障措施时可跨境移动个人数据
	影响连通性的措施	相似隐私保护法律的国家间可以跨境移动个人数据；根据个案批准可以跨境移动数据；特定数据必须当地保存；禁止跨境移动数据
2. 电子交易	电子商务许可发放中的歧视条件	申请从事电子商务许可中的歧视条件；从事电子商务必须获得许可或授权
	非居民企业在线税收注册和申报可能性	非居民外国提供者可使用在线税收申报和注册
	与国际普遍接受的电子合同规则之间的背离程度	国内跨境交易合同规则与国际标准背离；法律法规明确保护机密信息
	禁止使用电子认证与签名的措施	为电子签名提供与传统签名同样水平的法律效力
	缺少有效的争端解决机制	存在解决跨境数字贸易的争端解决机制
3. 支付系统	特定支付手段的可获得性	接入支付结算手段的歧视
	评估国内支付交易安全标准是否与国际一致	国内支付安全标准背离国际标准
	网络银行限制	针对网络银行和保险的限制

续表

政策领域	主要政策内容	措　施
4. 知识产权	版权和商标给予外国人不平等的保护	在商标保护上外国公司受歧视性待遇；对版权及相关权利保护上外国人受歧视待遇；版权保护遵守国际规则
	是否有合适的执行机制	有可采取的司法或行政执法措施和救济措施；有可采取的临时措施；有可采取的刑法执行程序和处罚措施
5. 其他数字服务壁垒	影响跨境数字贸易的业绩要求	影响跨境数字贸易的业绩要求，如强制使用当地软件和加密算法、强制技术转移
	下载或流媒体限制	影响数字贸易的下载或流媒体限制
	在线广告限制	在线广告限制
	商业或当地存在限制	为跨境服务设置商业存在要求
	缺乏有效的反竞争行为救济机制	当特定市场中商业实践限制竞争时企业拥有救济权；其他数字服务限制

资料来源：赵瑾．数字贸易壁垒与数字化转型的政策走势——基于欧洲和 OECD 数字贸易限制指数的分析［J］. 国际贸易，2021（2）：72-73；黄鹏．世界经济再平衡下的国际经贸规则重构：动因、方向及可能路径［M］. 上海：上海人民出版社，2020：210-211.

第二节　数字贸易的规则体系与主要分歧

数字贸易在国际贸易中的地位越来越重要，对以传统货物和服务贸易为基础的现行贸易规则提出了新的挑战。建立完善的数字贸易规则体系是当今国际贸易领域最为重要的新兴议题，也是各国对 WTO 改革最关切的问题之一。数字贸易规则将成为 21 世纪最核心的贸易规则。

一、数字贸易规则的分类

数字贸易规则是来自不同政策领域的制度的综合，涉及合同法、电子文件和电子签名、电子支付有关的金融法、消费者保护、知识产权、网络安全、消费者隐私和数据保护等。这些数字贸易规则对数字市场的发展起着基础性的作用。数字贸易规则发挥的作用包括三个方面：首先，它为远程电子交易提供必要的工具，如电子文件和电子签名，以及电子支付等；其次，它增加了消费者对数字市场的信任，确保消费者受到保护，保护消费者隐私等，从而为数字贸易带来新的参与者。最后，限制数字贸易的发展，包括限制在线购买的商品和服务的类型，限制或增加数据传输的成本，或为在线市场、平台和服务制造障碍等。

为此，Jaller 等人（2020）把数字贸易规则按功能分为两大类：一类是支持性政策措施；另一类是限制性政策措施。前者包括电子文件、电子签名、消费者保护、中介责任、消费者隐私和数据保护、网络安全等；后者包括域名限制、禁止网上销售、数据本地化等。

（一）支持远程电子交易的规则

在法律上承认电子文件和电子签名是远程交易的重要工具，也是建立一个繁荣的数字市场很关键的一步。

1. 电子文件。一个可靠的电子文件和电子签名法律体系对 B2B 交易尤为重要。通过电子渠道远程订立的合同与当面订立的合同一样有效，并在法律上可强制执行，这有利于数字贸易的发展。纸质发票和手写合同的要求不仅给企业带来了昂贵的负担，并且降低了进行远程交易的可能性。一个健全的现代电子文件法律通常包括三个核心要素：非歧视、功能等同和技术中立。非歧视原则确保不会以文件是电子形式为由而剥夺其法律效力、有效性或可执行性。这一原则是电子文件法律应包括的最低限度原则。功能等同原则旨在确保能够有效实现同一目的的电子单证与其纸质文件在法律上功能一致。技术中立原则要求通过不区分所用技术类型的规定，即应避免要求使用某些技术才为电子文件提供某些法律效力。

2. 电子签名。电子签名为交易带来必要的确定性，提高效率，对 B2B、B2C 数字贸易和电子政务至关重要。电子签名对于促进个人、企业与政府之间的互动也是必不可少的。允许通过数字渠道提交信息，例如商业登记、税务报表、海关文件或在行政或司法程序中提交信息，可以提高效率，便利服务的提供，并最终降低政府、企业和个人的成本。随着数字贸易的发展，许多国家都制定了法律，承认电子签名和数字签名并赋予其法律效力。不过，要使电子签名具有法律效率，必须是采用特定加密机制并按照规定程序签发的安全数字签名。

（二）增强消费者信任的规则

法律在促进信任、支持数字贸易发展方面发挥着重要作用。由于数字市场仍处于起步阶段，由于缺乏对远程电子交易的信任，致使许多国家的消费者不参与网上购买。因为在网上购物，消费者被要求向零售商、在线中介或数字平台披露敏感信息和个人数据。与消费者信任有关的法律制度至少包括网上消费者保护、隐私与数据保护和网络安全等。

1. 消费者保护。网上消费者保护涉及购物前、购买和购物后三个阶段的法律规定，包括信息披露要求、退出交易的权利、争议解决和补救的法规等。在网上购物之前，消费者面临的一个主要问题是商家披露的信息不足。信息披露是消费者评估交易公平性的关键。规范购物前阶段的法律侧重于要求提供商品、服务及交易条件的具体细节。与购买有关的法律旨在确保透明和有效地完成交易。在购物后阶段，取消交易、退货和获得适当补救等机制对于增强消费者信任至关重要，因此相关的法律规则包括撤回权、在线争议解决和补救措施等。不过，网上消费者保护法规需要不断地发展，以适应新的技术、行为、流程和市场。

2. 中介责任。中介责任是指在线中介如搜索引擎、应用程序平台、社交网络和宽带公司，对其网站或应用程序中的第三方内容或通过其网站或应用程序提供的产品和服务所承担的责任。对于网络中介机构来说，责任主要来自两类行为：提供出售假冒的产品，或由其用户发布非法内容，如图像或文本。关于中介责任的规则需要在保护消费者权利和扩大数字市场之间进行权衡。通常，关于网络中介责任的规则有两类：一个是将责任归于中介，另一个是通过消除违规行为（“安全港”）来减轻其责任。

3. 隐私与数据保护。消费者越来越意识到他们个人数据的价值。对个人数据管理方式缺乏信任导致消费者远离电子交易，限制了数字贸易的增长。与此同时，对个人数据的使用和转让的繁琐规定可能会给企业特别是中小企业带来巨大的成本。各国对数据隐私法律的接受程度也不同。欧洲一直走在最全面的数据保护法的前列，并对其他国家的立法产生重大影响。而美国的数据保护法，主要依赖于与行业有关的最佳做法。

4. 网络安全。网络安全监管是促进数字市场信任的重要组成部分。重大的网络数据泄露事件，不仅损害了人们的隐私，还对数字市场发展产生非常不利的影响。数据安全要求涉及组织和技术措施以及人力资源保障等，包括强制加密个人数据、实施严格的内部政策或任命数据经理等。

（三）阻碍数字贸易的措施

对数字贸易的限制，像其他经济活动一样，可能是为了维护公共政策目标，如保护儿童、促进公共健康或保护个人隐私；也可能是克服或防止市场失灵，例如降低信息不对称或防止反竞争做法等。然而，追求公共政策目标或防止市场失灵往往会导致过度限制性的措施，从而阻碍数字贸易的发展。

这里分析最常见的数字贸易限制措施：禁止网上销售和限制跨境数据流动。

1. 禁止网上销售。一些政府禁止或限制某些商品或服务的网上销售，如化肥或爆炸物等化学产品、枪支和弹药、药物和药品、烟草和酒类产品等。网上销售禁令在很大程度上是因为交易需要验证买家身份。例如，瑞典禁止从某一欧盟国家在线购买酒精、荷兰禁止在线赌博。

2. 跨境数据流动的限制。数据是数字贸易的血液。数据流动不仅传递数字交易的信息（如买方和卖方的详细信息、价格、合同条款、支付命令等），而且是服务贸易的交易对象（如专业建议、客户关怀、图像、视频或声音等）。更重要的是，数据作为关键的要素投入，可以提高其他经济活动的能力和效率，因而对其他经济活动越来越重要。因此，跨境数据自由流动的制度对数字贸易的蓬勃发展至关重要。然而，一些政策可能会阻止数据在世界范围内自由共享。例如，为了国家安全利益，或为了确保对这类信息的监管，或是为了促进与提供这类数据有关的国内业务，各国政府宁愿将某些信息留在其境内。尽管各国限制数据流动的方式各不相同，但关于数据本地化和数据流动限制的法规在世界各地一直在增加。关于跨境数据流动的规定大致采取两种形式：一是在其领土内存储或处理数据的要求，通常称为服务器或数据本地化要求；另一是以目的国的某些要求为条件的数据传输。数据本地化是采用最多的措施。

二、数字贸易规则的主要分歧

随着数字技术的升级和数字贸易的快速发展，数字贸易已成为世界经济增长中不可忽视的新动力。各国都积极制定了适合本国国情的数字贸易政策，不同国家之间也签订了双边及区域数字贸易规则。然而，世界主要经济体的数字贸易发展水平不同，其数字贸易政策差异很大，不同国家之间签署的数字贸易规则也各不相同。①

1. 数字贸易的界定和分类不统一、不明确。目前数字贸易和电子商务都没有一个被认可的统一定义。数字贸易的产生使商品和服务的定义界限越来越模糊，也模糊了服务贸易的提供模式。越来越多的数字交易，既可以是数字交易，也可以是实物交付。而且，越来越多的交易是通过商品和服务捆绑销售实现的。因此，无论是以海关为主的货物贸易统计分类，还是以《国际服务贸易统计手册 2010》和《国际收支与国际投资头寸手册》为指引的服务贸易统计分类，都不足以涵盖以数字贸易为代表的各类新型贸易。因此，区分哪些是数字贸易哪些是非数字贸易是非常困难的，更不用说要把这些数字贸易分类到不同的部门中。随着货物和服务的捆绑以及新技术驱动的新产品和新市场的兴起，在 GATT 和 GATS 框架下来界定哪些规则适用于不同类型的产品将越来越难实现。从主要国家参与的相关贸易协定的内容来看，部分国家对电子商务进行了明确的定义，但一些国家在区域（包括双边）贸易协定中回避对电子商务或数字贸易的界定，或直接界定与其相关的概念。例如，美国主导的 TPP 协定设有电子商务章节，被公认是迄今最完善和标准最高的数字贸易规则，但其未对电子商务作明确的界定，却对数字产品进行了界定。

2. 各国在数据本地化措施上的立场不同。“数据本地化”是指一国要求收集或产生于该国的数据存储于境内，并限制或禁止数据跨境流动。数据本地化既与数字产业政策或经济保护主义有关，也通常含有公共政策目标，主要包括国家安全保障、维护公共道德或公共秩序、个人隐私保护、国内执法需要。各国政府对外国数字密集型企业提出的本地化措施主要有三种形式：（1）数据存储本地化要求；（2）规定或鼓励使用一定比例的本国服务、技术、投入；（3）提供针对本国数字密集型企业的优惠采购。当前，全球范围内的数字本地化措施十分普遍。一些国家要求所有数字贸易企业必须接受数据存储和数据服务器本地化的规定，如巴西、加拿大；一些国家以保护信息安全和个人隐私为由要求数据本地化，如欧盟、韩国、俄罗斯、印度尼西亚、越南、巴西和印度。数据本地化的理由不仅包括经济因素，而且还包括伦理、道德、文化、风俗等方面，难以在短期内得到妥善解决。美国是禁止数据本地化的坚定倡导者，但其对税务、电信、科技等关键部门，仍依靠专门立法来设置数据本地化要求。因此，在数据自由流动、隐私保护和国家安全之间寻求一个平衡点，找到合适的数据本地化程度，对数字贸易的发展至关重要。

3. 数据跨境自由流动难以形成共识。支撑数字贸易的数据，不仅是一种可交易的资产，而且是一种关键的要素投入，是组织服务贸易和全球价值链的重要手段。一方面，数据跨境自由流动是全球数字贸易得以顺利开展的前提保障；另一方面，作为国际贸易的标

① 下面的有关内容主要来自盛斌、高疆（2020）第 29-31 页和刘洪槐（2020）第 45-48 页。

的物，数据自由流动将进一步促进国际贸易的发展。然而，出于社会稳定、数据隐私、消费者保护、互联网协议保护要求、网络安全及国家安全的需要，数据跨境流动在各国受到不同程度的限制。从区域层面上，许多国家在推动局部的跨境数据流动。目前主要有两种治理方案：一是“自由主义+例外条款”模式，即支持由行业驱动的多个利益相关方进行共治的数字贸易框架。另一种是在自由贸易与隐私保护等敏感领域监管之间寻求平衡的“干预主义”模式。这两种治理方案之间尚无有效的妥协方案，其他国家的态度也千差万别。① 如何有效平衡数据的跨境自由流动与公共秩序、数据隐私和国家安全之间的关系，是数字贸易规则中亟待解决的一大问题。

4. 各国隐私保护的分歧较大。数字经济时代下的数据与信息可同时在多个地点进行收集、存储、使用、加工、复制与传输，因此，对特定交易司法管辖权的界定成为数字贸易中的重要难题。各国以防止泄露个人和企业敏感数据、保护国家安全等为由，纷纷采取了一系列数据隐私保护措施。欧盟国家的隐私保护制度最为全面且严格，其他国家的保护力度皆不如欧盟，但也逐步加强了隐私保护。美国依赖其在信息技术方面的优势地位，对隐私保护关注较少，始终没有一个统一的全国性的个人数据保护法。由于各国对隐私相关信息的搜集、披露和保护等监管体制存在差异，不同国家对隐私保护的标准和文化不尽相同，国际社会也没有形成统一的标准，这导致各国在数据隐私保护中存在较大分歧。不同国家之间数据隐私保护的碎片化、差异性及程序复杂性等问题突出。

5. 关于数字产品的知识产权保护诉求较多。数字贸易是知识密集型产品，且容易被复制和盗版，相对于有形货物来说，更需要知识产权的保护。美国在其主导的区域贸易协定中积极推行符合其自身利益诉求的数字知识产权规则。欧盟在 2019 年出台了新的《数字版权指令》，以适应数字经济和数字贸易的新需要。2020 年新达成的 RCEP 协定也对数字环境下知识产权执法进行了明确的规定。但是，各国关于数字贸易相关的知识产权保护制度仍不够健全，不同国家对数字产品知识产权的保护标准存在较大差异。而且，随着数字贸易发展导致的线上产品种类不断增加，与之相关的知识产权纠纷也日渐增多，而传统的知识产权保护法律无法解决数字产品的知识产权保护问题。

6. 各国出于网络安全考虑普遍存在网络审查。网络安全是近年来各国都非常关心的议题，纷纷通过立法加以保护。各国出于秩序稳定、公众利益和国家安全的考虑，都对互联网内容和网站平台制定了各类审查措施。例如，日本对信息和网络服务有国家安全审查要求；印度尼西亚的电子传输法案授权政府筛选和过滤网络信息；泰国则设有网络数据过滤委员会。目前，在全球范围内，巴西、印度、印度尼西亚、俄罗斯等国的内容审查要求相对较多。当然，有些国家以网络安全为由，采用网络审查和网络执法等手段，来保护和支持本国数字贸易产业和企业的发展。在美国业界看来，网络安全有关的两种限制措施可能会严重阻碍数字贸易的发展：一种是公开源代码要求，另一种是限制使用加密方法或标准。源代码往往是具有极高价值的商业秘密和知识产权，跨国公司担心外国政府当局以网

① 熊鸿儒，马源，陈红娜，等．数字贸易规则：关键议题、现实挑战与构建策略［J］．改革，2021（1）：68.

络安全为由不对源代码进行保护。算法是软件代码中的核心，以网络安全为由要求披露算法同样会对知识产权保护形成挑战。①

【案例 8-1】

美欧数字服务税争端

数字经济时代数字税（digital services tax）是数字治理领域的重要内容。数字经济背景下，互联网企业经营并不必然采用商业存在的形式，从而导致了税收管辖权冲突与国家间利益分配不平衡等问题。为应对税收挑战，2019 年 7 月，法国决定向部分大型跨国互联网企业征收 3%的数字服务税，成为欧盟第一个征收数字服务税的国家。该税种涉及美国互联网巨头，引发美国方面强烈不满，美国立即启动了针对法国数字服务税的 301 调查。同年 12 月美国贸易代表办公室认定法国数字服务税歧视美国互联网企业，并威胁对葡萄酒、奶酪等从法国进口的商品征收最高达 100%的报复性关税。2020 年 1 月，美法同意在 OECD 框架下就数字服务税规则进行多边谈判，谈判期间法国同意暂停征收数字服务税，美国暂缓实施关税报复措施。目前，OECD 已经启动了涉及全球 137 个国家和地区的谈判来推动修改现行跨境税则，并争取在 2020 年年底前能就形成"全球共同框架"达成协议。由于受全球疫情的影响，OECD 相关谈判迄今未果。

目前的国际税收规则是基于来源地和居住地。来源地主要指价值创造活动所在地，而居住地主要是企业设立地。来源地对销售收入享有征税权，而居住地对跨国公司的现金投资收入征税。随着数字经济的发展，数字化企业的虚拟性质使其更容易将企业活动定位在低税国，无需在消费者所在国设立实体企业。因此，在线销售公司可以轻而易举地避免在有大量销售额的国家纳税。据欧盟委员会 2018 年的统计，全球科技公司的平均税率为 9.5%，而传统公司的平均税率为 23.2%，线上线下企业税收明显不公。早在 2015 年 OECD 就发布了《应对数字经济的税收挑战》的报告，阐释了数字经济给国际税收带来的挑战。核心问题就是利润所得与价值创造所在地的分离，导致营收与纳税错配以及国家间利益分配不平衡。

欧盟委员会于 2018 年 3 月发布了《互联网企业短期及长期税改方案》，提议对用户在价值创造中发挥主要作用的数字化活动的总收入进行征税，但欧盟内部因未达成一致意见而使税改方案搁浅。法国作为数字服务税最早的倡议方及支持方，在欧盟提案搁置以后迅速提出了数字服务税方案，2019 年 7 月 25 日法国"数字服务税"正式生效，并确定于 2020 年开始执行。

法国方案的纳税范围主要包括：（1）由数字接口（interface）提供的数据中介服务，即用户通过数字接口（可以理解为数字平台）与其他用户联系、互动或发布信息的活动。具体涵盖了在线交易市场服务，如 C2C、B2C、B2B 等类型的电子商务平

① 孙益武．数字贸易与壁垒：文本解读与规则评析——以 USMCA 为对象［J］．上海对外经贸大学学报，2019（6）：94.

台、在线租车平台、在线酒店预订平台、在线约会平台等，以及其他网络服务，如社交媒体、共享平台、在线游戏等。(2) 针对特定目标的广告服务，具体是指依托数字平台所搜集的用户数据，在平台上向特定用户发布的针对性广告，既包括直接的广告发布，也包括将数据信息销售至其他广告中介机构的行为。课税对象为同时达到两个门槛标准的互联网企业，即上述数字服务的全球收入额超过7.5亿欧元，且在法相关收入超过2500万欧元，税率定为在法相关营业收入的3%。于是，谷歌、苹果和亚马逊等互联网巨头将被征收与法国本地企业一样的税收。

美国认为，法国采取的此类"公平税负"措施会成为数字贸易发展的重要壁垒，且已经造成对美国公司的歧视。美国虽然无法反驳互联网企业所导致的税收错配事实，但坚持认为数字服务税违反了国民待遇原则，是对美国互联网企业的针对性"歧视"。美国对于数字服务税的反对立场，深层次上还是根源于美国对数字贸易规则所秉持的原则。作为数字经济最为发达、互联网技术最为先进的经济体，美国要竭力确保其数字产业在国际市场中的竞争优势，这是其当前对外贸易政策的核心诉求。

资料来源：邵军，杨丹辉．全球数字服务税的演进动态与中国的应对策略［J］．国际经济评论，2021（3）：125-129；黄鹏．世界经济再平衡下的国际经贸规则重构：动因、方向及可能路径［M］．上海：上海人民出版社，2020：218.

第三节　区域贸易协定下数字贸易规则的发展

一、区域贸易协定中数字贸易规则的发展

根据WTO公布并生效的区域贸易协定（RTA）统计，自2001年最早生效的《新西兰-新加坡自由贸易协定》纳入电子商务条款以来，截至2021年6月底，共有111个区域贸易协定中含有电子商务条款。其中，由美国、英国、欧盟、新西兰、澳大利亚、加拿大和日本7个发达国家签订并生效的含有电子商务条款的RTA达73个，占总数的66%。美国和澳大利亚自2000年以来生效的RTA中都含有电子商务条款；加拿大在此期间生效的12个RTA中，有10个纳入了电子商务条款。欧盟、英国、新加坡和韩国也是含有电子商务条款的RTA最多的国家之一，分别为17、15、15和12个。

按WTO公布的RTA生效时间统计，2001年至2021年6月底生效的RTA一共283个，其中有111个包含电子商务条款。包含电子商务条款的RTA的时间变化趋势见图8-1，根据含有电子商务条款的RTA占比的变化，可以分为两个阶段：2001年至2010年和2010年以后。在第一阶段（2001—2010年），含有电子商务条款的RTA呈上升趋势，平均每年3.5个，含有电子商务条款的RTA占该期间生效的RTA总数的25.9%，约4个RTA中有1个含有电子商务条款。在第二阶段（2010—2021年6月底），含有电子商务条

款的 RTA 有 76 个，占同期生效的 RTA 总数（148 份）的 51%，即一半以上的 RTA 都纳入了电子商务条款。①

自 2003 年生效的《美国-新加坡自由贸易协定》中对电子商务规则单独设章后，美国几乎对所有的区域贸易协定都单独设立电子商务章（除《美国-摩洛哥自由贸易协定》外）。2018 年签署的《美墨加协定》（USMCA）不仅首次采用“数字贸易”取代“电子商务”作为章的标题，内容也超出了“电子商务”的范畴。

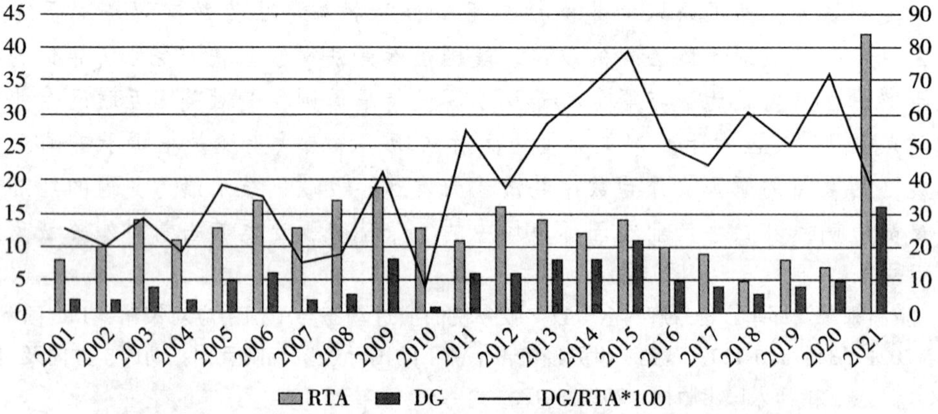

图 8-1　2001—2021 年 6 月含有数字贸易条款的 RTA 数量及比例的变化

注：DG 代表含有数字贸易条款的 RTA 数量，如果同一个协定有两个生效时间，以第一个生效时间为准，且只计算一次。2021 年 RTA 急剧增加是因为英国脱欧后签订了许多 RTA。

资料来源：作者根据 WTO 的 RTA 数据库统计。

二、区域贸易协定中数字贸易规则的类型及发展

在现有的区域贸易协定中，存在着三种类型的数字贸易规则，即美式规则、欧式规则和其他国家的电子商务规则。

（一）美式数字贸易规则的发展

美国是世界上最早研究数字贸易规则并制定相应的国内规则的国家。作为数字贸易的大国和强国，为促进其数字产业的国际化发展，美国在其主导的一系列区域贸易协定中不断推出符合其利益诉求的数字贸易规则。经过近 20 年的努力，数字贸易规则“美式模板”已经成型。

2003 年在与新加坡签订的贸易协定中，美国首次在 RTA 中提出了“数字产品”概

① 相关数据由作者根据 WTO 网站的 RTA 数据库统计。http://rtais.wto.org/UI/PublicAllRTAListAccession.aspx.

念，给予数字产品的免税待遇和非歧视待遇，首次明确了 WTO 规则对电子商务的适用。2007 年美国与韩国自由贸易协定的签订，标志着美式数字贸易规则 1.0 版的正式确立，协定内容包括电子认证和电子签名、在线消费者保护、无纸化贸易、接入和使用因特网的原则等第一代数字贸易规则，同时还首次纳入了“跨境信息流动”条款。2015 年美国主导的 TPP 协议因特朗普政府 2017 年宣布退出而中止，随后 11 方签署的《全面与进步跨太平洋伙伴关系协定》（CPTPP）全部继承了 TPP 电子商务条款，标志着美式数字贸易规则 2.0 版被 CPTPP 成员接受。TPP 框架下的数字贸易规则可谓是“美式模板”的集大成者。TPP 不仅涵盖了易被多数国家接受的数字贸易早期规则如“透明度”“电子认证与电子签名”“无纸化贸易”等，还推出了“跨境数据自由流动”“数据存储非强制本地化”“源代码的转移或访问”“网络接入与使用”等水平较高的第二代数字贸易规则。在 2020 年生效的 USMCA 协定中，美国除了对 TPP 条款进行“重申”外，还对 TPP 中数字贸易条款进行“深化”和“扩展”，增加了网络安全、交互式电脑服务和政府数据开放等内容。

由此可见，美国通过区域及双边途径将本国国内对数字贸易管理的做法固化为协定内容，并通过其协定成员国向外辐射，日本、澳大利亚、韩国、新西兰、智利和加拿大等国家大多都效仿美式数字贸易规则。在美式数字贸易规则中，首先，数字产品条款是美式规则的核心条款。美式规则明确界定了数字产品，把数字产品看成是与货物贸易、服务贸易并行的第三类型贸易，回避了数字产品贸易是否应归为服务贸易和货物贸易的争论。其次，美国开始全面审视数字贸易中出现的各类贸易壁垒，对数字产品贸易开放的约束性条款较多。再次，强调数字贸易的“数字属性”规则。“数字属性”规则不仅包括数据自由流动、取消数据本地化要求和源代码保护等，还扩展至网络安全、交互式计算服务提供者责任及政府数据开放等方面。① 最后，厘清了电子商务规则与其他规则的关系。影响以电子方式交付或提供服务（包括跨境传输信息）的措施需遵守投资、跨境服务贸易和金融服务的相关规定，包括例外及不符措施。

（二）欧式数字贸易规则的发展

与已成体系的美式数字贸易规则相比，欧式数字贸易规则的构建显得比较滞后。2001 年以来，在欧盟签署的 38 个 RTA 中，有 17 个纳入了电子商务条款。此外，英国脱离欧盟后签署了 15 个含有电子商务条款的区域贸易协定，同属于欧式数字贸易规则类型。欧式数字贸易规则也是逐步形成的。电子商务条款最早出现在 2003 年生效的欧盟-智利自由贸易协定中，其用语以温和著称，常采用富有劝导性的措辞来展开数字贸易合作。随后，在美式数字贸易规则的影响下，欧式已改此前谨慎的“软性语言”，措辞开始变得更翔实和具有约束力。在 2017 年生效的欧加 CETA 中，双方首次引入了专门的“电子商务章”，尤其是针对“消费者保护”引入了若干更为深入的条款。

---

① 黄鹏．世界经济再平衡下的国际经贸规则重构：动因、方向及可能路径［M］．上海：上海人民出版社，2020：230-237.

与美式数字贸易规则相比，欧式数字贸易规则有以下四个特征：①

1. 规则文本缺乏一个完整独立的体系。欧盟所签的区域贸易协定中涉及数字贸易的条款大都相当零碎地散落在各个不同章节，涉及的内容较少，也没有形成完整的体系。在一些关键问题上，例如“最惠国待遇”和“国民待遇”原则是否适用于数字贸易领域、视听服务是否适用于基础电信的例外条款等，欧式规则没有给出应对之策。

2. 强调电子商务合作。欧式电子商务条款的内容较多涉及电子签名和电子认证、消费者保护、数据保护、非应邀商业电子信息、中间服务提供商责任等方面的合作，但对于合作机制、合作内容等并未明确规定。

3. 在“视听例外”和“隐私保护”上立场坚定。视听部门是数字贸易的关键内容，也属于文化部门。欧盟不仅在多边谈判中多次提出“文化例外”，同时也在双边和诸边谈判中一直坚决否定传统贸易规则在文化部门的适用性。“隐私保护”更是欧式数字贸易规则的“硬核”。欧盟出台的《一般数据保护法案》，把个人信息保护及监管提高到一个前所未有的高度，对执行力和惩罚机制进行了严谨且独立的规定。

4. 欧式数字贸易条款比较灵活。欧盟会针对不同国家的发展情况在贸易政策上灵活处理，与立场一致的美式规则不同。这体现在两个方面：其一，对于同一议题，欧盟会根据缔约对象的不同进行灵活处理，条款措辞兼有软性合作以及硬性限制两个极端。其二，欧盟利用其较为强势的贸易地位，迫使相对弱势的国家做出更多的让步，因此欧盟灵活的贸易政策在某种程度上对发展中国家很不利。

（三）中国区域贸易协定中电子商务规则的发展

在中国生效的区域贸易协定中，有7个涉及电子商务条款，其中4个对电子商务单独设章，2个仅在合作章中提到电子商务，没有细节。最早纳入电子商务章的中国-韩国和中国-澳大利亚自由贸易协定是在2015年年底生效的，因而我国电子商务规则的发展相对较晚，电子商务规则也相对较为基础。

中国生效的区域贸易协定中电子商务规则的主要内容包括：关税、电子认证和电子签名、线上消费者保护、无纸化贸易、个人信息保护、国内监管框架和电子商务合作等。这反映了我国强调电子商务规则的“贸易属性”，核心是以削减电子商务领域的边境限制措施为主的贸易自由化。这也与我国的比较优势相一致。我国是制造业大国，同时也是消费大国。我国电子商务的发展是以货物贸易为基础的。因此，我国数字贸易的比较优势是基于互联网的跨境货物贸易。为此，我国更加关注互联网条件下，跨境货物贸易便利化的相关规则，如“低价值货物免关税”“消费者个人信息和隐私保护”“有效的金融支付机制”等。

总之，我国作为数字经济大国，数字贸易也在不断发展壮大中，但在相关规则上整体仍处于起步阶段。相对于美式数字贸易规则而言，约束性条款很少，没有涉及跨境数据传

① 参考：周念利，陈寰琦．数字贸易规则“欧式模板”的典型特征及发展趋向［J］．国际经贸探索，2018（3）：97-100；段平方，侯淑娟．基于美式模板和欧式模板下中国数字贸易规则体系的构建［J］．南华大学学报（社会科学版），2019（5）：52-53.

输和数字产品贸易等内容；相对于欧式数字贸易规则而言，电子商务监管措施和例外等方面存在差距。这都与中国国内相关规则的不完善有关。目前，中国数字贸易市场的监管仍依赖于传统贸易监管和电信市场监管框架，没有形成一套完整的、专门调整数字贸易特殊关系及问题的监管制度。

第四节　数字贸易多边规则的进展

一、WTO 框架下电子商务规则的讨论

WTO 没有建立专门的数字贸易规则，只有一些主要协议可能与数字贸易规则有关。一是《服务贸易总协定》（GATS）。在 GATS 项下的义务体现在其成员所作的《具体承诺表》，多数承诺表包括了涉及电子商务的服务业，如计算机和相关服务及电信服务等。二是《信息技术协议》（ITA）。ITA 是 WTO 框架下的诸边协定，旨在降低甚至消除成员间信息技术产品的关税。在 2015 年 WTO 第 10 届部长级会议上 ITA 实现扩围，针对 201 个附加产品取消了关税。三是《与贸易有关的知识产权协定》（TRIPS）。TRIPS 协定体现了技术中立的特点，对知识产权的保护可以延伸至在线数字内容。在 WTO 框架下，虽然某个协定的一些条款有可能适用于数字贸易，但还不能很好地解决数字贸易问题。

认识到全球电子商务的蓬勃发展为贸易创造了新机会，1998 年 WTO 第二次部长级会议通过《全球电子商务宣言》，把电子商务界定为“以电子方式生产、分销、营销、销售或交付货物和服务”，并宣布成员将对电子传输不加征关税。同年 9 月，WTO 总理事会通过《电子商务工作计划》，列出成员在不同理事会需要讨论的问题，审查电子商务所产生的所有与贸易有关问题。但由于多哈发展回合整体缺乏进展，关于电子商务议题的多边讨论亦未产出实际成果。

直至 WTO 第 11 次部长级会议期间，数字贸易才成为多边贸易谈判中的主要议题，WTO 成员各方积极参与探讨规则构建。2017 年 12 月在 WTO 布宜诺斯艾利斯部长级会议期间，71 个 WTO 成员方发布了《关于电子商务的联合声明》，启动了 WTO 框架下“与贸易相关的电子商务议题”谈判的探索工作，电子商务谈判终于被纳入 WTO 工作议程。2019 年 1 月，在瑞士达沃斯举行的电子商务非正式部长级会议上，中国、美国、俄罗斯、日本以及欧盟等 76 个 WTO 成员方签署发布了《关于电子商务的联合声明》，共同发起电子商务议题的诸边谈判。随后，贝宁、肯尼亚、印度尼西亚、菲律宾等 7 国先后宣布加入《联合声明》，至 2020 年 7 月共有 83 个 WTO 成员（含欧盟 27 国）参与电子商务谈判，占到 WTO164 个成员的一半以上。自 2019 年 3 月谈判正式启动以来，至 2020 年 7 月 WTO 已收到 59 份提案，各方在提升电子商务便利化和透明度、保护网络消费者、促进中小微企业参与度等方面取得了一定共识，但在诸多关键问题上仍分歧明显。

二、WTO 各方电子商务提案的主要议题与核心关切

WTO 电子商务谈判的议题很多，大致可以分为三类：一是在技术层面便利电子商务

发展的议题：电子签名与认证、电子发票、电子合同的有效性；进出口行政管理电子化和无纸化贸易；小额商品免征关税以及通关便利化等。此类议题主要涉及与电子商务管理相关的技术性问题，在政策层面的争议不大，成员对达成国际规则具有较强的共识。二是从国内制度建设层面促进电子商务发展的议题。这主要涉及三个问题：保护个人信息和隐私；保护消费者权益，特别是禁止对消费者有欺骗和误导作用的网络信息；规制垃圾商业信息，保护消费者免受侵扰。三是破除他国“贸易壁垒”层面的自由化议题。主要是电子商务谈判的新议题，包括允许跨境数据自由流动、禁止计算设施本地化、禁止强制转让技术、禁止以披露源代码或商业秘密作为市场准入条件、禁止实施网络内容屏蔽和过滤等。由于此类议题隐含了将他国的监管措施视为不良监管措施的意图，并具有约束其他国家政府监管手段的效果，所以容易引起争议。①

通过对59份提案核心议题的分析，可以把参与谈判的经济体划分为四类：一是主张高度开放的经济体，只有美国，要求允许跨境数据自由流动、电子产品非歧视待遇、禁止要求共享源代码和商业秘密、禁止强制转让技术、禁止采取过度严苛的网络安全措施等议题建立约束性的国际规则，而对监管治理及国际协调与合作方面的议题关注很少。二是主张开放与监管并重的经济体，主要是除美国外的发达经济体和高收入发展中经济体，其提案内容除了市场准入、互联网开放等与市场开放有关的议题外，还对个人隐私保护、消费者保护、国内税例外等议题高度关注。三是主张偏重于强监管和促进电子商务发展的经济体，包括中国、新西兰和乌克兰，其提案内容涉及个人隐私保护、消费者保护、贸易便利化等议题，但没有涉及跨境数据流动、互联网开放等议题。四是主张国际协调和发展合作的经济体，如阿根廷、科特迪瓦，其提案内容主要涉及对落后国家资本与技术援助、开放政策灵活性和对本国产业的保护。②

下面介绍代表性的WTO电子商务提案。③

（一）美国提案：倡导高标准数字贸易规则

美国是WTO电子商务谈判的积极推动者，主张“全面且富有雄心”的高标准贸易规则，确保开放、公平竞争的全球数字经济，降低数字贸易障碍。美国更加看重的是数字贸易的数字属性，核心在于跨境数据流动，倾向于用“数字贸易”术语取代“电子商务”，认为其他国际组织对“电子商务”的界定过于狭窄。美国将跨境数据自由流动和禁止本地化要求视作消除壁垒的关键，认为过度重视网络安全会导致阻碍数字贸易、扼杀数字经济的严重后果。同时，美国将禁止披露、转让源代码作为保护知识产权和创新的必然要求，对例外情形容忍度极低。美国是数字经济最发达的国家，拥有的跨国互联网企业数量最多。美国提案的关注点主要是为美国企业破除在其他国家遭遇的“数字贸易壁垒”。

---

① 徐程锦. WTO电子商务规则谈判与中国的应对方案［J］. 国际经济评论，2020（3）：36-37.

② 岳云嵩，霍鹏. WTO电子商务谈判与数字贸易规则博弈［J］. 国际商务研究，2021，42（1）：75.

③ 下面的内容参考了：石静霞. 数字经济背景下的WTO电子商务诸边谈判：最新发展及焦点问题［J］. 东方法学，2020（2）：173-174.

（二）欧盟提案：高标准贸易规则和严格隐私保护

欧盟的谈判目标在于达成高标准的规则和承诺，增加规制可预见性并改善市场准入条件，其提案内容与美国有诸多重合。最大的区别在于，欧盟坚持网络环境下高标准的隐私保护，明确任何关于数据跨境流动的承诺均不可优先于隐私保护，将隐私保护作为基本权利，为保护个人隐私可以采取限制跨境数据流动的措施。此外，欧盟援引保护文化多样性理由，提议将视听服务彻底排除在谈判范围之外。由于缺少大型互联网企业，欧盟在数字经济产业方面难以与中美正面竞争，其保持数字经济时代话语权的主要手段是引领监管和治理机制的变革。

（三）中国提案：改善跨境电子商务的贸易环境

中国提案把谈判重点放在由互联网驱动的货物贸易和与之相关的支付、物流等服务，核心仍在于货物贸易，侧重于削减边界贸易壁垒，从而为电子商务创造良好、可信赖的市场环境。鉴于关注跨境数据流动等新议题的成员越来越多，中国在其提案中提出：应当尊重各成员自主选择的电子商务发展道路，允许各国政府出于公共政策目标选择相应的规制措施，平衡网络主权、数据安全、隐私保护等不同的政策目标；并认为WTO成员应当有更多的讨论时间，谈判目标的设置不宜过于激进。此外，中国提案内容还涉及对信息通信技术产品的非歧视待遇，主张若无合法公共政策目标，未经正当程序，不得对网络设备和产品实施断供等限制性措施，不得干预企业对此类设备、产品和技术的选择。

目前，数字贸易规则尚处在逐步形成的萌芽阶段，因此关注其构建过程显得尤为重要。当前，数字贸易规则的构建重点，主要是基于各国已经存在和准备推出的相关规则的国际协调，特别是美国和欧盟的国内监管规则和高水平的区域贸易协定。伴随数字技术和数字贸易的成熟与发展，未来数字贸易规则必将朝着更加自由、安全、标准的方向发展。

【延伸8-1】

RCEP、TPP、USMCA中数字贸易规则的比较

这里对RCEP、CPTPP、USMCA的数字贸易规则进行逐条对比，发现无论是在数据流动、源代码保护、非歧视待遇等关键条款上，还是在无纸化、透明度等相对次要的条款上，三者都存在或多或少的区别。

1. 源代码。在“源代码非强制本地化”规定中，USMCA在CPTPP基础上又将“源代码中的算法”加至其中。USMCA删除了对软件进行区分的条款，扩大了CPTPP中的软件范围，不再仅限于大众市场软件或包含此类软件的产品，还包括用于关键基础设施的软件。RCEP无此议题规定。

2. 计算设施的位置。三者都规定缔约国不得将计算设施本地化作为他国在该国进行商业行为的条件。RCEP和CPTPP进一步指明每个国家对于计算设施的使用都有各自措施，且这两项协议因例外条款的加入而更具灵活性。例外措施主要是指为实现公共政策目标且不构成歧视和贸易限制的措施以及为保护其基本安全利益所采取的

必要措施。

3. 交互式计算机服务。此议题仅在USMCA中涉及，强调缔约方应“认识到促进交互式计算机服务（包括对中小企业的交互式计算机服务）对于数字贸易的增长至关重要”，规定“在确定与存储、处理、传输、分发或提供服务信息有关的损害责任时，缔约方不得将交互式计算机服务提供者或使用者等同于信息内容提供者”。该“免责”条款意味着互联网平台（互联网中介）无需对第三方非知识产权侵权行为的发生承担连带责任。

4. 数字产品的非歧视待遇。USMCA将非歧视待遇的适用范围进一步扩大，删除了CPTPP中的一些例外条款，如非歧视待遇原则不适用于“知识产权章节中权利与义务不一致的情况”及“广播”。RCEP无此议题。

5. 公开政府数据。USMCA是唯一对政府公开数据做出规定的巨型自由贸易协定，但协议并未对此做出严格或强制性要求，只提到“应保证政府信息的可读性和开放性，且要在扩大政府信息（包括数据）的公开范围方面努力合作以获得更多的商业机会，尤其是对中小企业”。

6. 非应邀商业电子信息。三项协议在对非应邀商业电子信息加以管理方面达成共识，管理方式包括为信息接收人拒绝接收此种信息提供便利、为信息提供者赋予追索权、监管合作等。相比于USMCA，RCEP和CPTPP增加了“将此类信息减少至最低程度”的要求。

7. 线上消费者保护。三项协议均认可法律和主管部门合作在消费者权益保护方面的重要作用，RCEP认为缔约方还应该发布关于“消费者如何寻求救济以及企业如何遵守法律要求”的信息，以便更好地为消费者提供保护，对企业进行约束。

8. 线上个人信息保护。线上个人信息保护议题在各个贸易协议间差异较大。RCEP希望加强不同缔约方的合作，以确保个人信息在各缔约方之间进行安全转移；鼓励法人公布相关的政策程序。CPTPP和USMCA认为“保护电商用户个人信息所产生的经济效益、社会效益以及在提振电商消费者信心方面的贡献不容忽视”，同时强调“在确保电商用户个人信息免遭侵犯上应采取非歧视原则，促进不同经济体之间法律制度兼容性”。各项协议都认为在制定个人信息的法律框架时，应考虑国际组织的国际标准，USMCA在此特别指出了《亚太经合组织隐私框架》和经合组织理事会《隐私保护与个人数据跨境流动准则》（2013年），且增加了关键原则的说明。

9. 数字产品费用征收。三者均主张免征以电子方式传输的数字产品的进出口关税。USMCA还规定不能收取其他类型的费用，表明USMCA对数字产品在税费征收方面的支持力度更大。

10. 合作。RCEP重视缔约方之间的合作，要求缔约方“确定有针对性的合作领域，采取建立在国际论坛既有合作倡议之上的合作形式”“鼓励商业部门开发有利于促进电子商务使用的方法和实践”。CPTPP详细列明了缔约方之间就电子商务法规、政策、执行和遵守进行经验和信息交流所涉及的方面，包括个人信息保护、线上消费者保护、非应邀商业电子信息、电子通信安全、身份验证、电子政务等。USMCA合作条款中体现了更多对隐私保护的要求，如在提到“加强个人信息保护的法规交流”

时，尤其强调了“增强隐私保护法执行方面的国际机制合作”。同时新增了两条隐私保护规定，分别是“在推动机制（包括亚太经合组织跨境隐私规则）发展方面保持合作和对话，增强全球隐私制度的互用性”“通过跨境合作倡议促进机制发展，以协助用户跨境提交个人信息保护方面的投诉”。此外，RCEP 和 CPTPP 均提出要帮助中小企业克服电商使用的障碍，USMCA 无此规定，但增加了“帮助残疾人获得信息和通信技术”的规定。

11. 国内监管框架。CPTPP 和 USMCA 规定“在电子交易框架发展过程中每一缔约方应便利利益相关者提出建议”，RCEP 未对此做出说明。RCEP 和 CPTPP 认为每一缔约方管理电子交易的法律框架应与《联合国国际贸易法委员会电子商务示范法（1996 年）》和《联合国国际合同使用电子通信公约》（2005 年）中的规则一致，而 USMCA 提及了后者。

总体来看，三者都致力于减少数字贸易发展的阻碍，但 USMCA 有一定的贸易保护主义色彩，而 RCEP 更具包容性、灵活性和开放性。

资料来源：洪俊杰，陈明．巨型自由贸易协定框架下数字贸易规则对中国的挑战及对策［J］．国际贸易，2021（5）：5-8.

◎ 小结

1. 全球正迈入数字经济时代，基于数字技术的数字经济具有规模经济、范围经济以及长尾效应等特征。数字经济拓展了国际贸易的广度和深度，数字贸易已成为国际贸易新模式，是世界各国争相发展的焦点领域。

2. 数字贸易至今没有一个公认的定义，其内涵与外延处仍在不断演变中。数字贸易的兴起不仅影响商业组织和商业竞争，还造成“赢者通吃”现象，从而影响政府与市场的关系。

3. 数字贸易与传统贸易具有相似的贸易本质、贸易目的和经济学理论支撑，但两者在贸易主体、贸易对象、贸易方式、贸易时效性及监管政策等方面均有显著的差异。数字贸易是跨境电子商务未来发展的高级形态。

4. 数字贸易在国际贸易中的地位越来越重要，对全球经济与贸易、中小企业与发展中国家、消费者、全球价值链等都带来了新的发展机遇。

5. 数字贸易规则将成为 21 世纪最核心的贸易规则。数字贸易规则是来自不同政策领域的制度的综合，涉及合同法、电子文件和电子签名、电子支付有关的金融法、消费者保护、知识产权、网络安全、消费者隐私和数据保护等。

6. 各国都积极制定了适合本国国情的数字贸易政策，不同国家之间也签订了双边及区域数字贸易规则。然而，各主要经济体的数字贸易政策差异很大，不同国家之间签署的数字贸易规则也各不相同。

7. 纳入数字贸易规则的区域贸易协定增长非常迅速。在现有的区域贸易协定中，存在三种类型的数字贸易规则，即美式规则、欧式规则和其他国家的电子商务规则。

8. WTO 没有建立起专门的数字贸易规则，数字贸易谈判是多边贸易谈判中的主要议题。由于多边贸易谈判进展缓慢，再加上各方在数字贸易规则上的立场分歧很大，部分国家发起了电子商务诸边谈判，目前还正在进行中。

◎ 关键词

数字贸易（digital trade） 电子商务（electronic commerce） 数字产品（digital product） 数字经济（digital economy） 数字贸易规则（rules of digital trade）

◎ 重要概念

长尾效应 赢者通吃 数字货币 数字贸易壁垒 中介责任 数字本地化 数字服务税 消费者隐私

◎ 思考题

1. 数字经济对世界经济的影响有哪些？
2. 数字贸易对发展中国家全球价值链参与的影响有哪些？
3. 区域贸易协定中中国数字贸易规则与美欧数字贸易规则的差异是什么？
4. 中国数字贸易政策与欧美数字贸易政策的差异有哪些？
5. 分析 RCEP 与 CPTPP 中数字贸易条款的异同点。
6. WTO 框架下数字贸易规则的趋势是什么？

◎ 练习题

1. 数字贸易与传统贸易的区别有哪些？
2. 数字贸易对经济的影响有哪些？
3. 数字贸易规则主要包括哪些方面？
4. 数字贸易规则的主要分歧包括哪些？
5. 美式数字贸易规则与欧式贸易规则的内容是什么？有什么区别？
6. WTO 框架下数字贸易规则提案的主要共识与分歧有哪些？

第九章　环境保护与劳工标准新规则

第一节　环境保护新规则的发展

环境政策与贸易政策密切相关。早在1902年，在最早签署的多边环境协定《保护对农业有用的鸟类公约》中，各缔约国就同意利用进口禁令作为环境保护的手段。随着生态环境不断恶化，其对世界经济的影响也越来越明显，一些政府特别是发达国家政府继续寻求用贸易手段来对环境进行有效的保护。自20世纪90年代起，在发达国家推动下，环境议题作为新议题被纳入国际贸易规则的范畴，成为21世纪国际商务规则的重要内容之一。

一、贸易与环境关系的经济学分析

贸易与环境关系的争论由来已久。1991年经济学家Grossman和Krueger在研究NAFTA的潜在影响时首次提出了“环境库兹涅茨曲线”（the environmental Kuznets curve，简称EKC）概念，认为环境质量同经济增长呈倒U形关系。随后，可持续发展理论、贸易与环境等问题开始成为研究的热点。联合国环境规划署、OECD、联合国贸易和发展会议和世界银行等国际组织都加入到贸易与环境关系的研究中。

（一）国际贸易的环境效应研究

最早研究国际贸易对环境影响的经济学家是Grossman和Krueger，他们在1991年建立了国际贸易的环境效应分析框架，把国际贸易对环境的影响效应分解为规模效应、结构效应和技术效应三个方面。其中，规模效应是指在经济结构和技术不变条件下经济总量规模扩大会使污染排放上升；结构效应是指在技术和经济规模不变条件下污染产品在总产出中的比重上升会促进污染排放增加；技术效应是指在经济结构和经济规模不变条件下，技术进步降低了污染强度进而减少污染排放。贸易对环境的净影响很难确定，取决于三种效应的相对大小。例如，Antweiler等人（2001）选用1971—1996年44个国家的数据对国际贸易的环境效应进行分析，结果表明技术正效应超过规模负效应，但总体结构效应不确定：一方面，结构效应使资本充裕国家的产出更具污染性；另一方面，最贫穷国家平均产出的污染强度增加了。Cole等人（1998）通过实证研究发现，亚洲发展中国家因收入增加导致的技术效应还没有充分显现，国际贸易的规模负效应超过了结构正效应。

（二）贸易与环境关系假说

围绕贸易与环境问题引发了各种争论，出现了环境保护论者与自由贸易者两大阵营。自由贸易支持者认为贸易自由化将有益于环境的改善，主要体现在三方面：（1）自由贸易能提高资源利用效率，从而减少废物产生；（2）贸易自由化能促进经济繁荣，进而增加了用于环境保护的资源；（3）贸易自由化促使环保技术向发展中国家转移，有利于减轻环境压力。环境保护论者则认为：（1）贸易扩大了经济活动规模，增加了对当地环境的破坏；特别是在存在越境污染时，自由贸易使其他国家的环境恶化；（2）贸易规则凌驾于环境政策目标之上，会导致环境标准降低。环境标准较低的国家在污染产业会具有竞争优势，因而促使要素流动到污染成本支出较低的这些国家，使其成为污染的避风港；（3）危险品国际贸易会危害环境，废物进口国比出口国在废物处理与储存方面更不具有优势，废物出口使这些国家没有动力去制定环境政策来减少废物产生。

双方的争论涉及贸易与环境关系的四个假说："库兹涅茨环境曲线假说""污染天堂假说""环境标准竞次假说""波特假说"。

"环境库兹涅茨曲线假说"（EKC 曲线）认为，人均收入的增长最终将引起环境质量的改善。在较低的收入水平上，污染水平随收入的增长而上升；但在较高的收入水平上，污染水平则随收入的增长而递减。如果库兹涅茨曲线确实存在，或者在到达一定的转折点后，人均收入或财富的增长有助于改善环境质量，那么环境问题的解决还需依靠经济增长本身。这意味着促进经济增长应成为国际社会的首要政策目标。环境库兹涅茨曲线也表明，发展中国家通常处于曲线的上升阶段而发达国家处于曲线的下降阶段，前者生产更多的是"污染品"，后者生产的是"清洁品"。因此，从静态视角看，建立在国际分工基础上的 EKC 曲线恰恰反映了南北环境的不平等情况。

"污染天堂假说"（hypothesis of pollution haven）又称为"污染避难所假说"，认为污染密集型企业倾向于在环境标准相对较低的国家设立。当各个国家只有环境标准差异，其他方面的条件都相同，污染企业就会选择在环境标准较低的国家进行生产，从而降低生产成本，环境标准低成为比较优势的来源。这些环境标准低的国家就成为了"污染避难所"。然而，这种假说是建立在严格的假设条件之上的。通常，环境标准较低的国家往往缺乏现代工业所需的熟练的劳动力、资本与制度等。这些因素会增加生产成本，而且很可能会高于基于环境标准差异所带来的生产成本的节约。

"环境标准竞次假说"（race to the bottom）是指为吸引或留住投资，各国会竞相降低环境标准，因而都成为"污染避难所"。其逻辑基础是"囚徒困境"博弈，因为渴求投资与工作岗位的穷国降低了其环境标准，发达国家也被迫降低环境标准以阻止资本流出，从而使全球跌入破坏环境的恶性循环。[①] 实证研究表明，较低的环境法规不一定会导致竞次现象，环境法规也不是影响投资决策的唯一因素（Mani，等，1997）。

---

① 前面三个假说参考了：张琴，张志辉．国际贸易与环境——相关假说的评述［J］．国际贸易问题，2005（9）：73-75.

"波特假说"是迈克尔·波特在1991年提出来的，他认为，适当的环境规制会促进企业的创新行为，采取先进的技术降低成本，来补偿甚至超过遵守环保法规的成本，从而提升企业经营绩效和市场竞争力。波特引用杜邦公司的例子说明了环境保护和企业竞争力之间存在"双赢"结果的可能性。

二、WTO框架下环境保护规则及多哈谈判进展

（一）WTO框架下的相关环境保护规则

WTO有许多规则都涉及环境保护。《1994年关税与贸易总协定》第20条一般例外规定，允许各成员方为保护人类及动植物的生命或健康或者为保护可枯竭的自然资源采取措施，只要不对国际贸易造成武断或不公平的歧视与限制。

在《实施卫生与植物检疫措施协议》（SPS）中规定："不应阻止各成员采纳或实施为保护人类、动物或植物的生命或健康所必需的措施，但这些措施的实施不应违反成员间非歧视原则，或对国际贸易构成变相的限制"。

在《技术性贸易壁垒协议》（TBT）的序言中指出："任何国家可以在其认为适当的范围内采取必要的措施，以保护人类、动植物的生命或健康以及保护环境，只要这些措施不成为在具有同等条件的国家之间造成任何不合理的歧视，或不对国际贸易产生隐蔽限制的一种手段"。

《服务贸易总协定》第14条一般例外指出，允许成员方采取或实施为保护人类、动植物的生命或健康所必需的措施，但不能对情况相同的成员方构成武断的、不公正的歧视或对服务贸易构成变相限制。

《与贸易有关的知识产权协议》（TRIPS）的第27条规定："出于维护公共秩序或公共道德的目的，包括为了保护人类、动植物的生命或健康，为了避免对环境造成严重污染，成员方可以拒绝授予发明的专利权，并可以阻止某项发明的商业性利用"。

WTO规则体系为处理环境问题提供了基础，但它对许多环境问题只作出了原则性规定，对一些关键概念缺乏清晰、明确的界定。这给条款的解释和实施带来了不确定性，也使WTO规则在解决与贸易有关的环境问题时力不从心。

（二）多哈回合贸易与环境议题的进展

在2001年启动的多哈回合谈判中，贸易与环境议题成为WTO多哈谈判中唯一引入的新议题。贸易与环境议题的焦点问题主要有WTO规则与多边环境协议之间的关系、环境产品与服务自由化议题。

关于WTO规则与多边环境协议之间的关系：目前多边环境协定与多边贸易体制的关系更多体现的是两者矛盾的一面。两者的宗旨截然不同，多边环境协定的宗旨是保护环境，而多边贸易体制的宗旨是国际贸易自由化。目前，全球性的多边环境协定多达200多项，其中有20多个包含与贸易有关的内容，主要是使用贸易限制措施来达到环境保护的

目的，而这对多边贸易体制所奉行的自由贸易原则造成了一定冲击。① 尽管 WTO 规则已经为环境保护留出了一定的政策空间，但多以例外条款等方式对环境保护进行十分原则而又模糊的规定。欧盟的立场是：保护多边环境协议中贸易措施免受 WTO 规则的挑战；要获得根据产品生产过程限制贸易的权力。瑞士、日本与欧盟的立场相近。澳大利亚和美国则认为环境问题不是靠贸易来解决的，就环境问题进行的贸易制裁有损国家主权。多数发展中成员的出口产品受到发达成员环境措施的限制，反对以环境保护为借口实施贸易保护主义，因此立场与澳、美接近。

关于环境产品和服务自由化问题：消除或减少环境产品和服务的贸易壁垒一直是贸易与环境领域最为活跃的谈判。核心争论集中在三个领域：一是自由化方式，有美欧等发达国家提出的“清单方式”、印度提出的“项目方式”和阿根廷的“清单+项目”综合方式三种。然而，就环境产品的范围，成员国就提出了 9 个不同口径的环境产品清单，对于如何明确定义环境产品就更难了。二是环境产品的单一用途问题。是否区分环境产品是单一用途还是多用途，有两种不同观点。发达成员和部分发展中成员认为，一项产品只要具有某种改善环境的功能，就无需区分其是单一用途还是多用途。多数发展中成员则认为，必须区分单一用途和多用途环境产品。三是环境产品的特殊待遇问题。发达成员认为首先确定环境产品清单，只给予发展中成员更长实施期，避而不谈其他发展中成员的特殊和差别待遇。发展中成员普遍认为，特殊和差别待遇应与环境产品谈判模式同时讨论。② 由于各方分歧很大，多边谈判进展缓慢，在 2014 年达沃斯世界经济论坛峰会期间，包括美国、欧盟、中国在内的 14 个 WTO 成员宣布启动“环境产品协定”诸边谈判，旨在实现对环境产品减免关税，推动环境产品自由贸易。不过，目前这一诸边谈判未果。

三、区域贸易协定中的环境保护新规则

（一）环境保护新规则的发展

在多边谈判受阻的情况下，发达国家转而通过双边或区域平台来推行高标准的环境保护新规则。这些新规则不仅加强了贸易与环境的相互支持来提高环境保护水平，而且要求不能为了促进贸易和投资而降低环境标准、应履行多边环境协定项下的义务、保障国内环保法的有效适用与实施、加强公众参与和环境合作等来提高环保水平。

虽然美国在多边框架下协调贸易与环境问题的积极性不高，但在双边及区域贸易协定中，却高度重视贸易与环境的融合，并在这一领域遥遥领先。美国是最早在区域贸易协定中加入环境条款的国家。1992 年签订的 NAFTA 首次将环境条款纳入协定中，但因内容偏少，还专门订立了一份附属协定——《北美环境合作协定》（NAAEC）。据统计，自 2000 年以来美国已生效的 13 份 RTA 中，全都纳入了独立的环境章节，形成了包括实体性条

① 田路，庞子渊．多边环境协定与多边贸易体制的冲突及解决思路［J］．太平洋学报，2009（5）：13.

② 万怡挺，马建平．WTO 多哈回合贸易与环境谈判回顾与展望［J］．环境与可持续发展，2011（3）：43.

款、程序性条款和执行机制在内的较完善的环境条款范式。近年来，美国还尝试加入了一些创新性的环境条款，如建立环境事务委员会监督环境章节的实施，在争端解决小组中纳入环境领域专家等。

欧盟是区域贸易协定中环境条款的开拓者和主导者。1958 年生效的《欧洲经济共同体条约》是第一个纳入环境问题的 RTA，规定保护动植物健康和生命可以作为禁止或限制进口、出口或过境货物的理由。欧盟一方面在多边环境协定的谈判与签订过程中发挥着主导作用，另一方面在 RTA 中嵌入环境条款，将多边环境协定的内容融合到 RTA 中，形成一个立体的环境政策国际化战略。欧盟签署的 RTA 较多，2000 年以来生效的 RTA 有 34 个，其中含有环境章节及条款的有 30 个，且签署的贸易伙伴范围很广，涉及非洲、亚洲、北美洲、南美洲的国家或地区。因此，欧盟环境政策的国际推广主要是通过在 RTA 中嵌入环境条款来实现的。1995 年生效的《欧盟-土耳其自由贸易协定》是欧盟签署的第一个包含环境条款的 RTA。2006 年欧盟通过的《全球欧洲：世界的竞争》（*Global Europe-Competing in the World*）公布了新的贸易政策，该政策对 RTA 中的环境条款提出了一般性的法律要求，这标志着欧盟把环境政策在国际竞争中的地位提升到了战略高度。此后，欧盟 RTA 中的新一代环境条款出炉，其中一个重要特点是使用“贸易与可持续发展”专章来加强贸易与环境的联系。特别是 2010 年签署的《欧盟-韩国自由贸易协定》包含了一整章关于可持续发展的且有法律约束力的内容，涵盖了环境和劳工标准两个方面。

除发达国家外，发展中国家间的贸易协定也越来越多地纳入环境内容。据 WTO 的 RTA 数据库统计，在 2016 年至 2019 年生效的 16 个南-南 RTA 中，就有 11 个含有环境条款，超过 2/3 的比例。

（二）环境保护新规则的主要内容

美欧区域贸易协定中的环境保护新规则大都包括实体性条款、程序性安排和争端解决机制等内容。

1. 实体性条款。实体性条款主要包括保护水平、履行多边环境协定（简称 MEA）项下的义务、国内环保法适用与实施、不降低国内环保标准等方面。在保护水平方面，尽管允许各方建立自己的环保标准，但也呼吁各方努力保持高水平的环境保护并继续改善现有的环境保护水平，特别是要求其环保水平与多边环境协定相一致。在履行 MEA 义务方面，美欧 RTA 中环境章节都纳入了 MEA 的规定，这使约束力较弱的 MEA 转为有强制力的 RTA，能确保缔约方履行 MEA 项下的义务。美国贸易协定不仅纳入已签署的 MEA，而且也将磋商中的和未签署的 MEA 纳入考虑，如美国-秘鲁自由贸易协定的生物多样性条款几乎完全复制了《生物多样性公约》（CBD）的内容，但美国却不是 CBD 的缔约方。在国内环保法适用与实施方面，美欧 RTA 都要求缔约方有效地实施本国的环保法，要求不得通过持续或反复的作为或不作为和不得以影响贸易与投资的方式进行；特别是不能通过“降低或削弱”本国的环保标准来减损环境保护力度。

2. 程序性安排。程序性安排主要包括合作机制和公众参与机制。各缔约方都认识到广泛合作的重要性，并制定了许多合作细节。例如，韩国和美国在环境专章之外还达成了环境合作协议，设立了许多环境合作项目并由环境合作委员会进行审查和推进。欧盟和韩国在 RTA 附件中列出了合作领域清单，列明合作的领域，包括 MEA 在内的国际论坛合作、环境标准和法规对贸易影响的意见交换、提高低碳科技和能源利用效率的方法、生物燃料的使用、预防非法采伐及海关合作等。此外，美欧 RTA 环境条款还重视公众参与机制的安排。美国和欧盟都允许公众参与讨论 RTA 中环境条款的制定，从而增加决策的合法性和透明度。特别是美国，还纳入了公众参与的实施条款，包括公众参与的程序事项和公民提交机制两个条款。美国把有效执行和公众参与作为“环境谈判的主要目标”。

3. 执行机制和争端解决。美欧 RTA 都设立了专门的机构来监督环境章节或贸易与可持续发展章节的执行。其中最重要的是专门设立由缔约方的高级官员组成的环境事务委员会或贸易与可持续发展委员会，负责审议和讨论环境条款的执行情况，为公众参与提供服务等。在争端解决机制方面，美欧 RTA 中的环境条款都规定了争端解决机制，不同的是争端解决的方式。美国将 RTA 项下的争端解决章节适用于环境章节，即环境问题与贸易问题同样强制执行，适用于相同的争端解决机制。只不过在启动争端解决机制处理环境纠纷之前，必须先经过两个先行程序：磋商和环境事务委员会解决。欧盟 RTA 中的争端解决章节不适用于环境章节，而是设立一个专门的磋商和专家组程序来解决贸易中的环境争端。专家组有权审查双方是否遵守协定中的相关规定，并作出建议。贸易与发展委员会仅仅是监督专家组建议的执行。

（三）美欧 RTA 中环境保护新规则的特征

1. 通过 RTA 推行本国的环境政策和标准。美国和欧盟两大经济体都积极地通过 RTA 寻求高水平的环境保护。双边及区域贸易谈判已经悄然成为探讨贸易与环境联系的一个更为重要的场所。2007 年 5 月 10 日，美国达成了《两党贸易协议》，要求所有美国的 RTA 环境专章中都应包括多个 MEA，规定所有 RTA 项下的环境条款与贸易条款的实施具有等价效力，明确鼓励通过贸易制裁而非罚金的方式履行环境义务。随后美国签署的 6 个贸易协定如美国-秘鲁（2009 年）、美国-哥伦比亚（2012 年）、美国-韩国（2012 年）、USMCA 等都列出了需要遵守的 MEA 清单，成员国不仅要避免本国的环保措施与 MEA 项下的义务冲突，还要履行 MEA 项下的义务；同时将协定的一般争端解决机制适用于整个环境专章。自 2006 年全球欧洲战略提出后，欧盟 RTA 中的环境规则内容进一步强化和细化，如《欧盟-日本经济伙伴关系协定》首次对落实《巴黎协定》提出了具体要求，要通过双方都认可的多边协定和标准推动高水平环境保护。

2. 强调有效执行和公共参与。美欧都将 RTA 作为实现高水平环境标准的平台，以有效执行和公众参与为重要抓手。不同之处体现在三个方面：首先，欧盟采取事后对话和动态学习等“软机制”来解决环境违约，而美国采取对抗性的制裁措施等“硬机制”来解决。其次，欧盟列举的 MEA 范围最广，将《生物安全议定书》《巴塞尔公约》《京都议定书》《巴黎协定》等都纳入其中。最后，欧盟首创将气候变化条款纳入 RTA。①

3. 通过 RTA 干预别国的国内环保政策。尽管美欧允许各国建立适合自己经济社会发

① 周亚敏. 全球价值链中的绿色治理——南北国家的地位调整与关系重塑［J］. 外交评论，2019（1）：65.

展水平的环保政策，但实际上通过 RTA 中嵌入环境条款的做法促成了其环境规则的外溢，达到改变各缔约国国内环境政策的目的。具体而言，为了与美国达成特惠贸易协定，缔约国不得不接受带有环境条款的协定文本，而美国 RTA 中的环境条款与贸易制裁"硬机制"相关联，缔约国在 RTA 签署之前会采取"事前改革"来推动国内环境法规建设来满足美国的要求。相比之下，欧盟则采取"软机制"沟通方式实现环境规则的事后扩散，在 RTA 签署后通过与缔约国的环境对话和环境合作促成"事后改革"。因此，美国在推行贸易协定内环境规制时是一种"立竿见影"的效果，以惩罚性制裁措施为手段，胁迫缔约国在政策、法规和体制方面做出符合美国要求的调整，而欧盟则在协定签署后通过能力建设、政策沟通、高层对话、动态学习等方式，使缔约国的环境规制标准、规制方法逐渐向欧盟准则靠拢。①

四、环境保护新规则对发展中国家的影响

高水平的环境保护标准，对发展中国家的影响不小。首先，对发展中国家的出口产生不利影响。高水平的环境保护标准从供给和需求两个方面作用于出口。一是发达国家推行的环保新标准提高了消费者的环保意识，影响了消费者偏好和消费者选择，进而对发展中国家的产品出口和价格都产生了负面影响；二是高水平环境标准事实上成为了一种新型绿色贸易壁垒，不仅短期影响了发展中国家的市场准入，而且在长期提高了企业的生产成本，降低了发展中国家产品的出口竞争力。特别是，发展中国家为达到高水平的环保要求，就必须改变其生产原料、生产过程与工艺等，而这因国内经济发展水平和技术能力的制约很难付诸实践，可能使许多企业或产品退出国际市场。

其次，发展中国家面临经济竞争力和环境绩效的两难选择。由于经济发展水平和环保技术水平的差异，在过去 20 多年，许多 OECD 国家的经济增长是通过提高绿色全要素生产率实现的，而广大发展中国家在更大程度上是依靠要素投入的持续增加。因此，发达国家的经济竞争力增强和环境绩效优化是同步的，而发展中国家的经济竞争力往往与环境绩效呈反向关系。如果将经济竞争力和环境绩效比作鱼和熊掌的话，那么发达国家实现了鱼和熊掌兼得的神话，而发展中国家则面临着鱼和熊掌不可兼得的现实选择。发达国家通过贸易协定内环境条款推动的全球环境规制的趋同，未能实现全球环境绩效的趋同。目前区域贸易协定内嵌环境条款的做法，事实上成为了权力导向型治理下的捆绑选择。发展中国家的环境标准相对低是由其经济发展阶段所决定的，只有当达到一定的收入水平后，环境、生态及相关社会问题才可能被发展中国家提上日程。正如经济学家劳伦斯·萨默斯曾指出："欠发达国家与发达国家相比还处于'欠污染'状态；只有发达国家才有资格享受清洁环境的权力"。②

最后，对发展中国家的能力与治理水平形成挑战。虽然环境条款有助于实现可持续发展的目标，但对于发展中国家而言，由于经济发展和技术水平的落后，贸易协定中过于严苛的环境条款会在财政和人力资源上对发展中国家形成过重的负担；另一方面，发展中国

---

① 周亚敏（2019）：65-66.

② 转引自：周亚敏（2019）：69.

家在国内环境标准较低或者环境管理体制不健全的情况下，承担较高的国际义务会造成违约而频繁被诉的局面，有损国家的形象和利益。在经济发展仍处于相对落后的阶段，发展中国家既没有能力、也没有动力处理环境和生态问题。特别是，高水平的环境保护标准会成为一些国家限制外国产品进入的贸易壁垒，从而使发展中国家的一些产品丧失竞争优势，进而影响其环境保护的能力。①

【延伸 9-1】

碳关税的进展及其影响

碳关税（carbon tax），顾名思义就是根据商品的碳排放量所征收的进口关税。20世纪 90 年代全球启动温室气体减排进程以来，碳关税逐渐成为全球各界广泛关注的重大议题。2021 年 3 月，欧洲议会投票通过《碳边境调整机制》（CBAM）决议，计划最快于 2023 年初推出欧盟版碳关税。《碳边境调节机制》（CBAM）是欧盟“绿色新政”的重要组成部分。与此同时，美国国内支持碳关税的声音也在增加。拜登政府上台后，美国的气候政策明显转向积极。2021 年 3 月底，美国贸易代表办公室声明将考虑征收碳关税。2021 年 2 月，英国首相约翰逊称 G7 应建立气候同盟，英国将利用轮值国主席的机会积极推动碳关税。加拿大当局 2020 年发布的《秋季经济报告》提出，自由党将在保证加拿大利益优先的基础上，积极与其他国家达成合作，借助碳关税政策来避免全球碳泄露问题。

关于碳关税的具体落实方式，欧盟决议给出了开放式的选项，欧委会可以在征收进口碳税和扩大欧盟碳交易体系（ETS）两条路径中作出选择，碳关税未来不一定以税收的形式存在，也可能强制要求出口商购买欧盟碳排放配额。关于进口商品碳含量的确定，决议要求以第三国数据为准，并涵盖商品的直接和间接碳排放，如果出口商不能提供商品的碳含量，欧盟将根据全球平均排放水平确定该商品的排放量。

碳关税将对全球经贸形势产生系统性影响。在分工越来越精细化背景下，全球供应链产业链变得更加敏感和脆弱，碳关税将对全球经贸形势产生系统性影响。一是重塑全球产业竞争力。碳关税将使高碳排放厂商处于竞争劣势，原本产品竞争力较弱但东道国总排放水平较低的厂商将因此受益。欧盟碳关税的征收将直接抬高大部分中国制造的产业成本，削弱中国企业的国际竞争力。根据高盛集团的一项估算，如果按照 100 美元/吨的价格征收碳关税，中国对欧盟总出口每年被征收的碳税将达 350 亿美元，约占中国对欧总出口额的 7.5%。如果按购买欧盟 ETS 配额的方式，因为中欧碳价差异较大，中国企业可能需要补交高额费用。2020 年 7、8 月份，欧盟碳价一度突破 30 欧元/吨，而中国北京地区同期碳价不超过 90 元 / 吨，重庆地区在 15 元/吨左右，中欧碳价每吨差异最高约 200 元人民币。二是将导致全球化石能源市场洗牌。俄罗斯、加拿大等产油国的开采难度较大，单位产值的碳排放水平高于中东地区产油

① 陈晓芳，刘其军．区域贸易协议中的环保条款研究——兼论中国在自由贸易区战略下的选择[J]．法制与社会，2019（2）：63.

国。如采用碳足迹测定方法来作为计税依据，全球对低碳国原油进口的需求将会大幅提升，原油价格将呈现国别分化，原油市场变革也会引致全球大宗商品市场的剧烈震荡。三是推动全球减排技术革命。承受高额碳关税的厂商必须通过自身减排来争夺市场，对低排放生产技术和清洁能源的需求将变得更加迫切，进而提升对相关领域科研创新的投入。

资料来源：韩立群．欧盟碳关税政策及其影响［J］．现代国际关系，2021（5）：51-59；刘险峰，王清容，尤阳．碳关税最新国际动议与风险防范［J］．中国金融，2021（10）：83-84.

第二节　劳工标准的新发展

多年来，以美国为代表的发达国家与大部分发展中国家，就国际贸易中的劳工标准问题一直争议不休，发达国家强烈要求将其同国际贸易及其政策相联系，大部分发展中国家对此持否定态度。以美国和欧盟为代表的发达国家多年来一直呼吁和积极推动将劳动条款纳入多边贸易体制，但至今都未成功。于是，欧盟、美国等发达国家便转而利用 RTA 渠道将劳工标准与贸易挂钩，并取得了成功。

一、劳工标准的界定及动因

（一）劳工标准的界定

目前，国际劳工标准（International Labor Standards，ILS）还没有统一的定义。国际劳工组织（International Labor Organization，ILO）把国际劳工标准界定为：关于全球范围劳工关系和与之相关的事物的各种原则、规范，由此形成了以国际劳工公约和建议书为核心的一套国际劳工制度。国际劳工标准由核心标准和优先公约组成，ILO 的核心劳工标准由 8 个公约组成，涉及四个方面的基本权利，即：结社自由及集体谈判的权利（第 87 和第 98 号公约）；消除一切形式的强迫劳动（第 29 和第 105 号公约）；有效废除童工（第 128 号和第 182 号公约）；消除就业与职业歧视（第 100 和第 111 号公约）。美、欧等发达国家和 OECD、联合国等国际组织都认为，“核心劳工标准是基本人权的一个组成部分，是所有社会都应普遍享有的基本人权和民主权利，无论发展水平如何。”很显然，核心劳工标准的吸引力在于将其视为基本人权。

国际劳工标准具有灵活性和自愿性特征。灵活性是指国际劳工标准虽然普遍适用于所有成员方，但规定了一些必要的变通措施，以适应各类国家的具体情况。不少公约允许批准国只遵守其中的主要条款，有的公约甚至只要求成员方遵守其中某些主要条款。自愿性是指国际劳工公约和建议书通过以后并不直接发生效力，必须经过成员方政府批准才能对该国产生作用。而且，一国批准了国际劳工公约，也只意味着公约的内容充其量代表了未来某个时候要实现的愿望。此外，既然劳工标准是与工作中的人有关的权利，是无法与工作区分开来的，因此这意味着劳工标准必须与发展阶段相一致，并取决于发展阶段。

此外，ILO在其2016年的出版物中对“国际贸易和投资协定中劳工标准”定义为：它是指关于劳动关系或最低工作条件，监督机制或合规机制，和/或合作框架的任何标准。美国在《公平劳动标准法》中，把劳工标准界定为维持工人的健康、工作效率和一般福利所必需的最起码生活标准，包括最低工资和加班费。

（二）劳工标准纳入区域贸易协定的动因

在当前的区域经贸合作中，将劳工标准纳入RTA中已经发展成为一种不可阻挡的趋势。发达国家通过区域贸易协定推动发展中国家劳工标准的提高，存在两方面的主要动因：一是强化劳工标准实现公平竞争；二是促进发展中国家的人权发展。随着发展中国家向发达国家出口劳动密集型产品的不断增加，发达国家的贸易保护主义者把这看成是一种竞争威胁。他们认为，发展中国家的“低劳工标准”不仅给他们带来了不公平的竞争优势，而且来自这些国家的进口产品的竞争也会侵蚀它们自己的高劳工标准。这种因低劳工标准形成的出口竞争优势，被他们称为社会倾销。劳工标准可以约束通过“剥削”廉价劳动力来进行“社会倾销”的发展中国家，进而保护发达国家的产业。

除了保护主义团体外，发达国家的人权组织则认为，劳工权利是一项基本的人权，劳工标准是一种社会矫正机制。他们把促进劳工权利在全球的传播当作是他们的道德义务，并把RTA劳工条款作为贫穷国家提高劳工标准的激励或胡萝卜，尤其是消除童工。目前，RTA劳工条款不仅涉及的国家和内容不断增加，而且条款的约束力不断增强。RTA亦成为当下将贸易与劳工问题挂钩的最重要途径。

二、区域贸易协定中劳工条款的发展趋势

许多国家通过区域（双边）贸易协定将遵守劳工标准与促进自由贸易结合起来。这种安排一方面推动了缔约国国内劳动法的改革和实施，另一方面加强了缔约国家之间在劳工领域的合作。美国是将劳工标准引入RTA的倡导者和推动者。全球第一个涉及劳工标准并作出详尽规定的贸易协定便是《北美自由贸易协定》及其附属协议《北美劳工合作协定》（*North American Agreement on Labor Cooperation*，简称NAALC）。自20世纪90年代以来，随着RTA数量的激增，纳入劳工条款的RTA数量也不断上升，涉及的国家范围越来越广，劳工条款的内容也不断丰富，约束力也不断增强。

（一）纳入劳工条款的RTA数量不断攀升

随着RTA如雨后春笋般涌现，劳工条款越来越频繁地出现在其中。根据WTO的RTA数据库统计，1995年仅有4个RTA纳入了劳工条款，到2005年时，该数字上升到21个，到2015年年底则增加到76个。截至2021年6月，纳入劳工条款的RTA数量升到111个，占全部RTA的31.7%。英国脱欧后签订了许多协定，2021年生效的RTA中有18个含有劳工条款，占英国RTA总数的50%。①

① 数据由作者从WTO网站的RTA数据库整理而来。

（二）缔约国的范围越来越广

绝大部分纳入劳工条款的 RTA 为“南北协定”，即发达国家与发展中国家缔结的协定。欧盟、美国、英国、加拿大等发达国家是将劳工条款纳入 RTA 的主要国家。2000 年以来生效的 RTA 中，美国 13 个 RTA 都纳入了劳工章节；加拿大 12 个 RTA 中有 11 个包含有劳工章节或条款；欧盟 34 个 RTA 中有 18 个纳入了劳工章节或条款；英国 36 个 RTA 中有 18 个包含劳工章节或条款。除了上述国家或地区外，越来越多的发展中国家及新兴经济体间的 RTA 也包含有劳工条款。智利是将劳工条款纳入 RTA 的发展中国家代表，2000 年以来智利签署并生效的 10 个含有劳工条款的 RTA 中，有 6 个属于南-南 RTA。

（三）劳工条款的内容更加丰富、约束力更强

RTA 中劳工条款主要包括实体性条款和程序性条款。实体性条款规定了缔约方承诺履行的义务，主要包括：（1）通过、支持或修改劳工法律、法规和标准；（2）确保有效执行或实施相关劳工法律、法规和标准；（3）不得降低劳工法律、法规和标准所规定的义务；（4）重申作为国际劳工组织成员方的协定义务；（5）增进公众的劳动法律意识，提高劳工法律的透明度和公众知晓度等。程序性条款则规定了执行和实施机制，诸如成立磋商委员会进行监督和开展对话、成立争端解决小组以解决争端，或在出现违反条款内容的情况下实施罚款与制裁。① 例如，USMCA 不仅包括了 NAFTA 设定的 11 项劳工权利，还增加了关于强迫劳动、暴力侵害工人等新规定，要求缔约方消除所有形式的强迫或强制劳动，并要求其禁止“从其他来源进口全部或部分通过强迫或强制劳动生产的货物”；而且，USMCA 规定劳动争端受统一争端解决程序管辖，即争端解决程序适用于该协定劳动章节所规定的全部事项，从而增强了劳工标准的可执行力。欧盟在 2008 年前对 RTA 劳工条款的规定比较原则，仅强调通过合作的方式促进劳工等社会发展目标；2008 年之后欧盟的 RTA 中专门设立“贸易与可持续发展”章节，处理贸易与劳工、环境问题，规定也更加具体，包括了相应的实施措施。

三、区域贸易协定中劳工条款的发展模式

经过 20 多年的快速发展，RTA 劳动条款呈现出两种不同的发展模式：强制型模式和友好型模式。②

（一）强制型模式

在强制型模式下，劳动条款的执行力较强。美国是这种模式的典型代表和积极推行者。美国自《北美劳动合作协定》将劳动条款纳入 RTA 以来，就要求各缔约国确保国内劳动法采用较高的劳动标准，并致力于不断提高该标准。强制型模式主要特点体现在三个

① 李琴．区域贸易协定中劳动条款的晚近发展及启示［J］．吉首大学学报（社会科学版），2020（5）：81.

② 李琴（2020）：82-84.

方面。

1. 较严格地执行国内劳动法义务。2007年以后美国RTA劳工条款形成了成熟、规范的模式。一是规定了强制性立法义务。在立法要求方面确立了“采纳并接受”标准，规定每一缔约国应当在其法律法规和实践中采纳并接受协定确立的劳工标准，修改本国劳动法，以确保本国劳工保护标准不低于协议标准。二是规定了5项立法义务，除了强调ILO的4项核心劳工标准外，还包括可接受的工作条件，涉及最低工资、工作时间以及职业安全与卫生等。三是规定了执法要求。要求确保缔约方不会以持续或反复的作为或不作来减损执行本国的劳动法；并在机构设置、信息公开、保证立法实施以及监督方面都制定了更加严格的规定。这些规定体现了美国坚持在区域贸易协定中纳入可强制执行的劳工标准的政策。

2. 争端解决机制多元化。争端解决机制的多元化表现在特殊的争端解决机制与一般争端决机制共存，非正式的制度安排（磋商、调解或调停、斡旋）与正式的制度安排（仲裁或制裁方式）共存。劳动争端有两种争端解决机制：一是合作对话以及磋商程序，这属于前置程序，在一般争端解决程序之前，也是劳动争端解决的必经程序；二是一般争端解决程序，这是与其他贸易争端相同的争端解决程序。RTA的一般争端解决机制通常具有自动的、强制性效力，适用于劳动条款相关的争议，从而将劳动问题与其他贸易问题同等对待。

3. 规定了多种强制性的制裁措施。劳动争端的救济措施更加多样化，包括：首先是消除不符合协定的情形或消除无效或损害的情形，履行协约义务；其次是提供双方可接受的补偿，或争议各方同意的任何其他补救措施；再次是暂停利益授予，即采取暂停利益授予的贸易报复措施；最后是金钱损害赔偿。这种多种救济措施的运用增强了劳动条款的执行力，给劳动条款装上了锋利的“牙齿”。

（二）友好型模式

这一模式的劳动条款表现得更为友好合作，旨在通过合作方式，而不是通过贸易制裁促进缔约方对劳工标准的遵守。这一模式的典型代表有欧盟及智利等地区与国家。其特点体现在以下三个方面：

1. 以合作和能力建设为主的柔和的、适应性强的体制。欧盟一方面推行统一的劳工标准，但另一方面又允许各个成员国可保留本国的特色。欧盟允许各国根据实际情况制定本国的劳工标准，在具体实施上依赖于自我规范以及各方监督，约束机制灵活。保持柔性与适应性的主要手段是劳工合作，通过有严格制度支持的、机动灵活的合作机制、行动计划从实践层面提高缔约方劳工标准。此外，欧盟RTA还考虑到发展中国家的利益，以贯穿始终的劳工合作和技术援助帮助缔约国改善就业状况，提高其对劳工标准的认识。合作的特点在智利RTA中尤为突出。智利协定中的劳动条款均以合作为主要方法，具体方式包括信息交换、区域或多边论坛、对话和研讨会上的合作，以及私人部门间的合作。合作的内容表现为体面工作、工作条件、工作中的基本原则和权利、社会对话、劳动监察等。

2. 劳动争端主要采用政府磋商和审查等“友好型”的解决办法，不适用一般争端解决机制。“友好型”解决办法通常缺乏强制性，摒弃了经济制裁、罚款等强制性做法。欧盟 RTA 中的劳工条款多为促进性条款，拒用贸易制裁方法解决劳工争端。而且，欧盟缔结的 RTA 均规定其劳动条款不适用协定一般争端解决机制（除《欧盟-加勒比论坛国经济伙伴关系协定》外），将劳动条款的争端解决办法与一般争端解决机制脱钩。

3. 保持信息渠道畅通，促进社会参与。欧盟新一代 RTA 进一步完善了信息收集渠道和信息反馈渠道。在缔约方之间，通过设定办公室作为联络点、设立可持续发展委员会、定期召开会议等方式，进行双方对话，以书面形式提交请求，保证缔约方之间可以就合作事项、劳工条款执行情况及争端解决进行交流。欧盟充分认识到劳工问题社会对话的重要性，并承诺促进这种对话。鼓励与政府、非政府组织，或者非政府组织之间，就制定劳工保护政策进行公开讨论，提高公众对劳动法的认识；在国内设置可持续发展咨询小组，创造平台鼓励政府与民众就劳工条款进行双向对话与信息交流，公众可以通过咨询小组就劳工章节有关事项提出建议。①

四、劳工标准对发展中国家的影响

在过去的 20 年，劳工标准在区域贸易协定中广为采用，不只数量在增加，要求也在不断提高。这对以劳动密集型产业或产品为主的发展中国家来说影响不小，包括正面影响和负面影响。

（一）影响发展中国家的国内劳动立法和执法

随着更多的国家主动纳入或被动接受劳工标准与区域贸易协定和双边投资协定的挂钩，这会对缔约国的国内立法和执法产生不同程度的影响。一方面，协定中的劳工条款要求将不同程度倒逼缔约方，特别是劳工标准较低的发展中国家缔约方进行劳动立法、执法、司法和法律监督制度的改革。尽管 RTA 劳工条款没有硬性要求缔约方批准 ILO 公约，也未强制要求向劳工标准高的缔约方看齐，但仍对国内劳动立法、执法和监督制度提出了不同程度的新要求。另一方面，通过贸易、投资与劳工标准挂钩，劳工标准问题被纳入贸易和投资的整体利益考量中，更可能得到缔约方尤其是发展中国家缔约方的重视。②

（二）削弱发展中国家的比较优势

发达国家推行国际贸易与劳工标准挂钩，其主要目的是削弱贸易伙伴国的劳动力比较优势和国际竞争力。尽管 ILO 呼吁“成员国不得将劳动标准用于贸易保护主义”，但又强调“成员国不得以违反四项核心劳工标准作为合法的比较优势”。美国在其 2015 年发布的《贸易政策议程》中明确指出，将严格的劳动标准纳入 RTA 中，是为美国劳动者和企业“整平竞赛场”，创设公平的竞争环境。但对于广大发展中国家来说，劳动力优势是其唯一拥有的比较优势。提升劳工标准增加了劳工成本，发展中国家将可能失去这一比较优

① 刘文，杨馥萍．国际贸易协定中劳工标准的演进历程及中国对策研究［J］．山东社会科学，2017（7）：118-119.

② 郑丽珍．劳动标准与贸易和投资协定挂钩的历史演进、当代特点与未来趋势［J］．现代法学，2016（6）：162.

势，将会导致发展中国家对外贸易的萎缩和停滞，从而严重限制发展中国家的经济发展和阻碍劳工标准的提高。①

（三）提高发展中国家的产品质量和国际形象

较高的劳工标准可以很好地改善劳动者的生产、生活条件与工作环境，提高劳动者的素质和工作积极性，从而带来劳动效率和产品质量的提高，对出口会产生正面效应。而且，较高的劳工标准代表了社会的公平正义和和谐的员工关系，较好地履行了国际公约和社会责任，降低了因劳工问题引发的国际贸易摩擦和价格竞争，给一国或企业带来了较好的国际形象和品牌形象，也增强了社会认同感。

【专栏 9-1】

社会责任标准的发展

社会责任标准又被称为 SA8000 标准（Social Accountability 8000 International Standard，SA8000 标准），它是由总部设在美国的民间非政府组织 SAI（Social Accountability International，简称 SAI）推出的第一个可用于第三方认证的社会责任国际标准，该标准基于国际劳工组织宪章（ILO 宪章）、联合国儿童权利公约、世界人权宣言等相关文件而制定，包含童工、强制雇佣、健康与安全、自由的结社和集体谈判权利、歧视、惩戒性措施、工作时间和报酬等 9 个方面的内容。SA8000 标准初创于 20 世纪 90 年代末期，并在 2001 年年底完成了第一次全面修订形成了 SA8000：2001 版本。该标准在此后的短短几年时间里就风靡全球，得到了迅速而广泛的传播和发展。

鉴于 SA8000 标准是由非政府立法机关制定和认证的，所以该标准不对任何国家的企业产生法律上的约束，企业可以自己决定是否接受和遵守该标准。SA8000 标准是一个通用的标准，不仅适用于发展中国家，也适用于发达国家；不仅适用于各类工商企业，也适用于公共机构。到目前为止，全球共有 14 家机构经过 SAI 的评估认可，具有资格从事 SA8000 标准的认证工作，其中规模比较大的有瑞士的 SGS、挪威的 DNV、美国的 ITS、法国的 BVQL、美国的 UL、意大利的 CISE 等。通过认证的企业可以获得认证证书，以表明该企业的生产经营完全符合标准要求，遵守了社会责任，切实保护了劳工的应有权益。如果企业达不到劳工保护标准，别国就可以以此为理由禁止该企业产品的进口，所以 SA8000 标准被称为蓝色贸易壁垒。

SA8000 标准自 1997 年 8 月开始实施认证。在 2000 年底，SA8000 仅颁发 3 个认证证书；2006 年底，59 个国家和地区的 1200 家企业进行了认证，涉及 67 个行业，平均每年增加 200 个；到 2015 年 6 月 30 日，全球已经有来自 72 个国家共 3751 个企业获得了认证，2007 至 2015 年平均每年增加 269 个。而到 2019 年这一年，SA8000 的证书量就增加了 805 个，增加速度不断加快。其中，意大利、印度和中国是

---

① 李春林．自由贸易的公平性：历史演变与维度分析［J］．国际贸易法论丛，2020，9（00）：36.

SA8000认证证书颁发最多的国家。越来越多的企业尤其是劳动密集型的企业将通过SA8000标准认证作为获取跨国企业订单来实现企业可持续发展的必备条件。

资料来源：唐宜红，等. 全球贸易与投资政策研究报告（2016）：国际贸易与投资新规则的重构［M］. 北京：人民出版社，2017：185-186.

第三节　中国自由贸易协定中的环保与劳工条款的发展

一、中国自由贸易协定中环保条款的发展

中国在签订自由贸易协定（简称FTA）时十分关注环境议题。中国自2002年以来生效的贸易协定有19个（包括4个升级）①，涉及20多个国家和地区，有11个贸易协定涉及环境条款，其中有4个设有专门的环境章节。中国FTA中环境条款内容差异很大，没有固定的模式，处于发展中。

（一）中国FTA环境条款的类型

中国FTA环境条款可分为三种类型：一是序言与例外类型。这种类型的包括中国与哥斯达黎加和巴基斯坦之间的贸易协定，在序言中提到促进经济、社会和环境的协调和可持续发展是协议的宗旨和目标；或在协定的一般例外中纳入了GATT第20条和GATS第14条一般例外的规定：为保护人类、动物或植物的生命或健康所必需的环境措施，或为保护不可再生自然资源的措施。

二是涉及环境问题的合作类型。这包括中国与新加坡、新西兰、秘鲁、冰岛和澳大利亚之间的5个双边贸易协定。内容大致为：缔约双方通过签订环境合作协定以促进环境方面的交流与合作。

三是专门的环境章节。中国FTA专门设置了一整章的内容来细化环境条款，包括中国与韩国、瑞士、格鲁吉亚之间的贸易协定，还有一个是与智利在2017年修订的《自由贸易协定》。

（二）中国FTA环境条款的主要内容

1. 重视环境合作。中国不仅多个贸易协定的环境条款出现在合作章中，而且在专门的环境章节里也对合作机制有详细的规定。在环境合作方式上，不仅包括缔约双边合作，还包括国际合作。在中国与瑞士的自由贸易协定中，规定双方的合作分为国际论坛合作和双边合作两种方式，前者主要是通过参加区域性或多边论坛来加强在环境领域的合作，后

---

① 分别是内地与港澳更紧密经贸关系安排，中国与东盟（及升级）、巴基斯坦（及第二阶段）、智利（及升级）、新西兰、新加坡（及升级）、秘鲁、哥斯达黎加、冰岛、瑞士、韩国、澳大利亚、毛里求斯、格鲁吉亚的贸易协定，以及亚太贸易协定。

者注重在信息和专业知识方面，通过研讨会、实习、奖学金、能力建设培训等方式来解决双方环境友好型技术的转让和合作问题。在中国与韩国的自由贸易协定中，规定了一个环境合作领域的指示性清单，主要包括：（1）促进环境友好型商品、服务、技术及产业的发展；（2）增加环保法律、法规和政策的交流；（3）创建包括环保专家在内的智库和建立环境产业基地；（4）加强在防止和控制空气污染物等领域的合作。

2. 以倡议性的规定为主。中瑞、中韩、中格 FTA 中的环境章节都规定了多边环境协议与贸易协议之间的关系、双边合作、协商或机构安排等内容，其文字以倡议性的规定为主，如"缔约双方应努力推动""缔约双方认识到"等，缺少强制性的规定以及保障实施的机制。我国在贸易协定谈判中对环境议题的态度是比较谨慎的，只表达了对环境保护的一种意愿，并没有关于环境保护权利和义务方面的认定。

3. 环境争议都以协商形式解决，不适用协议的争端解决机制。在以独立章节规定的环境事项的贸易协定中，都无一例外地规定了有关环境事项的争端不能诉诸协定的争端解决机制，仅可通过缔约双方协商和对话予以解决。对于协商的流程和细节，也都没有规定。

二、中国自由贸易协定中劳工条款的发展

（一）中国自由贸易协定中劳动条款的总体状况

中国自由贸易协定中劳工条款尚处于尝试阶段。与欧美的详细劳工条款不同的是，中国签订的自由贸易协定往往不涉及劳工问题，即使提及，也只是概括性地表达双方将在劳工问题上开展合作的意向。在已生效的 19 个贸易协定中有 5 个涉及劳工条款，包括中国与新西兰、秘鲁、智利、冰岛和瑞士签署的 FTA。

中国自 2005 年《中国-智利自由贸易协定》起，中国开始注重在区域贸易协定中纳入劳务合作的内容。中国 FTA 劳工条款可以归为四类。第一类是在协定中纳入劳工条款，并另行制定劳工合作谅解备忘录。这主要涉及智利、新西兰、秘鲁、瑞士四国。在这一框架下，双方一般在自由贸易协定中规定，双方应当通过《劳动合作谅解备忘录》加强在劳动问题上的交流与合作。第二类是仅在贸易协定中订立劳动条款，并未订立劳动合作备忘录，如中国与冰岛。双方仅在协定中约定将就劳工问题进行交流与合作。第三类是未在贸易协定中订立劳动条款，但单独签订了劳务合作备忘录，如新加坡、韩国、澳大利亚三国。第四类是完全不讨论劳工问题，既没有劳工条款，也没有劳工备忘录，如我国与东盟、巴基斯坦、哥斯达黎加、毛里求斯等国签订的自由贸易协定。需要注意的是，中国 FTA 中劳工条款以及备忘录通常只涉及合作的形式和领域，并没有提出具体的劳工标准要求。①

由上可见，中国并不反对将劳工条款纳入 FTA，并已经在实践这一做法。中国强调劳动领域合作的必要性，也不反对加强对劳工权益的保护，但不赞同通过贸易协定来强加劳

① 郭文杰．自由贸易协定中的劳工标准：基本模式与发展趋势［J］．山东社会科学，2016（6）：159.

工标准。

（二）中国自由贸易协定中劳工条款的主要特征

1. 以“合作”为核心内容。我国与智利、新西兰、秘鲁、瑞士缔结了《劳动和就业领域合作谅解备忘录》或《劳务合作谅解备忘录》，就双方的合作领域、合作方式进行了规定。上述谅解备忘录均在标题上突出了“合作”二字，在内容上亦是围绕“合作”进行规范。合作的范围包括但不限于以下领域：（1）劳动法律、政策和实践，包括社会对话；（2）守法和执法体系，劳动监察；（3）和谐的劳动关系，包括劳资协商和合作及劳动争议处理；（4）工作条件；（5）人力资本开发、培训和就业能力；（6）宣传与保护移民工人就业权利和义务。合作方式也多种多样，包括交流最佳实践和信息、合作项目、研究、互访、访问和研讨会等。

2. 对贸易和劳工关系问题仅作原则性规定。在贸易与劳工问题的关系方面，中国 FTA 劳工条款均无实质性条款，仅作原则性规定，更不具备实施机制。例如，在中新和中瑞的谅解备忘录中指出，通过弱化或者减少国内劳动法律、法规、政策和实践所提供的保护以促进贸易和投资是不适当的；出于贸易保护主义的目的，去设定和利用自己制定的法律、法规和实践也是不适当的。

3. 采取磋商的方式解决争端。国际劳工争端的解决方式有四种：协商、调解、诉讼、仲裁。其中，协商或磋商是最常见亦是最友好的争端解决方式。我国 FTA 中关于劳动条款的争端不适用协定一般争端解决机制，而是在谅解备忘录里进行了专门的规定。谅解备忘录中关于劳动合作问题的争端解决方式是磋商。例如，《中国-新西兰关于劳动合作谅解备忘录》规定：“对本谅解备忘录的解释和执行产生任何问题，一方可以通过协调员要求与另一方磋商。”为了确保磋商及时展开，备忘录还规定：“双方应在可行的时间尽快会晤。除非双方另行商定，会晤应在一方提出要求后 90 天内进行。”

总之，中国 FTA 劳工条款更多的是表达了一种合作与沟通意向，远远没有达到规范甚至倡议的程度。

【案例 9-3】

中国最低工资制度

1993 年 11 月我国原劳动与社会保障部发布《企业最低工资规定》，提出我国将实施最低工资制度。1995 年 1 月 1 日开始施行的《中华人民共和国劳动法》进一步确立了最低工资的法律地位，最低工资制度在我国正式实施。在实施之初，最低工资只是在部分城市和地区执行，最低工资标准的提高在相当长的时间内相当缓慢。2004 年原劳动和社会保障部又通过了新修订的《最低工资规定》，将其推广至全国。自 2005 年以来，在构建“社会主义和谐社会”背景下，最低工资制度越来越得到党和政府的高度重视。最低工资标准调整幅度不断加大，调整频率不断加快。

截至 2021 年 7 月底，上海、北京、浙江、江苏、天津、陕西、宁夏、新疆、黑龙江、西藏、江西、湖北 12 个省区市公布了上调的最低工资标准。从月最低工资标准来看，上海月最低工资标准达到 2590 元，稳居全国第一位。此外，广东、北京、天津、江苏、浙江、湖北 7 个省市月最低工资标准超过了 2000 元。见表 9-1。

表 9-1　**部分地区最低工资标准**

地区	标准实施年份	月最低工资标准（元）				
		第一档	第二档	第三档	第四档	第五档
北京	2021	2200				
上海	2021	2590				
浙江	2021	2280	2070	1840		
江苏	2021	2280	2070	1840		
湖北	2021	2010	1800	1650	1520	
湖南	2019	1700	1540	1380	1220	
四川	2019	1780	1650	1550		
广东	2020	2200	2100	1720	1550	1410
新疆	2021	1900	1700	1620	1540	
重庆	2019	1800	1700			
宁夏	2021	1950	1840	1750		
黑龙江	2021	1860	1610	1450		
西藏	2021	1850				
陕西	2021	1950	1850	1750		

资料来源：作者从相关政府网站中搜集整理。

◎ 小结

1. 自 20 世纪 90 年代起，在发达国家推动下，环境议题作为新议题被纳入国际贸易规则的范畴，成为 21 世纪国际商务规则的重要内容之一。

2. 国际贸易对环境的影响效应分为规模效应、结构效应和技术效应三个方面。贸易对环境的净影响很难确定，取决于三种效应的相对大小。

3. 围绕贸易与环境问题引发了各种争论，产生了贸易与环境关系的四个假说："库兹涅茨环境曲线假说""污染天堂假说""环境标准竞次假说""波特假说"。

4. WTO 中有许多规则都涉及环境保护，但都只对许多环境问题作出了原则性规定，从而使 WTO 规则在解决与贸易有关的环境问题时力不从心。

5. 在多边谈判受阻的情况下，发达国家转而通过双边或区域平台来推行高标准的环境保护新规则，这些新规则强调贸易与环境的相互支持来提高环境保护水平。

6. 美欧区域贸易协定中的环保新规则大都包括实体性条款如保护水平、履行多边环境协定项下的义务、国内环保法适用与实施、不降低国内环保标准和程序性安排如合作机制、执行机制和争端解决机制等内容。

7. 高水平的环境保护标准，对发展中国家的影响不小，不仅影响出口和经济政策的选择，还对发展中国家的财力和治理水平是一个考验。

8. 在当前的区域经贸合作中，将劳工标准纳入 RTA 中已经发展成为一种不可阻挡的趋势。

9. 许多国家通过区域（双边）贸易协定将遵守劳工标准与促进自由贸易结合起来。纳入劳工条款的 RTA 数量也不断上升，涉及的国家范围越来越广，劳工条款的内容也不断丰富，约束力也不断增强。

10. RTA 劳动条款呈现出两种不同的发展模式：强制型模式和友好型模式。前者的典型代表是美国，后者的典型代表是欧盟。

11. 在过去的 20 年，劳工标准在区域贸易协定中广为采用，不只数量在增加，要求也在不断提高。这对发展中国家的影响包括正面影响和负面影响。

12. 中国在签订自由贸易协定时也关注环境和劳工问题，但中国 FTA 中环境条款和劳工条款以环境合作和劳工合作为主。

◎ 关键词

“环境库兹涅茨曲线”（the environmental Kuznets curve） 国际劳工标准（international labor standards） 国际贸易和投资协定中劳工标准（labor standards in regional trade and investment agreement）

◎ 重要概念

污染天堂假说 环境标准竞次假说 波特假说 环境产品 核心劳工标准 社会责任标准 碳关税 最低工资制度

◎ 思考题

1. 贸易与环境是什么关系？
2. 如何提高环境保护水平？
3. 美欧区域贸易协定中环保条款的差异有哪些？
4. 如何理解劳工标准与贸易政策挂钩的经济动因和政治动因？
5. 分析区域贸易协定中劳工条款的发展趋势。

◎ 练习题

1. 贸易政策与环境政策挂钩有什么影响？
2. 环境保护新规则的主要内容是什么？

3. 美欧区域贸易协定中环境条款的主要特征有哪些？
4. 分析环保新规则对发展中国家的影响。
5. 区域贸易协定中劳工标准的两种发展模式的特点有哪些？
6. 分析劳工标准的发展对发展中国家的影响。

缩写词汇表

ACTA	反假冒协定
ASEAN	东盟自贸区
BIT	双边投资协定
CBD	生物多样性公约
CBAM	碳边界调整机制
CETA	全面经济与贸易协定
CPTPP	全面与进步跨太平洋伙伴关系协定
DSTRI	数字服务贸易限制指数
EKC	环境库兹涅茨曲线
EFTA	欧洲自由贸易联盟
FTA	自由贸易协定
FDI	外商直接投资
FOB	离岸价格
GATS	服务贸易总协定
GATT	关税与贸易总协定
GSP	普惠制
GDP	国内生产总值
GVC	全球价值链
G20	二十国集团
HS	商品名称及编码协调制度
ICT	信息通信技术
ICSID	国际投资争端解决中心
ILS	国际劳工标准
ILO	国际劳工组织
ITA	信息技术协议
ISDS	投资者-国家争端解决机制
MAI	多边投资协定
MEA	多边环境协定
NAAEC	北美环境合作协定
NAALC	北美劳工合作协定
NAFTA	北美自由贸易协定
OECD	经济合作与发展组织
OEM	贴牌生产
OBM	自有品牌生产
OFDI	对外直接投资
PBRs	植物育种者权利
PTA	优惠贸易协定
RCEP	区域全面经济伙伴关系协定
RTA	区域贸易协定
SA8000	社会责任标准
TISA	服务贸易协定
TPP	跨太平洋伙伴关系协定
TRIM	与贸易有关的投资措施协议
TRIPS	与贸易有关的知识产权协定
UNCTAD	联合国贸易与发展会议
UNIDO	联合国工业发展组织
USITC	美国国际贸易委员会
USMCA	美墨加协定
WIOD	世界投入产出数据库
WIPO	世界知识产权组织
WTO	世界贸易组织

参 考 文 献

[1] 白洁，刘庆林．TPP 中跨境服务贸易条款的文本解读与政策建议［J］．山东社会科学，2016（9）：108-115.

[2] 宾建成，等．国际贸易投资新规则：趋势、影响与应对［M］．北京：对外经济贸易大学出版社，2018.

[3] 成新轩．论东亚地区自由贸易区优惠原产地规则的经济效应［J］．当代亚太，2012（6）：112-128，157-158.

[4] 陈晓芳，刘其军．区域贸易协议中的环保条款研究——兼论中国在自由贸易区战略下的选择［J］．法制与社会，2019（2）：61-66.

[5] 陈靓．从 GATS 到 TISA：全球服务贸易自由化规则的建构与中国的选择［M］．上海：上海人民出版社，2018.

[6] 陈咏梅，张姣．跨境数据流动国际规制新发展：困境与前路［J］．上海对外经贸大学学报，2017（06）：38-53.

[7] 褚童．巨型自由贸易协定框架下国际知识产权规则分析及中国应对方案［J］．国际经贸探，2019，35（9）：80-95.

[8] 戴翔，张二震．全球价值链分工演进与中国外贸失速之"谜"［J］．经济学家，2016（1）：75-82.

[9] 邓新明，许洋．双边投资协定对中国对外直接投资的影响——基于制度环境门槛效应的分析［J］．世界经济研究，2015（3）：47-55，128.

[10] 段平方，侯淑娟．基于美式模板和欧式模板下中国数字贸易规则体系的构建［J］．南华大学学报（社会科学版），2019（5）：51-59.

[11] 对外经济贸易大学，联合国工业发展组织．全球价值链与工业发展：来自中国、东南亚和南亚的经验［M］．赵静译，北京：社会科学文献出版社，2019.

[12] 杜大伟、若泽·吉勒尔梅·莱斯、王直．全球价值链发展报告（2017）：全球价值链对经济发展的影响：测度与分析［M］．北京：社会科学文献出版社，2018.

[13] 裴长洪，倪江飞，李越．数字经济的政治经济学分析［J］．财贸经济，2018（9）：5-22.

[14] 冯立果．韩国的产业政策：形成、转型及启示［J］．经济研究参考，2019（5）：27-47，57.

[15] 高疆，盛斌．贸易协定质量会影响全球生产网络吗？［J］．世界经济研究，2018（8）：3-16，135.

[16] 关兵．区域贸易协定框架下原产地规则最新发展趋势及对中国产业的影响［J］．对

外经贸实务，2018（3）：8-11.
[17] 郭文杰．自由贸易协定中的劳工标准：基本模式与发展趋势［J］．山东社会科学，2016（6）：157-162.
[18] 何蓉，连增，郭正琪．美墨加协定（USMCA）对原产地规则的修订及其影响分析［J］．区域与全球发展，2019，3（6）：48-64，155-156.
[19] 洪俊杰，陈明．巨型自由贸易协定框架下数字贸易规则对中国的挑战及对策［J］．国际贸易，2021（5）：4-11.
[20] 黄鹏．世界经济再平衡下的国际经贸规则重构：动因、方向及可能路径［M］．上海：上海人民出版社，2020.
[21] 黄速建，肖红军，王欣．竞争中性视域下的国有企业改革［J］．中国工业经济，2019（6）：22-40.
[22] 和军，谢思．国际竞争中性监管改革效果评价与启示［J］．中国特色社会主义研究，2020（4）：31-39.
[23] 韩立群．欧盟碳关税政策及其影响［J］．现代国际关系，2021（5）：51-59.
[24] 加里·杰里菲等．全球价值链和国际发展：理论框架、研究发现和政策分析［M］．曹文、李可，译．上海：上海人民出版社，2017.
[25] 江飞涛，沈梓鑫．全球产业政策实践与研究的新进展——一个基于演化经济学视角的评述［J］．财经问题研究，2019（10）：3-10.
[26] 金中夏．全球化向何处去：重建中的世界贸易投资规则与格局［M］．北京：中国金融出版社，2015.
[27] 李依颖，王增涛，胡琰欣．双边投资协定、区域制度与区域外商直接投资［J］．财贸经济，2019，40（4）：86-99.
[28] 李琴．区域贸易协定中劳动条款的晚近发展及启示［J］．吉首大学学报（社会科学版），2020（5）：80-87.
[29] 李春林．自由贸易的公平性：历史演变与维度分析［J］．国际贸易法论丛，2020（9）：30-53.
[30] 李西霞．《美墨加协定》劳工标准的发展动向及潜在影响［J］．法学，2020（1）：183-192.
[31] 李俊峰．竞争中性的国际规制演进与中国因应策略——以美欧互诉“民用大飞机补贴案”为参照［J］．上海财经大学学报，2021（1）：138-152.
[32] 林梦瑶，张中元．区域贸易协定中竞争政策对外商直接投资的影响［J］．中国工业经济，2019（8）：99-117.
[33] 林毅夫．新结构经济学：反思经济发展与政策的理论框架［M］．北京：北京大学出版社，2012：153-156.
[34] 林黎．USMCA 原产地规则变化对中国的影响及其启示［J］．对外经贸实务，2020（7）：41-44.
[35] 刘洪愧．数字贸易发展的经济效应与推进方略［J］．改革，2020（3）：40-52.
[36] 刘文，杨馥萍．国际贸易协定中劳工标准的演进历程及中国对策研究［J］．山东社

会科学，2017（7）：116-122.
［37］刘仕国，吴海英．全球价值链和增加值贸易：经济影响、政策启示和统计挑战［J］．国际经济评论，2013，（4）：87-96，6.
［38］刘纪鹏，刘彪，胡历芳．中国国资改革：困惑、误区与创新模式［J］．管理世界，2020（1）：60-68.
［39］刘险峰，王清容，尤阳．碳关税最新国际动议与风险防范［J］．中国金融，2021（10）：83-85.
［40］刘林青，杨理斯，邓艺林．中美欧知识产权密集型产业比较研究［J］．科技管理研究，2020（12）：117-124.
［41］骆旭旭．区域贸易协定的竞争条款研究［J］．华侨大学学报（哲学社会科学版），2011（3）：78-86.
［42］江小涓．高度联通社会中的资源重组与服务业增长［J］．经济研究，2017（3）：4-17.
［43］马述忠，房超，梁银峰．数字贸易及其时代价值与研究展望［J］．国际贸易问题，2018（10）：16-30.
［44］马淑琴，李敏，邱询旻．双边自由贸易协定深度异质性及区内全球价值链效应——基于 GVC 修正引力模型实证研究［J］．经济理论与经济管理，2020（5）：62-74.
［45］Richard Baldwin. 21 世纪的区域主义——弥合 21 世纪的贸易与 20 世纪贸易规则之间的差别［J］．范连颖，摘译．经济资料译丛，2012（1）：55-71.
［46］孙杰．从数字经济到数字贸易：内涵、特征、规则与影响［J］．国际经贸探索，2020（5）：87-98.
［47］孙益武．数字贸易与壁垒：文本解读与规则评析——以 USMCA 为对象［J］．上海对外经贸大学学报，2019（6）：85-96.
［48］孙铭壕．文化服务贸易促进政策国际比较［D］．北京：中国社会科学院研究生院博士论文，2020.
［49］邵军，杨丹辉．全球数字服务税的演进动态与中国的应对策略［J］．国际经济评论，2021（3）：121-136.
［50］盛斌，陈帅．全球价值链如何改变了贸易政策：对产业升级的影响和启示［J］．国际经济评论，2015（1）：85-97，6.
［51］盛斌．中国、CPTPP 和国际经贸新规则［J］．中国经济评论，2021（4）：92-96.
［52］盛斌，高疆．超越传统贸易：数字贸易的内涵、特征与影响［J］．国外社会科学，2020（4）：18-32.
［53］石静霞．数字经济背景下的 WTO 电子商务诸边谈判：最新发展及焦点问题［J］．东方法学，2020（2）：170-184.
［54］沈铭辉．RCEP 贸易与投资条款解读［J］．中国外汇，2020（12）：36-39.
［55］唐宜红等．全球贸易与投资政策研究报告（2016）［M］．北京：人民出版社，2016.
［56］田路，庞子渊．多边环境协定与多边贸易体制的冲突及解决思路［J］．太平洋学报，2009（5）：13-24，61.

[57] 王衡，肖震宇．比较视域下的中美欧自贸协定知识产权规则——兼论“一带一路”背景下中国规则的发展［J］．法学，2019（2）：107-128.

[58] 王彦志．RCEP 投资章节：亚洲特色与全球意蕴［J］．当代法学，2021（2）：44-55.

[59] 王光．双边投资协定促进中国对外直接投资了吗?：打开双边投资协定的“黑箱”［J］．世界经济研究，2020（11）：75-86，136.

[60] 王光，代睿，林长松等．双边投资协定与中国对外直接投资［J］．国际经贸探索，2020，36（3）：95-112.

[61] 王光，卢进勇．中国双边投资协定：历史演进与发展趋势［J］．国际经济合作，2019（2）：52-59.

[62] 王秋雯．国有企业规则在区域贸易谈判平台中的新发展与中国对策［J］．国际贸易，2018（6）：61-66.

[63] 万怡挺，马建平．WTO 多哈回合贸易与环境谈判回顾与展望［J］．环境与可持续发展，2011，36（3）：41-43.

[64] 闻韬．区域贸易协定中的竞争章节研究［J］．法学论坛，2018（4）：45-52.

[65] 熊鸿儒，马源，陈红娜等．数字贸易规则：关键议题、现实挑战与构建策略［J］．改革，2021（1）：65-73.

[66] 许培源，刘雅芳．国际贸易投资新规则对国际生产投资布局的影响［J］．经济学动态，2019（8）：56-69.

[67] 许培源，刘雅芳．TPP 投资规则与我国 FTA 投资规则的差异及其影响分析［J］．国际经贸探索，2017（12）：87-91.

[68] 徐程锦．WTO 电子商务规则谈判与中国的应对方案［J］．国际经济评论，2020，（3）：29-57.

[69] 姚远，周念利，吕云龙．中国亟需积极参与甚至主导国际服务贸易规则制定［J］．国际贸易，2016（5）：13-17.

[70] 杨艳红，卢现祥．深度一体化与发展中国家的政策困境［J］．社会科学动态，2017（6）：39-45.

[71] 杨宏恩，孟庆强，王晶，李浩．双边投资协定对中国对外直接投资的影响：基于投资协定异质性的视角［J］．管理世界，2016（4）：24-36.

[72] 杨秋波．国企条款透视：特征、挑战与中国应对［J］．国际商务——对外经济贸易大学学报，2018（2）：123-131.

[73] 岳云嵩，霍鹏．WTO 电子商务谈判与数字贸易规则博弈［J］．国际商务研究，2021，42（1）：73-85.

[74] 约瑟夫·E. 斯蒂格利茨．发展与发展政策［M］．纪沫、仝冰、海荣，译．北京：中国金融出版社，2009.

[75] 朱隽等．新形势下国际贸易规则的重塑［M］．北京：中国金融出版社，2019.

[76] 赵亮．RCEP 下的原产地规则［J］．中国外汇，2020（24）：41-44.

[77] 赵瑾．数字贸易壁垒与数字化转型的政策走势——基于欧洲和 OECD 数字贸易限制指数的分析［J］．国际贸易，2021（2）：72-81.

[78] 张悦，崔日明．服务贸易规则演变与中国服务贸易的发展［J］．现代经济探讨，2017（5）：39-43.

[79] 张亮，黎东铭．规制合作的CETA范式：生成逻辑、文本内容与实践进展［J］．武大国际法评论，2020，4（2）：60-79.

[80] 张磊，徐琳．服务贸易国内规制的国际治理：基于USMCA对CPTPP的比较研究［J］．社会科学，2020（7）：35-46.

[81] 张乃根．与时俱进的RCEP知识产权条款及其比较［J］．武大国际法评论，2021（2）：1-25.

[82] 张蕴岭，马天月．国际投资新规则及中国应对策略［J］．国际展望，2019（4）：24-27.

[83] 张鲁青，冯涌．不同类型的双边投资协定对发展中国家FDI的影响J］．经济导刊，2009（11）：49-51.

[84] 张中元．东道国制度质量、双边投资协议与中国对外直接投资——基于面板门限回归模型（PTR）的实证分析［J］．南方经济，2013（4）：49-62.

[85] 张光南，陈兆凌，杨柱．服务贸易自由化："负面清单"实施与政府管理创新：基于国内创新经验的案例研究［J］．当代港澳研究，2017（2）：140-172.

[86] 张琴，张志辉．国际贸易与环境——相关假说的评述［J］．国际贸易问题，2005（9）：73-76.

[87] 刘彬．全球价值链理论：规则重构与法学评价［J］．国际法研究，2019（6）：41-59.

[88] 郑丽珍．劳动标准与贸易和投资协定挂钩的历史演进、当代特点与未来趋势［J］．现代法学，2016（6）：155-164.

[89] 周念利，陈寰琦．数字贸易规则"欧式模板"的典型特征及发展趋向［J］．国际经贸探索，2018（3）：96-106.

[90] 周亚敏．全球价值链中的绿色治理——南北国家的地位调整与关系重塑［J］．外交评论，2019（1）：49-80.

[91] 宗芳宇，路江涌，武常岐．双边投资协定、制度环境和企业对外直接投资区位选择［J］．经济研究，2012，47（5）：71-82，146.

[92] 中国信息通信研究院．中国数字经济发展白皮书（2017年）［OL］．http：//www.cac.gov.cn/files/pdf/baipishu/shuzijingjifazhan.pdf，2021-06-30.

[93] Altenbury T. Industrial Policy in Developing Countries［OL］. Deutsches Institue Fur Entwicklungspolitik Discussion Paper 4/2011，2011.

[94] Arndt S W，Kierzkowski H. Fragmentation：New Production Patterns in the World Economy［M］. Oxford：Oxford University Press，2001.

[95] Anderson R D and Evenett S J. Incorporating Competition Elements into Regional Trade Agreements：Characterization and Empirical Analysis［OL］，2006. 转引自 Lukauskas A，Stern R M，Zanini G. Handbook of Trade Policy for Development［M］. Oxford：Oxford University Press，2013：842-843.

[96] Anderson R D, W E Kovacic, A C Müller and Sporysheva N. Competition Policy, Trade and the Global Economy: Existing WTO Elements, Commitments in Regional Trade Agreements, Current Challenges and Issues for Reflection [R]. WTO Staff Working Paper ERSD-2018-12, 2018.

[97] Antweiler W, Copeland B R, Taylor M S. Is Free Trade Good For the Environment? [J]. American Economic Review, 2001, 91 (4): 877-908.

[98] Berger A, Busse M, Nunnenkamp P, et al. Do trade and investment agreements lead to more FDI? Accounting for key provisions inside the black box [J]. International Economics & Economic Policy, 2013, 10 (2): 247-275.

[99] Boffa M, Jansen M, Solleder O. Do we need deeper trade agreements for GVCs or just a BIT? [J]. The World Economy, 2019, 42 (6): 1713-1739.

[100] BugeM. Do Preferential Trade Agreements Increase Their Members' Foreign Direct Investment? [R]. German Development Institute/Deutsches Institut für Entwicklungspolitik (DIE) Discussion Papers 37/2014, 2014.

[101] Bukht R, Heeks R. Defining, Conceptualising and Measuring the Digital Economy [R]. Development Informatics Working Paper No. 68, 2017.

[102] Bruhn D. Global Value Chains and Deep Preferential Trade Agreements: Promoting Trade at the Cost of Domestic Policy Autonomy? [OL]. http://ssrn.com/abstract=2464136, 2015-11-2.

[103] Busse M, Königer J, and Nunnenkamp P. FDI Promotion Through Bilateral Investment Treaties: More Than a Bit? [J]. Review of World Economics, 2010, 146 (1): 147-177.

[104] Cole M A, Rayner A J, Bates J M. Trade Liberalisation and the Environment: The Case of the Uruguay Round [J]. The World Economy, 1998, 21 (3): 337-347.

[105] Desbordes R and Vicard V. Foreign Direct Investment and Bilateral Investment Treaties, an International Political Perspective [J]. Journal of Comparative Economics, 2009, 37 (3): 372-386.

[106] Evenett S. J. Competition Provisions in Regional Trade Agreements: Options for Policymakers [C] //Lukauskas A, Stern R M, Zanini G. Handbook of Trade Policy for Development [M]. Oxford: Oxford University Press, 2013: 838-850.

[107] Estevadeordal A. Negotiating Preferential Market Access: the Case of NAFTA [J]. Journal of World Trade, 2000, 34 (1): 141-166.

[108] Estevadeordal, A and Suominen K. Rules of Origin: A World Map and Trade Effects [C] // Estevadeordal A, Cadot O, Suwa-Eisenmann A, and Verdier T. (eds.) The Origin of Goods: Rules of Origin in Preferential Trade Agreements. Oxford: Oxford University Press, 2006: 1-93.

[109] Fernandes A M, Kee H L, Winkler D. Determinants of Global Value Chain Participation: Cross-Country Evidence [R]. CESifo Working Paper Series, 2020.

[110] Frenkel M, &Walter B. Do Bilateral Investment Treaties Attract Foreign Direct Investment? The Role of International Dispute Settlement Provisions [R]. WHU-Working Paper No. WP17 /18, 2017.

[111] Gereffi G. The organisation of buyer-driven global commodity chains: how U. S. retailers shape overseas production networks [C] // Gereffi G, Korzeniewicz M (eds). Commodity chains and global capitalism. Westport: Greenwood Press, 1994: 95-122.

[112] Gereffi G, Humphrey J, Kaplinsky R, et al. Introduction: Globalisation, Value Chains and Development [J]. IDS Bulletin, 2001, 32 (3): 1-8.

[113] Gereffi G, Sturgeon T. Global Value Chain-Oriented Industrial Policy: The Role of Emerging Economies [C] //Deborah Elms and Patrick Low (eds.), Global Value Chains in a Changing World. Geneva: WTO, 2013: 329-360.

[114] Gordon Sirr, John Garvey, Liam A, et al. Bilateral Investment Treaties and Foreign Direct Investment: Evidence of Asymmetric Effects on Vertical and Horizontal Investments [J]. Development Policy Review, 2017, 35 (1): 93-113.

[115] Grossman G M, Kruge A B. Environmental Impact of North American Free Trade Agreement [R]. NBER Working Paper No. 3914, 1991.

[116] Hallward-Driemeier M. Do Bilateral Investment Treaties Attract FDI? Only a bit and they could bite [J]. World Bank Policy Research Paper 3121. Washington, DC: The World Bank, 2003.

[117] Hofmann C, Osnago A, Ruta M. Horizontal Depth: A New Database on the Content of Deep Agreement [R]. Policy Research Working Paper No. WPS7981, 2017.

[118] Horn, Henrik and Mavroidis, Petros C and Sapir, Andre. Beyond the WTO? An Anatomy of EU and US Preferential Trade Agreements [J]. The World Economy, 2010, 33 (11): 1565-1588.

[119] Jaller L D, Gaillard S, Molinuevo M. The Regulation of Digital Trade: Key Policies and International Trends [R]. Washington D. C.: World Bank Group, 2020.

[120] Kai Lung Hui, Patrick Y, Chau K. Classifying Digital Products [J]. Communications of Acm, 2002, 45 (6): 73.

[121] Kim, Soo Yeon. Deep integration and Regional Trade Agreements [C] //Martin, Lisa L (eds). Oxford Handbook of the Political Economy of International Trade. Oxford: Oxford University Press, 2015: 360-379.

[122] Kox H, Rojas-Romagosa. How trade and investment agreements affect bilateral FDI: Results from a structural gravity model [J]. The World Economy, 2020, 43 (12): 3203-3242.

[123] Kogut B. Designing global strategies: Comparative and competitive value- added chains [J]. Sloan Management Review, 1985, 26 (4): 15-28.

[124] Laget E, Osnago A, Rocha N, et al. Deep Trade Agreements and Global Value Chains [J]. Review of Industrial Organization, 2020, 57 (6): 379-410.

[125] Lawrence R Z. Regionalism, Multilateralism, and Deeper Integration [M]. Washington D. C.: The Brookings Institution, 1996.

[126] Lesher M, Miroudot S. Analysis of the Economic Impact of Investment Provisions in Regional Trade Agreements [R]. OECD Trade Policy Papers, No. 36, 2006.

[127] Lukauskas A, Stern R M, Zanini G. Handbook of Trade Policy for Development [M]. Oxford: Oxford University Press, 2013.

[128] Mani M, Sheoli Pargal, and Mainul Huq. Does Environmental Regulation Matter? Determinants of the Location of New Manufacturing Plants in India in 1994 [R]. World Bank Policy Research Working Paper 1718, 1997.

[129] Melitz M J. The Impact of Trade on Intra-Industry Reallocations and Aggregate Industry Productivity [J]. Econometrica, 2003, 71 (6): 1695-1725.

[130] Mesenbourg T L. Measuring Electronic Business [OL]. www. census. gov, 2002-02-15.

[131] Miroudot S. Investment [C] //Chauffour J P and Maur J C. (eds.) Preferential Trade Policies for Development: A Handbook. Washington DC: The World Bank, 2011.

[132] Neumayer E. and Spess L. Do Bilateral Investment Treaties Increase Foreign Direct Investment to Developing Countries? [J]. World Development, 2005, 33 (10): 1567-1585.

[133] OECD. Perspectives on Global Development 2013: Industrial Policies in a Changing World [M]. Paris: OECD Development Centre, 2013.

[134] OECD. Measuring Digital Trade: Towards a Conceptual Framework [R]. STD/CSSP/WPTGS (2017) 3, 2017.

[135] OECD. E-Commerce: Impacts and Policy Challenges [R]. ECO/WKP (2000) 25, 2000.

[136] Orefice G. and Rocha N. Deep Integration and Production Networks: An Empirical Analysis [J]. The World Economy, 2014, 37 (1): 106 - 136.

[137] Osnago A, Rocha N, Ruta M. Deep trade agreements and vertical FDI: The devil is in the details [J]. Canadian Journal of Economics, 2019, 52 (4): 1558-1599.

[138] Oyamada K. Is FTA/EPA effective for a developing country to attract FDI? The knowledge-capital model revisited [J]. The World Economy, 2019, 42 (3): 759-784.

[139] Porter Michael E. America's Green Strategy [J]. Scientific American, 1991, 264 (4): 168.

[140] Porter Michael E. Competitive advantage: creating and sustaining superior performance: with a new introduction [M]. New York: The Free Press, 1985.

[141] Rodrick D. Industrial Policy: Don't Ask Why, Ask How [J]. Middle East Development Journal, 2009, 1 (1): 1-29.

[142] Solano O, and Sennekamp A. Competition Provisions in Regional Trade Agreements [R]. OECD Trade Policy Working Paper No. 31, 2006.

[143] Teh R. Competition provisions in regional trade agreements [C] // A Estevadeordal, K

Suominen, & Teh R (Eds.). Regional Rules in the Global Trading System. Cambridge: Cambridge University Press, 2009: 418-491.

[144] Tobin J and Rose-Ackerman S. Foreign Direct Investment and the Business Environment in Developing Countries: The Impact of Bilateral Investment Treaties [R]. Yale Law & Economics Research Paper No. 293, 2005.

[145] UNCTAD. World Investment Report 2020 [M]. New York: United Nations Publications, 2020.

[146] UNIDO. Industrial Development Report 2002/2003: Competing through Innovation and Learning [M]. Vienna: United Nations Industrial Development Organization, 2002.

[147] World Bank. World Development Report 2020: Trading for Development in The Age of Global Value Chain [M]. New York: United Nations Publications, 2020.

[148] Alschner W. Regionalism and Overlap in Investment Treaty Law: Towards Consolidation or Contradiction? [J]. Journal of International Economic Law, 2014, 17 (2): 271-298.

[149] WTO and IDE-JETRO. Trade Patterns and Global Value Chains in East Asia: From Trade in Goods to Trade in Tasks [M]. Geneva: WTO, 2011.

[150] Wunsch-Vincent S. The WTO, the Internet and Trade in Digital Products: EC-US Perspectives [M]. Oxford: Hartpublishing, 2006.

[151] Zeng K, &Lu Y. Variation in Bilateral Investment Treaty Provisions and Foreign Direct Investment Flows to China, 1997-2011 [J]. International Interactions, 2016, 42 (5): 820-848.

后　记

21世纪的国际商务规则主要是规范和保护全球价值链。全球价值链是21世纪全球经济的一个主要特征。全球价值链的兴起和发展不仅改变了国际生产与贸易模式，而且还改变着国际贸易投资规则及全球治理体系。21世纪贸易不同于20世纪贸易，是商品、技术、思想、资本、人员在全球的流动，是贸易—投资—服务—知识产权形成的“一体化综合体”在全球的流动，因而需要国际贸易投资规则发生根本性变革。

目前，WTO谈判停滞不前，致使WTO规则难以适应时代的发展要求。发达经济体认为在多边框架下寻求高标准协议是不现实的，转而将重点放在区域、诸边和双边框架上。21世纪以来，区域（包括双边）贸易协定不论是数量还是范围都在急剧增加，推动着世界贸易体制的重构，并快速地改变着发展中国家的贸易环境。目前，由优惠贸易协定推动的区域一体化正在演变为全球贸易体制的另一根重要支柱。许多国家都是多个区域贸易协定的缔约方，而且新协议的谈判步伐正在加快。区域贸易协定已经覆盖了全球一半的贸易，而且份额还在不断增长。

区域贸易协定不仅在当今的国际贸易体系中十分普遍，而且最重要的是，它越来越多地被用作改革发展中国家边境后政策领域的引擎。优惠的市场准入不再是签订区域贸易协定的唯一动机，越来越多的发展中国家利用区域贸易协定来提高竞争力、开放服务、推动监管制度现代化、促进劳动力流动、保护知识产权、改善治理与法治，并最终帮助建立共同的区域价值观和道德规范，从而建设一个更加和平与繁荣的世界。

本书对21世纪商务规则所涵盖的主要边境后措施如原产地规则、服务贸易、投资、竞争政策、数字贸易、知识产权、环境及劳工权利等新规则、新议题进行分析。它们由美欧等贸易集团推动，旨在通过制定高标准的新规则来进一步统筹全球价值链，继续保持其领先的竞争力，同时影响发展中国家的政策选择，并推动全球贸易体系的演变。本书重点分析21世纪国际商务规则的关键领域和最新动向、代表性的国际商务新规则的内容和特征及分歧点，以及其对发展中国家的影响等。

中南财经政法大学十分重视国际商务新规则的教学与科研工作，资助了教材的出版。本书在借鉴学者们研究成果的基础上进行整理与加工，突出新规则及区域一体化的差异，展现发展中国家面临多重规则竞争的现实，从而激发学生深入思考国际商务制度环境的复杂性。

本书的框架结构和内容全部由杨艳红副教授确定和审核，各章的撰写和文字润色工作也由杨艳红负责。感谢胡加琪（现已毕业并在长江证券工作）和胡加蕙同学帮忙录入和校对，感谢武汉大学出版社的范绪泉老师为本教材的出版所做的努力。当然，本书编写中不可避免地会出现一些错误、偏差和疏漏，欢迎同仁和读者不吝赐教，多提宝贵的批评意见。

杨艳红

2021 年 11 月 6 日